PAUL CHRISTOPHER

Né en 1949 à Ottawa, au Canada, Paul Christopher est le pseudonyme de l'écrivain Christopher Hyde. D'abord scénariste et producteur pour la Canadian Broadcasting Corporation (CBC), il se consacre à partir de 1977 à l'écriture à plein temps.

La série *La Légende des Templiers* est publiée aux éditions du Cherche Midi et les cinq premiers tomes sont disponibles chez Pocket. Elle est composée de *L'Épée*, *La Croix*, *Le Trône*, *La Conspiration*, *La Légion perdue*, *La Clé* et *La Vallée*.

L'ÉPÉE

DU MÊME AUTEUR
CHEZ POCKET

LA LÉGENDE DES TEMPLIERS

1. L'ÉPÉE
2. LA CROIX
3. LE TRÔNE
4. LA CONSPIRATION
5. LA LÉGION PERDUE

Paul Christopher

LA LÉGENDE DES TEMPLIERS

L'ÉPÉE

Traduit de l'anglais (États-Unis)
par Philippe Szczeciner

CHERCHE MIDI

Titre original :
THE SWORD OF THE TEMPLARS

MIXTE
Papier issu de sources responsables
FSC® C003309

Pocket, une marque d'Univers Poche, est un éditeur qui s'engage pour la préservation de son environnement et qui utilise du papier fabriqué à partir de bois provenant de forêts gérées de manière responsable.

Éditeur original : Signet, an imprint of New American Library, a division of Penguin Group (USA) Inc.

ISBN 978-2-266-25092-4

Pour Mariea, Noah, Chelsea et Gabe,
affectueusement

Où donc est le tombeau du sire Arthur O'Kellyn ?
Où peut être enterré ce valeureux héros ?
Au côté d'une source, au sommet d'Helvellyn,
Sous la ramure d'un jeune bouleau !
Le chêne que juillet faisait gentiment bruire,
Et octobre frémir,
Que janvier seul faisait rugir et siffler,
Ce chêne n'est plus – le bouleau en sa place a poussé.
Les os du chevalier sont poussière,
Rouille est devenue sa bonne épée de fer,
Et son âme est au ciel, j'espère.

Samuel Taylor COLERIDGE

« La Tombe du chevalier »
Hic jacet Arthurus, rex quondam rexque futurus.
Ci-gît Arthur, qui fut et sera roi.

SIR THOMAS MALORY
Le Morte d'Arthur

Louange à celui qui a transporté, pendant la nuit, son serviteur du temple sacré de La Mecque au temple éloigné de Jérusalem, dont nous avons béni l'enceinte pour lui faire voir nos merveilles. Dieu entend et voit tout.

Le Coran, « Le voyage nocturne », sourate 17, verset 1,
où le Prophète découvre les grandes merveilles
dans les ruines du temple de Salomon

Il étendra sa main sur le septentrion, Il détruira l'Assyrie, Et il fera de Ninive une solitude, Une terre aride comme le désert.

Sophonie, 2, 13, « La Sainte Bible »,
version autorisée, dite « Bible du roi Jacques »

1

« Dans son *Da Vinci Code*, Dan Brown fait des Templiers les vénérables dépositaires du secret de la filiation du Christ. Dans *Indiana Jones et la dernière croisade*, ils nous sont présentés comme les bienheureux gardiens du Saint-Graal. Dans le film *Benjamin Gates et le trésor des Templiers*, Nicolas Cage prétend qu'ils veillent sur une immense fortune enfouie sous l'église de la Trinité, en plein cœur de Manhattan. Selon divers spécialistes des religions, ils étaient les huissiers du temple de Salomon ainsi que les protecteurs des pèlerins qui se rendaient en Terre sainte après la réussite de la première croisade... Balivernes ! La vérité, c'est que ces soi-disant soldats de Dieu n'étaient qu'un ramassis de voyous et de racketteurs – sans doute le premier exemple connu d'organisation criminelle, observant le même genre de code de conduite et de rituels secrets que la Cosa Nostra sicilienne, la Mafia. »

Le lieutenant-colonel Peter « Doc » Holliday, un quinquagénaire brun qui portait l'uniforme des rangers et un bandeau noir sur l'œil gauche, parcourut la classe du regard, guettant une réaction quelconque de la part de ses élèves, ou du moins une manifestation d'intérêt. Mais ses dix-huit loustics de quatrième année, tous de sexe masculin, tous en vareuse bleue à manches courtes échancrée sur le triangle blanc immaculé du tee-shirt, tous en pantalon gris à une seule bande, tous coiffés en brosse, avaient tous, aussi, le regard vague et somnolent de jeunes gens qui assistent au dernier cours d'une journée commencée dix heures plus tôt. Mais enfin, il avait tout de même devant lui la crème des cadets de West Point, des petits chefs bientôt diplômés qui avaient déjà opté pour l'artillerie, l'infanterie ou la cavalerie. Et pas un seul d'entre eux ne portait le moindre intérêt à l'histoire médiévale en général et aux Chevaliers du Temple en particulier. Ah, ils étaient parfaits, les futurs guerriers américains !

« Le problème, avec la première croisade de 1095, c'est qu'elle fut victorieuse, reprit Holliday. Dès 1099, en effet, les croisés s'étaient déjà emparés de Jérusalem et n'avaient donc plus d'ennemis à combattre. Plus de Sarrasins impies à massacrer. Or les chevaliers de l'époque étaient des soldats de métier, des mercenaires payés par de riches seigneurs français, italiens ou allemands pour la plupart. Comme son nom l'indique, un chevalier était avant tout quelqu'un qui avait les moyens de s'offrir un cheval. Ces gars-là étaient à cent lieues des histoires de chevalerie et de belles demoiselles en détresse : c'étaient des tueurs, purement et simplement.

– Plutôt des guerriers, monsieur ! »

La remarque venait de Tarvanin, « l'Albinos », un Finlandais du Nebraska à l'air coriace, dont le teint pâle et les cheveux encore plus clairs lui avaient valu son surnom. C'était un fantassin pur jus, comme le prouvaient les deux mousquets croisés qu'il arborait fièrement sur sa vareuse. Au moment des affectations, quelques semaines plus tôt, il avait choisi Fort Polk, dans l'Alabama, le moins alléchant des postes proposés, dans le seul but de montrer qu'il n'avait pas peur de se salir les mains.

« Non, jeune homme, pas des guerriers. Ces types-là étaient motivés par l'argent, rien d'autre. Et sûrement pas par l'honneur, le devoir ou l'amour de la patrie. Bien sûr, ils ne dédaignaient pas un petit viol ou un petit pillage par-ci par-là : après tout, selon les règles d'engagement en vigueur au XIe siècle, les non-chrétiens ne méritaient aucun égard, puisqu'ils allaient de toute façon en enfer. Leurs nobles employeurs leur avaient assuré qu'ils trouveraient en Terre sainte de quoi se remplir largement les poches, mais il se révéla qu'il n'y avait pas assez de butin pour tout le monde, si bien que des milliers de chevaliers revinrent au pays sans un sou, à un moment où les seigneurs, eux aussi, étaient proches de la faillite. En rentrant chez lui, en effet, il n'était pas rare qu'un seigneur découvre que ses terres, son château et tout le reste lui avaient été volés par un parent intrigant, ou simplement confisqués par le roi au titre de l'impôt. »

Holliday fit une pause avant de poursuivre :

« Et que fait un soldat au chômage dont le métier consiste à tailler en pièces les ennemis de la foi, une fois ceux-ci vaincus ? Eh bien, il fait comme tous ses semblables depuis l'époque d'Alexandre le Grand : il se reconvertit dans le crime.

– Comme Robin des Bois ? »

La question venait de Mitchell, dit « Zitz », un grand échalas boutonneux au front déjà dégarni qui portait des lunettes à monture métallique. Holliday, qui l'observait depuis quatre ans, n'en revenait toujours pas de son endurance. Loin d'abandonner après les classes, ou même pendant, comme on aurait pu s'y attendre, il avait tenu bon. Holliday lui sourit. L'acné de Mitchell finirait bien par disparaître.

« Robin des Bois est né de l'imagination de poètes romantiques plusieurs centaines d'années après les faits. Les gens dont je vous parle, les "routiers" – un terme français qui désignait au Moyen Âge les bandits de grands chemins – appartenaient à leur époque, comme le Tony Montana de *Scarface* appartenait à la sienne. Un réfugié cubain ex-taulard et sans qualifications qui débarque à Key West n'a guère d'autre choix que de dealer de la cocaïne s'il veut s'en sortir dans son nouveau pays. De la même façon, dans la France médiévale, un "routier" ne pouvait que se joindre à une bande d'anciens soldats à l'état d'esprit proche du sien pour piller les campagnes ou offrir aux bourgeois et aux paysans sa "protection" contre rémunération.

« Il y avait parmi ces chevaliers un nommé Hugues de Payns, un Français qui était au service du duc de Champagne. Le duc s'étant trouvé à court d'argent, Hugues changea de camp et combattit dans l'armée de Godefroy de Bouillon jusqu'à la chute de Jérusalem. Quand Godefroy devint roi de Jérusalem, Hugues, à la tête d'une douzaine d'autres routiers, se prévalut de son ancienne relation avec le monarque pour solliciter la fonction de protecteur des nouveaux chemins de pèlerinage qui traversaient la Terre sainte, récemment conquise, et pour demander l'autorisation d'établir son quartier général dans les ruines de l'ancien temple de Salomon.

« Il faut dire que les pèlerinages étaient une affaire juteuse, en ce temps-là ; c'est sur les péages acquittés par les pèlerins que reposait l'économie de la Terre sainte "libérée". Godefroy accéda à la requête d'Hugues, mais celui-ci alla encore plus loin et renforça sa position en obtenant du pape Urbain II le statut d'ordre religieux pour ceux qui s'étaient autoproclamés Chevaliers du Temple et qui furent, de ce fait, exemptés de l'impôt. En outre, ils n'eurent plus de comptes à rendre qu'au Saint-Siège.

– En somme, il a fait au roi et au pape une proposition qu'ils ne pouvaient pas refuser, comme dans *Le Parrain*, commenta Zitz Mitchell avec un grand sourire.

– Quelque chose comme ça, en effet, acquiesça Holliday. Godefroy s'était fait des ennemis parmi ses collègues quand il avait accepté le titre de roi. En disant oui à Hughes, qui contrôlait avec sa bande une bonne partie des forces armées, il s'achetait au moins une protection personnelle au sein de son petit royaume fragile.

– Et qu'est-ce qui s'est passé ensuite ? demanda Tarvanin l'Albinos, soudain intéressé.

– Selon des rumeurs qui couraient depuis toujours, le temple de Salomon recelait un trésor – peut-être même s'agissait-il de l'Arche d'alliance, le coffre censé contenir la copie des dix commandements rapportés par Moïse du mont Sinaï.

La copie ? dit Tarvanin.

– Moïse avait cassé les premières Tables de la Loi », expliqua Granger, un *quarterback* du genre musclé surnommé « l'Obus », sans doute à cause de la forme de son crâne.

Le footballeur, qui était aussi le chrétien de choc de la classe, regardait Holliday d'un œil noir depuis son allusion à Dan Brown et au *Da Vinci Code*. Pour quelle raison ce sujet était-il sensible pour tant de gens ? Holliday n'en avait aucune idée. Après tout, il ne s'agissait que d'un roman, d'une œuvre de fiction, pas d'un programme électoral ou d'un sermon religieux. Granger s'éclaircit la voix, comme s'il se sentait gêné d'étaler sa science devant un professeur.

« Dieu a récrit les commandements et Moïse les a mis dans l'Arche, précisa-t-il. C'est dans la Bible.

– Et aussi dans le Coran, remarqua Holliday d'un ton neutre. Cet épisode est d'une grande importance pour les musulmans comme pour les chrétiens. »

Granger se renfrogna encore plus et sa grosse tête rentra dans ses larges épaules comme celle d'une tortue dans sa carapace.

« Et ce trésor, les Templiers l'ont trouvé ? s'enquit Tarvanin.

– Personne n'en est vraiment sûr. Tout ce qu'on sait, c'est qu'ils ont découvert quelque chose. D'après certains, c'était l'or des mines du roi Salomon. Pour d'autres, c'était l'Arche d'alliance. Pour d'autres encore, les secrets des sages de l'Atlantide. Quoi qu'il en soit, un an plus tard, les Chevaliers du Temple étaient riches comme des nababs. Ils finançaient leur service d'escorte pour les pèlerins, construisaient des châteaux le long des routes menant à Jérusalem et mettaient des hommes de main à la disposition de tous ceux qui pouvaient les payer.

« Les distances étant grandes entre l'Europe et la Terre sainte, ils adoptèrent l'ordre de virement crypté, une idée de leurs ennemis sarrasins : une somme déposée à un endroit donné pouvait être transférée sous la forme d'une note jusqu'à un autre situé à des milliers de kilomètres. Le mandat télégraphique avant l'invention du télégraphe, en quelque sorte.

« Les Templiers se mirent aussi à prêter avec intérêt, ce qui était pourtant expressément interdit par la Bible, allant même jusqu'à financer ainsi des guerres de A à Z. Les terres ou autres biens qu'ils exigeaient comme garantie étaient souvent saisis, ce qui leur permettait d'accroître encore leur puissance et leur richesse.

« Cent ans plus tard, ils étaient actifs dans tous les domaines : usure, immobilier, racket, transports, contrebande, corruption, tout ce qu'on peut imaginer. Et au siècle suivant, ils étaient devenus une sorte de conglomérat multinational fondé de toute évidence sur des ressources en grande partie illicites.

« Dans la plupart des métropoles du temps, de Rome à Jérusalem en passant par Paris, Londres ou Francfort, il était impossible de prendre une décision importante sans en référer à l'autorité templière locale. L'ordre avait la haute main tant sur la politique que la finance et possédait des flottes entières de navires. Les Templiers constituaient une armée autonome et, quand vint le XIVe siècle, ils avaient tissé un réseau de renseignement inégalé qui couvrait l'ensemble du monde connu. À cette époque, bien sûr, les infidèles avaient repris Jérusalem et la Terre sainte était de nouveau un champ de bataille, mais cela n'avait plus d'importance.

– Et après ça, monsieur ? demanda Tarvanin.

– Les Templiers ont eu la grosse tête, comme on dit familièrement. Le roi de France, Philippe, qui venait de mener une longue guerre contre l'Angleterre, avait vidé ses caisses et devait beaucoup d'argent à l'ordre qui était à deux doigts de prendre intégralement le contrôle du pays. Le pape, lui aussi, commençait à trembler, car les Templiers avaient acquis une telle influence au sein de l'Église qu'ils étaient en mesure de placer un homme à eux sur le trône pontifical s'ils le souhaitaient.

« Il fallait faire quelque chose. Le pape Clément et le roi Philippe élaborèrent donc un plan : ils lancèrent contre les Templiers toutes sortes d'accusations, certaines fondées, d'autres mensongères et, le vendredi 13 octobre 1307, presque tous les dirigeants que comptait l'ordre en France furent arrêtés en même temps. Ils furent jugés pour hérésie, condamnés, torturés et brûlés sur le bûcher. Dans un second temps, le pape ordonna à tous les rois catholiques d'Europe de saisir les biens des Templiers sous peine d'excommunication, si bien qu'en 1312 les Chevaliers du Temple avaient cessé d'exister. Certains prétendent qu'ils transportèrent leur trésor en Écosse sur leurs navires pour le mettre à l'abri, d'autres avancent qu'ils seraient parvenus à se réfugier en Amérique, bien qu'il n'existe aucune preuve de cela.

– Je ne vois pas l'intérêt d'étudier ça, objecta Tarvanin. C'est comme pratiquement tous ces trucs qu'on apprend en histoire. Qu'est-ce que ça a à voir avec notre époque ? Avec nous ?

– Ça a beaucoup à voir, en fait, répondit Holliday, habitué à entendre ce genre d'argument, surtout dans la bouche de jeunes candides pleins de fougue comme

Tarvanin. Avez-vous déjà entendu l'expression : "Qui oublie l'histoire se condamne à la revivre" ? »

Sans surprise, il n'obtint pour toute réponse que des regards inexpressifs. Il hocha la tête et poursuivit :

« Cette phrase est généralement attribuée à George Santayana, un philosophe américain du début du XXe siècle né en Espagne. Elle peut, par exemple, s'appliquer à Adolf Hitler essayant d'envahir la Russie en hiver sans tenir compte des leçons de l'histoire : s'il s'était rappelé la désastreuse expérience de Napoléon, il aurait pu renforcer ses positions sur le front ouest au lieu d'attaquer à l'est, et gagner la guerre en Europe. De la même manière, si nous avions su nous souvenir des décennies d'échecs subis par les Français au Vietnam, nous n'aurions peut-être pas tenté de poursuivre la guerre selon les mêmes méthodes qu'eux, et nous ne l'aurions peut-être pas perdue.

– D'accord, mais quel rapport avec les Templiers ? demanda Mitchell.

– Ils sont devenus trop puissants et ils ont oublié qui étaient leurs amis. Exactement comme nous. Les États-Unis sont sortis de la Seconde Guerre mondiale avec un pourcentage de pertes plus bas que celui du Canada, et sans avoir subi de destructions catastrophiques, comme la Grande-Bretagne et les autres pays d'Europe. À l'instar des Templiers, nous avions aussi concédé des prêts sur une très grande échelle pendant le conflit, ce qui nous plaçait au premier rang de l'économie planétaire. Nous dominions le monde, et ça a fini par susciter des jalousies et de l'animosité.

– D'où le 11-Septembre, dit Tarvanin.

– Entre autres. Et pour ne rien arranger, nous nous sommes mis à mêler religion et politique, avec le même argument qu'au temps des croisades : notre Dieu est meilleur que le vôtre. Les nazis ne faisaient pas autre chose, avec leur devise "Dieu est avec nous" gravée sur la boucle de leurs ceinturons. C'est l'argument à l'origine de toutes les guerres saintes menées contre des femmes et des enfants, celui des catholiques et des protestants qui s'entre-tuent à Belfast. Le nôtre, quand nous sommes allés en Irak pour de mauvaises raisons et en oubliant nos amis. On tue davantage de monde au nom de Dieu et de prétendues valeurs spirituelles que pour tout autre motif.

« Vous pouvez toujours contraindre les gens à devenir vos alliés, mais quand les choses se mettent à aller mal, il ne faut pas s'attendre à ce qu'ils vous soutiennent, surtout si vous introduisez Dieu dans l'équation. La séparation des Églises et de l'État est inscrite dans la Constitution, nous semblons l'avoir oublié comme le reste. Quant à l'intérêt d'étudier l'histoire, dites-vous que les conflits du Proche-Orient ont probablement leur source à l'époque de Moïse.

– Vous ne croyez pas en Dieu ? demanda Granger.

– Mes croyances personnelles n'ont rien à voir là-dedans », répondit tranquillement Holliday.

Ce n'était pas la première fois non plus qu'il se retrouvait sur ce terrain glissant et potentiellement dangereux.

« Vous êtes toujours en train de taper sur les chrétiens, la Bible, Moïse, et tout ça... soutint Granger.

– Moïse était juif, rectifia Holliday avec un soupir. Le Christ aussi, d'ailleurs.

– Ouais, bon... » bougonna le costaud.

La sonnerie retentit. Sauvé !

2

Holliday sortit de Bartlett Hall et s'arrêta un instant pour contempler les bâtiments de pierre grise de l'académie militaire des États-Unis baignés par la lumière du soleil déclinant. Devant lui s'étendait La Plaine, le célèbre terrain d'exercice que martelaient depuis plus de deux cents ans les talons des cadets à la parade. Tous les grands fantômes avaient défilé là, depuis George Armstrong Custer jusqu'à Dwight D. Eisenhower. Sur la gauche, tels les bastions de défense d'un krak de croisés se dressaient une vingtaine d'autres constructions de pierre. Sur la droite, au-delà du terrain de base-ball de Doubleday Field, se trouvaient les falaises surplombant le large trait argenté de l'Hudson, qui commençait à cet endroit les quatre-vingts derniers kilomètres de sa course vers New York et l'océan.

Un peu partout sur le domaine se dressaient des monuments en souvenir de batailles, de preux et de prouesses, et surtout de cadets qui avaient sacrifié leur vie au service de causes depuis longtemps oubliées, et dont la trace ne subsistait que dans les livres d'histoire poussiéreux si chers au cœur de Holliday. Le drame était que toutes les guerres devenaient des abstractions, avec le passage du temps. La bataille d'Antietam[1], la plus sanglante de l'histoire américaine, avec ses vingt-trois mille morts en une seule journée, n'était plus qu'une plaque sur le mur d'un vieil édifice, et le nom d'une aire de pique-nique pour touristes portant leur Nikon en bandoulière.

Holliday lui aussi avait combattu, et dans plus d'une guerre, du Vietnam à l'Irak et l'Afghanistan en passant par une douzaine d'autres. Ses actions, ainsi que la mort de tous ceux qui étaient tombés à ses côtés dans ces lointaines contrées de terreur, avaient-elles changé quoi que ce soit à la marche du monde ? La réponse était clairement non. On continuait à cultiver le pavot en Afghanistan, à extraire du pétrole en Irak, à récolter du riz à Da Nang et les bébés mouraient toujours de faim à Mogadiscio.

Mais tout cela n'était pas de son ressort, bien sûr. Les militaires n'avaient pas à se poser ce genre de question ; ils étaient même formés à n'en rien faire. Le rôle de West Point et des écoles de ce genre était d'ailleurs de faire en sorte que les officiers de chaque nouvelle génération exécutent sans discuter les ordres de leurs chefs, en vertu du principe que la moindre hésitation pouvait être mise à profit par les types d'en face pour vous loger une balle dans la tête.

Holliday esquissa un petit sourire en songeant qu'après toutes les guerres et toutes les batailles dont

1. Également connue sous le nom de bataille de Sharpsburg, la bataille d'Antietam (17 septembre 1862) est le premier et le plus grand affrontement armé de la guerre de Sécession.

il était sorti indemne il avait fallu qu'il perde un œil à cause d'un caillou projeté par la roue de son Humvee sur une route des environs de Kaboul – une blessure qui lui avait coûté son affectation sur le terrain et avait fini par le conduire où il se trouvait à présent. Les hasards de la guerre...

Il descendit les marches du perron, traversa Thayer Road et prit le sentier qui coupait La Plaine en diagonale. Deux cadets qu'il croisa ralentirent le pas juste le temps de lui adresser le salut réglementaire puis poursuivirent leur route. Des étudiants de troisième année – des « vaches » – à en croire les galons sur leur tunique. Encore un an à faire et ils rejoindraient l'avant-poste de la démocratie qu'on leur assignerait. « Il y a bien longtemps, dans une galaxie très lointaine... » George Lucas s'était-il jamais demandé combien de cadets de West Point son Luke Skywalker avait inspirés ? Un tourbillon de vent frais traversa La Plaine, comme un frisson. L'été n'avait même pas commencé, et voilà que la brise sentait déjà l'automne. Les feuilles s'agitèrent quelques secondes dans les arbres qui bordaient le chemin, puis l'étrange sensation de froid qu'avait ressentie Holliday disparut. Quelqu'un avait-il « marché sur sa tombe », pour reprendre l'expression lugubre qu'affectionnait sa mère, il y avait bien longtemps, pour dire qu'elle avait la chair de poule ?

Parvenu de l'autre côté de La Plaine, où se dressait la statue de Thayer, il traversa Jefferson Road et longea le cantonnement numéro 100, la maison de brique peinte en blanc où résidait l'administrateur, avec ses deux canons devant l'entrée. De là, il gagna l'allée des professeurs, aux demeures victoriennes bien alignées, puis son propre logement tout au bout de la rangée, un pavillon art nouveau américain de trois pièces construit dans les années vingt, le plus petit de tous.

Entrer dans cette maison douillette et confortable, où régnaient boiseries de chêne, vitraux et placards intégrés, équivalait à remonter le temps. Il y avait même un authentique fauteuil Morris en lattes et une ottomane assortie devant la cheminée carrelée du salon, ainsi que de simples placards peints et un immense évier en porcelaine dans la cuisine rustique qui donnait sur l'arrière. Holliday avait aménagé en bureau la plus grande des deux chambres, dont les murs étaient tapissés de livres. La plus petite ne contenait qu'un lit, une commode et une table de chevet, sur laquelle était placée une unique photo : celle d'Amy, le jour de leur mariage, debout sur une plage d'Hawaï, des fleurs dans les cheveux. Amy jeune, le regard vif et joyeux, avant que le cancer ne souffle sur elle comme la bourrasque de vent glacé sur La Plaine, un instant plus tôt. La maladie l'avait frappée au printemps et l'avait emportée avant la fin de l'été. Dix ans s'étaient écoulés depuis lors, mais il la voyait toujours telle que la montrait cette photo aux couleurs fanées, et le regret qu'il avait d'elle et de son sourire à jamais disparu restait intact. Intact aussi, le regret qu'ils aient décidé d'attendre un moment pour avoir des enfants, car le moment s'était transformé en éternité et à présent plus rien d'elle ne subsistait au monde.

Après avoir ôté son uniforme dans sa chambre, Holliday mit un jean et un vieux sweat-shirt de l'académie puis alla jusqu'au bar encastré du salon se verser un grand verre de scotch Grant's vieilli en fûts à bière qu'il emporta dans le bureau. Là, il inséra un CD de Ben Harper and the Blind Boys of Alabama et s'installa à son bureau double face tout marqué d'entailles pour démarrer son PC. Il vérifia rapidement sa messagerie, après quoi il ouvrit le fichier qui contenait sa recherche du moment, une activité mi-récréative, mi-érudite, provisoirement intitulée *L'Élégance du chevalier*, où il retraçait l'histoire des armes et des armures de l'Antiquité à nos jours.

À l'origine, l'ouvrage n'était que la thèse de doctorat qu'il avait présentée à l'université de Georgetown à l'époque où il travaillait au Pentagone, dix ans plus tôt. Mais, au fil du temps, le projet s'était transformé en cette interminable épopée qui lui servait à la fois de passe-temps et de dérivatif, quand ses souvenirs sombres le hantaient. Au bout de neuf cents pages, il venait d'en finir avec John Ericsson et la construction de l'USS *Monitor*, le premier cuirassé américain, et il avait encore un long chemin à parcourir.

Son intérêt pour les armures et les cuirasses remontait à l'époque où, enfant, il jouait avec les vieux soldats de plomb de son oncle Henry, dans la grande maison victorienne de Fredonia, où ce dernier vivait toujours. Henry avait enseigné pendant des années à l'université d'État de New York, à Fredonia, avant de connaître un épisode vaguement sinistre et top secret pendant la guerre froide. À son oncle Henry, Holliday devait non seulement son goût pour l'histoire, mais aussi la recommandation d'un congressiste qui lui avait permis d'intégrer West Point et d'échapper au désert intellectuel de la faculté d'Oswego, dans l'État de New York. D'échapper également à une existence tourmentée et sans espoir auprès de son père, un conducteur de locomotive veuf et alcoolique que son employeur, la compagnie des chemins de fer Erie-Lackawanna, avait fini par licencier au début des années soixante-dix.

À ce moment-là, Holliday était déjà cadet à West Point, d'où il devait partir pour l'Indochine quelques années plus tard. Quand son père était mort d'une cirrhose, au printemps 1975, Holliday avait vingt-quatre ans et, promu capitaine du 75e régiment de rangers sur le champ de bataille, il aidait les derniers évacués à monter dans les hélicoptères lors de la chute de Saigon.

Il travailla jusqu'à la sonnerie d'extinction des feux, à 22 heures, puis, après être allé se préparer une tasse de thé, il se réinstalla à son bureau, où il passa encore une heure à vérifier ce qu'il venait d'écrire. Satisfait, il éteignit l'ordinateur et se renversa contre le dossier de son vieux fauteuil de cuir tout défoncé, avec l'intention de consacrer quelques minutes à la lecture du dernier roman de Bernard Cornwell avant de se coucher. Ce fut alors que le téléphone sonna. Son cœur fit un bond et, soudain angoissé, il regarda l'appareil, laissant passer la deuxième sonnerie. Ce n'était généralement pas pour annoncer une bonne nouvelle qu'on appelait les gens à 23 heures. À la troisième sonnerie, il décrocha : à quoi bon retarder l'inévitable ?

« Allô ?

– Doc ? C'est Peggy. Grand-père Henry est à l'hôpital, au Brooks Memorial, à Dunkirk. C'est de là que je t'appelle. Tu ferais mieux de venir vite ; les médecins sont pessimistes.

– Je pars tout de suite. Je serai là dès que possible. »

Fredonia était à cinq cent soixante kilomètres, soit sept heures de route. S'il ne s'arrêtait pas, il y serait avant l'aube.

« Dépêche-toi, Doc, j'ai besoin de toi ! » dit Peggy, cherchant manifestement à retenir ses sanglots.

3

« Vous êtes le neveu de feu M. Granger ?

– Il était le frère aîné de ma mère, acquiesça Holliday.

– Et il était votre grand-père ? demanda l'avocat, se tournant vers Peggy Blackstock, la jolie brune assise près de Holliday, de l'autre côté du bureau dont une plaque de verre rutilante protégeait le plateau.

– Oui. Mon grand-père maternel.

– Le colonel Holliday est donc pour vous un cousin, et non un oncle... »

Le ton légèrement réprobateur de la remarque semblait suggérer que leur relation avait quelque chose d'inconvenant : une jolie nièce trentenaire qui n'en était pas une avec un oncle coquin qui n'en était pas un, mais aurait pu être son père... Hum !

L'avocat était exactement le genre de minus borné et imbu de sa petite personne ridicule que Holliday avait toujours exécré. Encore quelques années, et il se présenterait aux municipales.

« Sans doute, répondit la jeune femme avec un haussement d'épaules. Pour moi, il a toujours été oncle

Peter, ou simplement Doc. Je ne vois pas ce que ça change.

– Je voulais juste clarifier les choses dans mon esprit, dit l'homme de loi, désinvolte. Les notes qu'a rédigées mon père dans le dossier de M. Granger sont, disons... quelque peu décousues. »

L'avocat avait une tête de gringalet sur un corps de poussah que son costume rayé ne parvenait pas à amincir. Ses cheveux, peignés en arrière, étaient lissés avec un gel quelconque, et ses joues mal rasées s'ombraient de zones noires presque bleues. Bien en vue sur le mur, derrière lui, était accroché un diplôme de docteur en droit de l'université de Yale. Il était le plus jeune des deux Broadbent figurant sur la raison sociale du cabinet Broadbent, Broadbent, Hammersmith et Howe, qui représentait l'oncle de Holliday. Comme il l'avait expliqué un peu plus tôt, son père, atteint d'un Alzheimer, s'était récemment retiré, et c'était lui, Broadbent fils, qui prenait le relais. À sa façon de présenter les choses, on aurait pu croire qu'il s'acquittait en faisant cela d'un devoir sacré plutôt que d'une tâche professionnelle.

« Si l'interrogatoire est terminé, peut-être pourrions-nous nous intéresser à l'affaire qui nous occupe, suggéra Holliday.

– Tout à fait, tout à fait », répondit Broadbent, l'air quelque peu tendu.

Il s'éclaircit la voix tout en ouvrant d'un doigt parfaitement manucuré le dossier qui se trouvait sur son bureau.

« M. Granger laisse une succession étonnamment substantielle, pour un professeur d'université », commença-t-il.

Holliday se souciait peu de l'opinion du cafard qui lui faisait face, mais, désireux d'en finir au plus vite, il s'abstint de tout commentaire.

« Continuez, je vous prie, dit-il seulement.

– Eh bien... Il y a un fonds d'assurance vieillesse qui se monte à quelque chose comme sept cent cinquante mille dollars au moins, un portefeuille d'actions et d'obligations d'une valeur équivalente, un contrat d'assurance-vie arrivé à terme évalué à cinq cent mille dollars et, bien sûr, la maison de Hart Street avec tout ce qu'elle contient. »

Hart Street était une courte impasse un peu à l'écart du centre-ville. La maison, une imposante demeure en bardeaux de style Queen Anne, était la dernière de cette voie bordée d'arbres et donnait, à l'arrière, sur Canadaway Creek, le ruisseau dans lequel oncle Henry avait appris à Holliday, enfant, comment pêcher la truite arc-en-ciel à la mouche.

Broadbent s'éclaircit de nouveau la voix et poursuivit :

« Le testament stipule que tout doit être partagé en parts égales entre vous-même et Mlle Blackstock.

– Et qui est l'exécuteur testamentaire ? demanda Holliday, priant le ciel pour que ce ne soit pas l'avocat.

– Vous deux, répondit Broadbent, d'une voix aigre-douce. En parts égales, comme je le disais, ajouta-t-il avec un sourire suffisant à l'adresse de Peggy.

– Parfait, dit Holliday. Nous n'aurons donc plus besoin de vos services. Avez-vous les clés de la maison ?

– Oui, mais...

– J'aimerais que vous me les donniez.

– Mais... »

Broadbent regarda Peggy, cherchant à l'évidence un soutien de ce côté, mais il n'obtint d'elle qu'un gracieux sourire.

« Les clés », répéta Holliday.

L'avocat ouvrit un tiroir de son bureau, fouilla dedans un instant, puis en sortit un lourd trousseau de clés auquel était attachée une étiquette. Se penchant en avant, il laissa tomber le trousseau sur le bureau devant Holliday et se rassit. Holliday ramassa les clés.

« S'il y a des papiers à signer, envoyez-les-nous chez mon oncle ! ordonna-t-il en se levant. C'est là que nous demeurerons pour le moment.

– Vraiment ? » demanda Broadbent, glacial, en regardant Peggy.

Se levant à son tour, elle passa son bras sous celui de Holliday, posa affectueusement sa joue contre son épaule et sourit à l'avocat en battant des cils.

« Je suis d'accord avec tout ce que dit Doc », déclara-t-elle.

Comme ils se dirigeaient vers la porte, la voix de Broadbent les fit s'arrêter.

« Colonel Holliday ? »

Holliday se retourna.

« Oui ?

– Les notes de mon père font état d'un objet que votre oncle aurait pu avoir en sa possession. Un élément de sa collection.

– Mon oncle collectionnait toutes sortes de choses. Tout ce qui présentait un intérêt pour lui, en fait.

– L'objet en question avait une importance particulière pour mon père, dit Broadbent, qui parut hésiter un instant, sourcils froncés. Votre oncle et lui se connaissaient, vous le saviez ? reprit-il enfin. Ils servaient dans la même unité pendant la guerre.

– Ah bon ? Je l'ignorais.

– Oui.

– Et quel est cet objet ? En quoi est-il important ?

– Ils l'ont trouvé ensemble en Bavière. En Allemagne, répondit l'avocat d'un ton neutre.

– Je sais où se trouve la Bavière, monsieur Broadbent.

– Ils l'ont trouvé dans l'Obersalzberg. À Berchtesgaden.

– Ah oui ? »

Berchtesgaden était le lieu de villégiature d'Adolf Hitler. Oncle Henry n'avait jamais dit y être allé. Du moins pas à Holliday. Si ses souvenirs étaient exacts, Berchtesgaden avait été pris par la 3e division d'infanterie.

« Quel est-il, au juste, cet objet que votre père et mon oncle Henry ont trouvé ensemble ?

– Une épée, colonel Holliday. Une épée.

– Quel genre d'épée ?

– Je n'en ai pas la moindre idée. Je sais simplement que mon père lui attribuait une grande importance.

– Une grande importance, monsieur Broadbent, ou une grande valeur ?

– Une grande importance.

– Bon. Si je la trouve, je vous le ferai savoir.

– Je serais prêt à vous l'acheter pour la somme que vous jugerez appropriée.

– À condition que je sois prêt à vous la vendre », répliqua Holliday.

Sur ces mots, ils quittèrent le bureau et gagnèrent la sortie. Dehors, en ce début d'après-midi, un soleil d'été radieux brillait dans un ciel presque sans nuages.

« Tu n'as pas été très gentil avec lui », dit Peggy en riant.

C'était la première fois qu'elle riait depuis les obsèques qui avaient eu lieu deux jours auparavant. Holliday serra sous le sien le bras de la jeune femme. Peggy était photojournaliste et son travail – récompensé par un prix Pulitzer – la menait dans tous les coins du monde. Cela faisait plus d'un an qu'il ne l'avait pas vue, et il aurait préféré la retrouver dans des circonstances plus agréables.

« Il l'a bien mérité, répondit-il.

– Qu'est-ce que c'est que cette histoire d'épée ?

– Je n'en sais rien. Ce que je sais, en revanche, c'est qu'oncle Henry ne faisait pas partie de la 3e division d'infanterie qui a pris Berchtesgaden en 1945.

– Qu'est-ce qu'on fait, maintenant ?

– On va déjeuner. Gueuleton au White Inn ?

– Plutôt cheeseburger-frites chez Gary.

– Excellente idée. »

4

Comme d'habitude, le vieux snack au coin d'Eagle Street était bondé d'étudiants, mais Peggy et Holliday finirent par trouver un box près d'une fenêtre et passèrent un long moment à échanger des nouvelles fraîches et à évoquer le passé tout en déjeunant. Apparemment, Peggy avait eu la chance, si l'on peut dire, d'être présente à Niagara Falls, où elle couvrait le sommet du G8, quand on l'avait appelée pour l'informer de l'hospitalisation d'oncle Henry, si bien qu'elle n'avait eu que deux heures de route à faire pour se rendre à son chevet. Au moins, il n'était pas mort seul. Avant le G8, elle avait été envoyée au Népal et, encore avant, dans la dernière zone de conflit africaine en date, à savoir la région de Jwaneng, au Botswana, afin de documenter l'hypothèse d'un nouveau génocide.

« Et côté cœur ? » s'enquit Holliday, changeant de sujet.

Peggy, qui avait commencé à collectionner les petits amis au CE2, était toujours en plein coup de foudre ou en pleine séparation. Sa beauté, mêlée à une personnalité énergique et flamboyante, attirait les hommes comme un aimant.

Elle haussa distraitement les épaules tout en piquant une frite avec sa fourchette.

« Une petite passade avec un nommé Olivier pendant mon dernier séjour au Rwanda, mais rien de sérieux depuis, répondit-elle.

– Tu devrais tenter l'aventure avec notre ami Broadbent, l'avocat. Il avait l'air très intéressé, suggéra Holliday.

– Beurk ! s'exclama Peggy, nez froncé, en imitant la voix de Lisa Simpson. Ce remède contre l'amour en costume rayé ? Plutôt mourir ! ajouta-t-elle avant de tremper généreusement une deuxième frite dans la mare de ketchup qui bordait son assiette et de l'engloutir.

– Il faudrait peut-être que tu songes à te ranger, tu ne crois pas ?

– Pourquoi ? Ma vie me convient tout à fait, du moins pour l'instant. »

Après avoir parlé encore quelque temps du travail de Peggy, d'un livre qu'elle écrivait sur le photojournalisme moderne, de l'interminable traité de Holliday sur les armes et les armures, puis de leur passé et de leur avenir respectif, ils abordèrent enfin le sujet sensible : le décès d'Henry et l'héritage.

« Qu'allons-nous faire de la maison ? » demanda Peggy.

Une serveuse s'approcha de leur table pour la débarrasser et leur apporter le café. L'après-midi était bien avancé et les derniers étudiants quittaient le restaurant. Des nuages venus du lac Érié assombrissaient le ciel.

« La maison ? J'essayais de ne pas y penser, répondit Holliday, qui eut soudain affreusement envie d'une cigarette alors qu'il n'avait pas fumé depuis la mort d'Amy. Je me dis parfois que j'y ai passé les meilleurs moments de mon enfance.

– Moi aussi, dit Peggy d'une voix qui s'étranglait. C'est grand-père qui m'a fait cadeau de mon premier appareil photo, tu sais ? poursuivit-elle, clignant des paupières pour retenir ses larmes. C'était un Kodak Baby Brownie des années quarante. Il l'avait trouvé en Angleterre, je crois. Je photographiais des insectes et des tas de trucs avec, dans le ruisseau. Ça m'énervait parce que l'image sur les photos ne ressemblait jamais à ce que j'avais vu dans le viseur. Alors grand-père Henry m'a expliqué le phénomène. J'étais la seule gamine de CE2 à savoir ce qu'était la parallaxe !

– J'ai eu droit à la même leçon, figure-toi ! Sauf que c'était à propos de la pêche à la truite et des Indiens senecas, qui savent que le poisson n'est jamais exactement où on pense, même quand on le voit dans l'eau, dit Holliday en riant. Il fut un temps où je pensais qu'oncle Henry savait tout ce qui valait la peine d'être su, ajouta-t-il après avoir secoué tristement la tête. Il m'arrive encore de le penser, d'ailleurs.

– Il va me manquer, murmura Peggy.

– À moi aussi... Mais tout ça ne nous dit pas ce que nous allons faire de la maison.

– C'est vrai.

– Il est peut-être temps de regarder la réalité en face, soupira Holliday.

– Tu as sans doute raison », acquiesça Peggy.

La demeure du vingt-six, Hart Street, ressemblait à une maison hantée tout droit sortie d'un dessin animé de Walt Disney, avec sa tourelle sinistre et son belvédère entouré d'une rambarde en fer forgé construit au sommet du toit pentu et mansardé. Elle se dressait au milieu d'un parc enclos par un mur de brique bas et planté de vieux ormes, de bouleaux et de sombres noyers noueux dont les branches goitreuses évoquaient les sorcières arthritiques et bossues des contes de fées. L'herbe n'avait pas été tondue depuis un bon moment.

Un sentier gravillonné descendait à travers les arbres jusqu'à la berge de Canadaway Creek, dont on entendait glouglouter les eaux peu profondes derrière les branches pendantes d'un rideau de saules pleureurs ; la rive opposée du ruisseau, bien plus haute que celle qui bordait la propriété, disparaissait sous d'épais taillis.

On avait l'impression, en s'approchant de cette monstrueuse bâtisse branlante au fond de l'impasse, d'ouvrir un tome des *Chroniques de Narnia*, de C. S. Lewis. Elle était là, comme un appel vaguement lugubre à l'aventure, et donnait le sentiment qu'y entrer pouvait mener là où on n'avait pas forcément envie d'aller.

Peter Holliday et Peggy Blackstock gravirent les cinq marches de bois usées donnant accès à la galerie couverte qui courait le long de la façade. Holliday sortit l'imposant trousseau de clés que lui avait donné de mauvaise grâce l'avocat et les essaya une à une. Il finit par trouver la bonne et, tout en la faisant tourner dans la vieille serrure Yale, il empoigna le bouton de porte en verre à facettes et ouvrit le battant. Il entra, Peggy sur ses talons.

Ils furent immédiatement assaillis par une odeur de miel qui leur était familière.

« C'est un homme hors pair... commença Holliday.

– Il fume du Prince Albert », dit Peggy avec un sourire, complétant le vieux slogan publicitaire qu'oncle Henry ne manquait jamais de citer quand il sortait de sa poche son antique pipe de bruyère, qu'il polissait contre son éternel gilet de satin avant de l'allumer et de la caler entre ses dents, la fumée odorante se perdant dans sa moustache blanche jaunie par la nicotine.

À mi-parcours du large couloir d'entrée, un escalier en colimaçon montait à l'étage. Avant l'escalier, sur la gauche, se trouvait la bibliothèque ; sur la droite, le salon au décor vieillot. Après l'escalier s'ouvrait la salle à manger, avec sa cheminée monumentale. La cuisine et l'office étaient tout au fond de l'entrée. À l'arrière de la maison avait été ajoutée une serre vitrée où Henry avait cultivé des roses pendant de longues années.

Partout, les planchers de pin maintes et maintes fois vernis étaient couverts de tapis persans élimés de toutes époques et dimensions. Au-dessus des lambris de noyer noirci qui recouvraient le bas des murs, le revêtement de plâtre, jadis blanc, avait pris avec le temps une teinte beige indéfinie. Le mobilier, sombre, de style victorien tardif, était assorti de lourdes tentures de velours marron foncé. Les murs de l'entrée étaient décorés de petits paysages dans de simples cadres dorés, chacun éclairé par une applique de cuivre. Contre l'un des murs, en face d'une patte d'éléphant transformée en portemanteau et porte-parapluies, se dressait une énorme pendule à cadran de cuivre et coffrage en chêne incrusté d'acajou et de citronnier.

Son lourd tic-tac régulier résonnait dans le silence de la maison déserte, le rendant encore plus oppressant.

« Ce que ça semble vide ! commenta Peggy.

– C'est le moins qu'on puisse dire », acquiesça Holliday.

Ils firent rapidement le tour de la maison. Chaque surface horizontale était encombrée de bibelots et d'objets de collection : étagères couvertes de bouteilles anciennes, tables chargées de vieux magazines, vitrines remplies de minéraux et de fossiles. Sur le manteau d'une cheminée se serraient des bouteilles contenant des bateaux, certaines si vieilles que le verre en devenait laiteux.

L'étage comprenait quatre chambres, une salle de bains, des toilettes séparées, et l'escalier qui desservait le belvédère et la petite pièce de la tourelle. Partout régnait le même désordre. Commodément située à proximité des toilettes se trouvait une pile de magazines *Life* remontant aux années trente. La pièce de la tourelle, jadis salle de jeux pour les enfants, servait à présent de débarras pour les meubles cassés en attente de réparations qui ne viendraient jamais, ainsi que pour les vieilles valises et les cartons qui, dans une autre maison, auraient été stockés dans le garage ou le grenier.

Seule une des chambres avait été occupée : la plus petite, qui possédait sa propre cheminée. Comme dans le reste de la maison, le ménage ne semblait pas y avoir été fait depuis des décennies, et la fumée de pipe mêlée à la suie de la cheminée avait obscurci les vitres de la fenêtre donnant sur l'arrière de la maison et le ruisseau.

« Il n'était pas du genre fée du logis, grand-père », dit Peggy, s'approchant du grand lit à baldaquin qui remplissait presque tout l'espace pour tapoter l'oreiller en duvet et lisser mélancoliquement le vieux couvre-pieds de chenille bleu pâle.

– Ça, non», murmura Holliday.

Ils redescendirent au rez-de-chaussée et gagnèrent la cuisine. Ici, le mobilier était de style Early American. Une table en pin occupait le centre de la pièce, entourée de chaises paillées assorties, à dossiers en échelle. Les portes des placards étaient en bois peint incrusté de carreaux en faïence bleue de Delft. Un lino gris-vert couvrait le sol.

Le réfrigérateur Kelvinator était encore rempli de restes – un morceau de steak desséché, mal enveloppé dans du papier sulfurisé, un rogaton de fromage orange, une boîte entamée de consommé de poulet Campbell, quelques branches de céleri ramollies. Un énorme pot de fromage à tartiner Cheez Whiz trônait sur l'une des étagères.

«Le vice caché d'oncle Henry, dit Holliday. Du Cheez Whiz sur des toasts de pain de mie Wonder Bread.

– Une fois, grand-père a écrit un article sur Edwin Traisman pour le *Smithsonian Magazine*. C'est moi qui ai fait les recherches photographiques et la mise en pages.

– Un article sur qui ?

– Edwin Traisman. Un Letton du Wisconsin. L'inventeur du Cheez Whiz.

– Il faut bien être du Wisconsin pour inventer un truc pareil.

– C'est aussi lui qui a créé les frites McDonald, figure-toi. Il est mort à quatre-vingt-onze ans.

– Sans doute parce qu'il s'est gardé de consommer ce qu'il produisait. »

Ils traversèrent l'office et entrèrent dans la salle à manger. Lambrissée de bois sombre, la pièce était dominée par une vitrine monumentale qui garnissait tout un mur, du sol au plafond. Les rayonnages en étaient remplis d'oiseaux et d'autres animaux empaillés, depuis un moineau minuscule jusqu'à un énorme hibou grand-duc, en passant par un *chipmunk* aux yeux de verre escaladant pour l'éternité le même tronçon de branche, et un lynx à l'air féroce perché sur un rocher en grillage et carton-pâte. Pour le reste, la pièce était occupée par une longue table polie comme un miroir et flanquée de huit chaises à haut dossier recouvertes de maroquin bleu. Aussi poussiéreux que tous les autres objets de la maison, un morion très ouvragé contenant des fruits en cire tenait lieu de centre de table.

« Je me suis toujours sentie mal à l'aise quand nous dînions dans cette pièce, dit Peggy. Tous ces yeux de verre braqués sur moi...

– Il avait acheté tout ça au muséum d'histoire naturelle d'une petite ville, qui fermait ses portes. En fait, il ne s'intéressait pas vraiment aux animaux. Il m'a raconté qu'il avait acquis le lot aux enchères pour presque rien. C'est le côté "affaire à saisir" qui l'a motivé.

– Il avait un travail en cours ? demanda Peggy. J'avais un peu perdu le contact.

– Moi aussi. Je ne l'avais pas vu depuis un bout de temps. La dernière fois que nous nous sommes parlé, lui et moi, il revenait d'un séjour à Oxford où il était allé faire des recherches, disait-il. J'ai plutôt eu l'impression que les recherches en question étaient un prétexte pour revoir ses vieux amis d'avant-guerre. Il y a plus d'un an de ça. J'ignore ce qu'il fabriquait. Il avait toujours un projet en chantier. »

Ils passèrent dans la superbe bibliothèque. Aux murs, des rayonnages en bois fruitier surmontés d'arcatures alternaient avec d'extraordinaires tableaux représentant des scènes de batailles médiévales, œuvres d'artistes depuis longtemps oubliés. Un lustre en fer forgé pendait du plafond à caissons de chêne foncé, et un immense tapis persan figurant un arbre de vie dans les tons roses et bleu marine couvrait le plancher.

Le mobilier était constitué d'un bureau fonctionnel disposé en biais dans un angle de la pièce, de plusieurs fauteuils clubs confortables, à dossier évasé, dont le velours rouge avait pris avec l'usure du temps une teinte vieux rose, d'un petit canapé, et de l'énorme fauteuil personnel d'Henry, un monstre en cuir vert qui semblait avoir été dérobé à un club de gentlemen anglais du XIXe siècle. À portée de main, sur la droite du fauteuil et sous un lampadaire à abat-jour frangé, se trouvait un guéridon juste assez grand pour recevoir un livre et le petit verre de son xérès ou de son single malt préféré qu'Henry dégustait avant d'aller se coucher.

Le fauteuil trônait devant l'âtre d'une cheminée toute simple, au-dessus de laquelle était accroché un mezzotinto signé de John Martin, le peintre anglais de scènes apocalyptiques, montrant la chute de Babylone avec, entre autres horribles détails, la figure minuscule d'un prêtre assyrien carbonisé par les éclairs de la colère divine jaillissant d'un tumulte de nuages amoncelés au-dessus du temple antique. Il y avait à l'intérieur du cadre une légende en italien dont oncle Henry avait fait son credo. Holliday la cita de mémoire :

« Ognuno sta solo sul cuor della terra
Traffito da un raggio di sole :
Ed è subito sera.

– Ce qui signifie ? demanda Peggy.

– “Chacun de nous se tient seul sur le cœur de la terre,

Transpercé par un rayon de soleil,

Et soudain, c'est le soir.”

– Parle pour toi ! lança Peggy, malicieuse.

– C'est tiré d'un poème intitulé « Et soudain, c'est le soir », de Salvatore Quasimodo.

– Le bossu ?

– Le poète italien. Il a obtenu le prix Nobel, si je me souviens bien. Henry l'a rencontré à Rome après la guerre.

– Il est triste, ce poème, dit Peggy en contemplant la gravure.

– Il ne l'était pas pour oncle Henry. Il y voyait un conseil : nous n'avons que peu de temps à passer sur terre, ne le gaspillons pas. Considérons chaque jour comme un cadeau, car la mort vient tous nous prendre un jour ou l'autre.

– Et ce jour a fini par arriver pour lui », soupira Peggy en se laissant tomber dans le grand fauteuil vert.

Holliday alla s'asseoir au bureau en chêne, sur le vieux siège pivotant en bois d'oncle Henry. Carré, massif, le bureau reposait sur deux caissons décorés de rinceaux de lierre, d'oiseaux et de petits animaux grossièrement sculptés. Un large sous-main bordé de cuir en occupait le dessus, ainsi qu'une lampe en bronze à opaline verte.

Le bois était sombre, mangé par les vers, poli par le temps ; les angles des caissons usés et écornés. Holliday s'était toujours imaginé que le meuble avait été fabriqué à partir des vestiges d'un naufrage, mais il n'avait jamais interrogé son oncle à ce sujet et il le regrettait à présent. Le style semblait espagnol, peut-être du XVIe siècle. Comment ce bureau était-il arrivé dans une maison au bord du lac Érié ? Mystère. Mais il avait probablement une histoire, comme presque tout ce qui touchait à la vie d'oncle Henry.

Outre les trois tiroirs que comportait chaque caisson, il y en avait un transversal. Holliday inspecta méthodiquement chacun d'eux. Les trois tiroirs de gauche étaient remplis de chemises contenant factures, relevés de banque, anciennes déclarations de revenus, reçus, et autres documents ayant trait à l'entretien de la maison ; dans ceux de droite s'empilaient d'autres dossiers concernant pour l'essentiel la carrière universitaire d'oncle Henry et renfermant sa correspondance professionnelle.

Dans un classeur à soufflets en carton marbré, Holliday trouva une quantité de morceaux de papier couverts de notes incompréhensibles rédigées dans au moins trois langues qu'il put identifier, dont l'hébreu, lui sembla-t-il. Il découvrit également plusieurs cartes, y compris une de La Rochelle, sur la côte française du golfe de Gascogne.

Cette dernière, de petite dimension, imprimée sur un papier fragile et jauni, paraissait provenir d'un vieux guide Michelin. On y discernait vaguement plusieurs notes pâlies, écrites au crayon : *Huguenot?*

Irlande ? Quel Rocher ? Holliday remit la carte dans le classeur.

Il ouvrit ensuite le tiroir du milieu. Celui-ci ne contenait que du papier à lettres et des enveloppes, ainsi qu'une vieille dague émoussée à manche d'ébène qu'oncle Henry avait dû utiliser comme coupe-papier. Holliday n'avait jamais vu cet objet, mais il le reconnut aussitôt pour ce qu'il était. Un coup d'œil à l'inscription gravée sur une face de la lame ternie confirma son hypothèse : *Meine Ehre Heisst Treue – Mon Honneur a Nom Loyauté.* Il s'agissait d'un poignard nazi ayant appartenu à un SS.

« Qu'est-ce qu'il avait à faire d'un truc pareil ? demanda Holliday à haute voix.

– Quel truc ? » s'enquit Peggy.

Holliday l'informa de sa trouvaille.

« J'imagine qu'il s'agissait d'un souvenir, conclut-il en montrant la dague à la jeune femme.

– Parce qu'il serait allé en Allemagne pendant la guerre ? dit-elle en fronçant les sourcils. Je croyais qu'il était dans le contre-espionnage, comme Ian Fleming et tous ces types qui se réunissaient pour fumer la pipe et imaginer de bons tours à jouer à la Gestapo. Je n'ai jamais pensé qu'il avait participé concrètement à l'action... Qu'il avait fait des choses dangereuses, je veux dire.

– Moi non plus.

– Ce machin est peut-être un faux. Une copie.

– Je ne le pense pas », répondit Holliday en soupesant l'antique arme blanche, dont le contact froid évoquait une sombre période et des pratiques non moins sombres.

L'Histoire elle-même semblait inscrite dans les formes sensuelles de cette lame dont l'acier avait été trempé dans le sang. Mais peut-être se laissait-il entraîner par son imagination : les S runiques en forme d'éclairs et le svastika détenaient encore un fort pouvoir maléfique. Il jeta l'objet dans le tiroir qu'il referma.

« C'est peut-être de ce couteau que Broadbent voulait parler, suggéra Peggy en se levant du fauteuil pour aller regarder les rayonnages de livres de l'autre côté de la pièce.

– Toutes sortes de mots pourraient servir à désigner ce "couteau", comme tu dis, mais il ne viendrait à l'idée de personne d'en parler comme d'une épée, répondit Holliday.

– Je me demande pourquoi Broadbent père y accordait tant d'importance. Oh ! Regarde ça ! s'exclama Peggy, dont le visage s'éclaira soudain. Tous les vieux livres pour enfants qu'il m'a fait lire. Il n'en manque pas un ! Les sept tomes du *Monde de Narnia*, *Une drôle de fée*, *Hirondelles et Amazones*, *Chasseurs de trésors*, *Le Club des Cinq*, d'Enid Blyton... Ils sont tous là ! »

Holliday la rejoignit et, après avoir parcouru un instant des yeux les étagères, il trouva ce qu'il cherchait : un gros livre cartonné, encore protégé par sa jaquette vert pâle et crème – une première édition en un volume de *La Quête du roi Arthur*, l'épopée de T. H. White.

Oncle Henry lui avait lu l'intégralité de l'histoire en quatre parties quand il était enfant, et, plus tard, Holliday l'avait relue de nombreuses fois tout seul. C'était l'occupation idéale pour un petit garçon pendant les journées pluvieuses de province. L'évocation de ce souvenir le fit sourire. *La Quête du roi Arthur* était le genre de bouquin que Harry Potter aurait adoré ! Quand il ouvrit le livre à la page de titre, un petit morceau de papier plié s'en échappa et tomba en tournoyant sur le tapis. Après avoir remis l'ouvrage en place, Holliday se baissa pour ramasser le papier. Oncle Henry y avait écrit quelque chose au stylo plume dans sa calligraphie anglaise caractéristique ; le noir de l'encre noire était devenu sépia.

« "*Hic iacet Arthurus rex quondam rexque futuris : Ci-gît Arthur, qui fut et sera roi.* Sous les années riches de contes tu trouveras le trésor : à toi de chercher, à moi de savoir", lut Holliday.

– Qu'est-ce que ça veut dire ? demanda Peggy.

– La première partie est l'épitaphe en latin qui est censée se trouver sur la tombe du roi Arthur, dans l'île d'Avalon. C'est la phrase qui clôt le livre de T. H. White.

– Et le reste ?

– Une espèce de devinette.

– Adressée à qui ?

– À moi, j'imagine. C'était mon livre préféré. Il se doutait que je viendrais le chercher un jour... dit Holliday, avant d'ajouter à mi-voix : Quand il serait mort.

– Et tu comprends ce qu'il a écrit ? »

Holliday se répéta l'énigme à voix basse, puis recula d'un pas et regarda la collection de contes pour enfants dans son ensemble.

« "Les années riches en contes..." Sans doute une allusion à tous ces livres que nous avons lus enfants, toi et moi.

– Et il y aurait un "trésor" dessous ?

– Je ne vois rien en dessous. Juste d'autres livres.

– Au sous-sol ? Sous le plancher ?

– Je n'ai jamais vu Henry planter un clou de toute sa vie, et encore moins arracher des lames de parquet, grommela Holliday. Ce n'était pas son genre. »

Il observa les étagères. Elles avaient manifestement été faites sur mesure et ajustées sur place pendant la construction de la maison, c'est-à-dire plusieurs décennies avant qu'oncle Henry n'occupe les lieux. Elles formaient un alignement d'étroites arcades gothiques – le genre de travail d'ébénisterie insolite que les gens affectionnaient à l'époque victorienne finissante, surtout dans une ville comme Fredonia, où abondaient les demeures de ce style. Chaque coffrage comportait huit étagères réparties entre les plinthes richement ornées de volutes du bas et les arcs en ogive du haut.

« "À toi de chercher, à moi de savoir..." » murmura Holliday, regardant de nouveau la devinette.

Ce fut Peggy qui comprit la première.

« La plinthe ! » s'exclama-t-elle avant de se laisser tomber à quatre pattes.

Elle passa la main sur l'étroite lame de bois, exerçant une légère poussée tous les sept ou huit centimètres. Quand elle parvint au milieu de la plinthe, un déclic audible répondit à la pression de ses doigts, et la planche, sans doute mue par un mécanisme à ressort, avança brusquement de quelques centimètres.

« Un tiroir secret ! dit Holliday.

– La planque de grand-père Henry, tu crois ? demanda Peggy en lui souriant.

Ouvre-le ! »

Elle tira sur la planche. Profond d'une vingtaine de centimètres, comme les étagères, et aussi large qu'elles, le tiroir était tapissé d'un très vieux satin élimé qui avait dû être violet cent ans plus tôt mais avait viré à l'aubergine pâle. Il ne contenait qu'un objet, enveloppé dans un drapeau noir, blanc, rouge et or aussi facilement reconnaissable que le poignard du bureau.

« Qu'est-ce que c'est que ça ? s'écria Peggy, horrifiée.

– La *Standarte des Führers und Obersten Befehlshabers der Wehrmacht*, répondit Holliday, s'efforçant de ne pas trop écorcher les mots allemands. L'étendard personnel de Hitler. Sa bannière... Voyons quel trésor elle cache ! »

Peggy défit prudemment l'enveloppe de soie.

« Incroyable ! » murmura-t-elle.

Holliday regarda l'objet niché au fond du compartiment secret.

« Une épée, dit-il. Une épée de croisé. »

5

L'épée, qui mesurait un mètre environ, possédait une garde en croix toute simple et un pommeau plat de forme circulaire. L'espèce de cuir verni qui avait dû gainer la poignée s'était presque entièrement décomposé avec le temps, laissant paraître la spirale d'un filigrane métallique. Longue d'à peu près soixante-quinze centimètres, la lame à deux tranchants était pourvue d'une gouttière longitudinale peu profonde – le canal d'écoulement du sang, selon certains – dont les bords formaient deux légers renflements.

« Une épée de croisé ? répéta Peggy. Elle n'a rien de bien impressionnant.

– Ce modèle-ci est ce qu'on appelait une épée courte à une main, expliqua Holliday. C'est l'équivalent médiéval du six-coups des cow-boys : une arme de travail pour l'usage quotidien. Les chevaliers s'en servaient comme les flics se servent de pistolets. C'est sûrement celle dont parlait Broadbent.

Je croyais les épées plus sophistiquées. »

Se penchant, Holliday prit l'arme et l'étendard de la Seconde Guerre mondiale sur lequel il remarqua une petite étiquette portant l'inscription : *Kuhn & Hupnau – München*. Il emporta le tout jusqu'au bureau, sur lequel il déposa précautionneusement l'épée en la tenant à deux mains. Dans son sinistre nid de soie l'instrument de mort chatoyant était d'une beauté presque obscène, et en mille ans, il n'avait rien perdu de son potentiel meurtrier.

« Sophistiquée ou non, elle appartenait à un homme riche, dit-il tout en examinant l'objet à la lumière de la lampe.

– Comment le sais-tu ?

– Elle est en acier de Damas.

– Qu'est-ce que c'est ?

– Tu vois cet effet de vagues sur la lame ? répondit-il, désignant les moirures du métal, qui évoquaient celles du taffetas. L'acier de Damas était fabriqué à partir d'un fer particulier d'abord importé d'Inde, et plus tard de Perse. Seuls quelques-uns parmi les plus grands forgerons savaient l'utiliser. Ils formaient presque une société secrète. La technique consistait à plier et replier le métal, dans certains cas jusqu'à cinquante ou cent fois, comme pour la fabrication d'un katana japonais, par exemple. On obtenait ainsi des lames assez solides et tranchantes pour percer n'importe quelle armure ou cotte de mailles. Bien maniées, elles pouvaient littéralement couper un homme en deux. On prétend même qu'on pouvait entailler les rochers avec.

– Comme dans le livre *L'Épée dans la pierre*, de Terence Hanbury White ?

– Oui. C'est probablement la réputation de ces aciers qui est à l'origine de la légende, d'ailleurs.

– Mais Damas est la capitale de la Syrie. Comment un croisé aurait-il pu se retrouver en possession d'une arme forgée par les types d'en face ?

– Ne te fais pas d'illusions ! dit Holliday en riant. On commerçait tout autant avec l'ennemi à l'époque qu'on le fait à l'heure actuelle. Guerre et argent ont toujours fait bon ménage. La Standard Oil du New Jersey a ravitaillé les sous-marins nazis dans l'Atlantique jusqu'à l'attaque de Pearl Harbor... »

Il secoua la tête avant de poursuivre :

« Ce que j'aimerais bien savoir, en revanche, à propos de cette épée, c'est comment oncle Henry en a fait l'acquisition, et pourquoi il la cachait.

– Quelqu'un pourrait peut-être nous renseigner là-dessus.

– Qui ? Je ne lui connaissais pas beaucoup d'amis. Du moins parmi les vivants.

– Un de ses collègues universitaires ?

– Il était professeur émérite. Il n'enseignait plus. Je crois qu'il dirigeait une thèse de troisième cycle de temps en temps, mais rien de plus.

– Nous pourrions peut-être voir quand même... »

Holliday consulta sa montre. 17 heures. Il n'y aurait probablement plus personne à la fac. Il considéra l'épée. Un objet d'une telle qualité et en si parfait état aurait pu occuper la place d'honneur dans le catalogue de n'importe quel musée. Tout collectionneur rêvait de ce genre de trouvaille. Avec l'aide d'un spécialiste, il existait même une bonne chance d'identifier le forgeron qui l'avait produite : la plupart de ces artisans, en effet, avaient leur propre estampille, qu'ils marquaient au poinçon sur une partie quelconque de leur création. Alors, pourquoi Henry l'avait-il soustraite aux regards indiscrets ?

La curiosité fut la plus forte.

« D'accord. Nous ne risquons rien à tenter notre chance », dit Holliday.

Laissant l'épée où ils l'avaient trouvée, ils quittèrent la maison, dont Holliday verrouilla soigneusement la porte d'entrée.

« On prend ta voiture ou la mienne ? » s'enquit Peggy.

Elle avait une voiture Hertz louée à Niagara Falls ; lui, une Ford Crown Victoria couleur bronze empruntée au parc automobile de West Point, sans radio ni porte-gobelet, mais avec des suspensions de char d'assaut.

« La tienne. »

Le campus principal de l'université d'État de New York se trouvait à moins de deux kilomètres au nord de Hart Street. L'endroit était agréable, arboré, les constructions modernes pour la plupart. Bon nombre de ces dernières portaient la marque caractéristique de l'architecte sino-américain I. M. Pei, dont la prédilection pour les cubes uniformes et les rectangles indifférenciés donnait souvent à ses créations l'allure de figures géométriques en trois dimensions plutôt que de véritables édifices. Quelqu'un avait un jour employé l'expression « architecture de forteresse » à propos de ses œuvres. Holliday, lui, y voyait seulement les formes simples et aléatoires qu'un enfant peut obtenir en empilant des cubes.

Le département d'histoire avait ses quartiers dans Thompson Hall, un parallélépipède trapu en brique pourvu d'une aile en retour à chaque extrémité. Une fois à l'intérieur, Holliday et Peggy s'efforcèrent de trouver leur chemin dans un dédale de couloirs sans fenêtres et chichement éclairés.

« Je me rappelle avoir étudié des bâtiments de ce genre en cours de sociologie, marmonna Peggy comme ils s'engageaient dans un énième couloir lugubre. Ils étaient censés décourager d'éventuels émeutiers. Escaliers étroits, mauvais éclairage, ascenseurs lents... »

Elle eut un petit rire méprisant.

« Je me demande bien où on trouverait des émeutiers dans les universités, à présent ! reprit-elle. On n'étudie plus que le commerce ! L'époque sexe, drogue et rock and roll est bien révolue. Maintenant, c'est bière et foot !

– Qu'est-ce que tu racontes ? Je peux t'assurer qu'on pratique encore beaucoup le sexe, la drogue et le rock and roll. Même à West Point.

– Tu me brises le cœur ! s'exclama Peggy, affectant la consternation. Tu es en train de me dire que la Grande Muette s'est mise au pétard ?

– Si ce n'était que ça ! Songe à tous les coins du monde où on envoie nos soldats : Vietnam, Panama, Irak, Afghanistan... Rien que des paradis de la drogue !

– Je te trouve bien cynique.

– L'usage de l'héroïne a augmenté de près de deux cents pour cent pendant la guerre du Vietnam. Bien sûr que je suis cynique ! »

Ils trouvèrent le département d'études médiévales au deuxième étage. Les bureaux étaient disposés autour d'un espace de réception central, où une secrétaire montait la garde assise derrière un bureau portant une plaque au nom de Caroline Branch – comme une branche. Un patronyme approprié, la dame n'étant pas plus épaisse qu'une brindille. Elle pouvait avoir une petite soixantaine et avait dû être jolie, voire assez belle pour être mannequin, mais le temps avait fait son œuvre. Ses pommettes hautes ressortaient à présent comme des fers de hache, un foulard coloré cachait mal son coù décharné et flétri, un soutien-gorge rembourré maintenait dans une position symétrique invraisemblable ses seins minuscules. Dans sa coiffure à la Farrah Fawcett des années soixante-dix, des traînées de gris supplantaient la couleur châtain d'origine, qui virait d'ailleurs à un banal marron.

Deux ou trois veines saillantes serpentaient sur ses mains marquées de quelques taches de vieillesse, et ses longs doigts élégants étaient dépourvus de tout ornement. Elle ne portait pas de bracelet. Elle donnait l'impression d'avoir été secrétaire depuis la nuit des temps. Holliday se fit connaître et présenta Peggy. La citoyenne Branch ne manifesta aucune émotion ; pas même une mimique de compassion pour la disparition d'oncle Henry. Une vague odeur âcre de tabac s'exhalait de ses cheveux, et on devinait dans son haleine un parfum de liqueur. Elle devait fumer en douce et s'alcooliser au sherry, déduisit Holliday.

« Nous nous demandions si nous pourrions accéder au bureau du Pr Granger, dit-il.

– Nous aimerions prendre quelques-uns de ses effets personnels, ajouta Peggy.

– Il est tard, objecta la secrétaire avec un regard appuyé à la grosse montre d'homme qu'elle portait au poignet droit. J'allais partir.

– Nous n'en aurons pas pour longtemps, assura Holliday.

– Nous pourrions fermer à clé nous-mêmes en partant, si vous voulez, proposa Peggy.

– Désolée, mais je ne suis pas habilitée à autoriser ce genre de chose, répliqua Caroline Branch, l'air offusquée.

– Vous étiez la secrétaire du professeur depuis longtemps ? s'enquit Holliday.

– Auxiliaire administrative, rectifia-t-elle.

– Auxiliaire administrative, répéta docilement Holliday.

– J'occupe ce poste depuis quarante-trois ans. Depuis ma sortie de l'Albany Academy », répondit la secrétaire d'un ton guindé.

Quarante-trois ans. Cela les ramenait à la fin des années soixante ou au début des années soixante-dix, comme sa coiffure. L'Albany Academy était un établissement presque aussi ancien que West Point où les puissants et les nantis de l'État de New York mettaient leurs filles jusqu'à ce qu'il n'y ait plus de risque à les laisser sortir seules. Caroline Branch s'était pétrifiée à son poste comme un insecte dans l'ambre. Comment se faisait-il qu'elle soit venue à l'université pour y travailler et non pour y suivre des cours ? Tout n'était pas clair dans le personnage.

« Et vous avez passé tout ce temps-là avec grand-père Henry ? demanda Peggy.

– Je n'étais pas *avec* votre grand-père, mademoiselle Blackstock. Je travaillais pour lui », rétorqua la secrétaire, sans la moindre nuance audible de respect pour le défunt.

En quarante-trois ans de carrière, elle avait dû connaître plus de membres du personnel et accumuler sur leur compte plus de ragots que n'importe qui.

Une telle arme valait toutes les garanties de sécurité de l'emploi ! Holliday sourit intérieurement. Oui, décidément, un renseignement de qualité était un vrai gage de réussite !

« Pourrions-nous entrer dans son bureau ? » insista-t-il sans brusquerie.

Elle le dévisagea longuement sans ciller.

« Si c'est vraiment indispensable... » dit-elle enfin.

Ouvrant un tiroir, elle en sortit un trousseau de clés et se leva. Holliday et Peggy la suivirent au fond de l'aire de réception jusqu'à une porte close marquée d'une simple étiquette en plastique indiquant : DOCTEUR HENRY GRANGER. La secrétaire déverrouilla la porte, la poussa, puis s'effaça pour les laisser entrer.

« Nous ferons vite, promit Peggy.

– Vous m'obligeriez », répondit Caroline Branch.

Avait-elle des chats à nourrir ? Était-ce jour de lessive ? Diplomate, Holliday lui adressa un sourire en passant devant elle.

Le bureau était une pièce claire et spacieuse avec un mur tapissé de bibliothèques en chêne blond, un autre de photographies encadrées, et un troisième recouvert d'un panneau d'affichage très encombré. Le quatrième mur comportait une fenêtre.

Cette dernière donnait sur l'allée circulaire de l'université et, au-delà, sur Maytum Hall, un des bâtiments géométriques conçus par Pei – dans ce cas particulier, une demi-rotonde de béton percée d'étroites fentes vitrées à intervalles réguliers –, où Holliday voyait la version surdimensionnée d'un des blockhaus construits par Rommel sur la côte normande.

L'espace entre Thompson Hall et ce bloc de béton était occupé par des pelouses soignées, quelques allées en courbe et des arbres plantés çà et là pour rendre moins pesante la symétrie qui prévalait sur le campus.

Pendant que Peggy étudiait les clichés fixés au mur comme des trophées, Holliday s'installa derrière le bureau dernier cri, qui était même équipé d'un terminal d'ordinateur. Il essaya de démarrer la machine, mais celle-ci était protégée par un mot de passe. Ouvrant le tiroir central, il trouva un carnet d'adresses qu'il se mit à feuilleter.

« Quelle drôle de photo ! murmura Peggy en se penchant vers le mur pour mieux voir.

– Comment ça, drôle ? demanda Holliday sans cesser de tourner les pages du vieux carnet.

– Elle représente grand-père Henry en civil posant à côté de deux autres types en uniforme. Des militaires, je pense. Britanniques. D'après ce que je vois à l'arrière-plan, je dirais qu'elle a été prise quelque part en Afrique du Nord. Peut-être au Caire. Ou à Alexandrie.

– Et alors ? Qu'est-ce que ça a de bizarre ? Henry était un médiéviste. Il voyageait partout.

– L'inscription dit : “Derek Carr-Harris, Leonard Guise, Donald Mitchie, avril 1941.” Puis il y a le mot *Postmaster*, avec une majuscule. »

Holliday chercha dans le répertoire. Il trouva un D. Carr-Harris, domicilié en Grande-Bretagne, mais ni Guise ni Mitchie.

« Intéressant, dit-il. *Postmaster* – Receveur des postes – me fait penser à un nom de code. Mais nous n'étions pas en guerre en avril quarante et un. Que pouvait bien fabriquer Henry en Égypte avec des Angliches en uniforme huit mois avant Pearl Harbor ? Son premier poste était à l'OSS – le bureau des services stratégiques. Or l'OSS n'a été créé qu'en juin ou juillet quarante-deux.

– "De plus curieux en plus curieux", comme disait Alice dans le terrier du lapin, dit Peggy à mi-voix, tout en examinant la photo suivante. Sur celle-ci, on voit Carr-Harris et grand-père Henry. Ni l'un ni l'autre n'est en uniforme.

– Et où sont-ils ? » demanda Holliday.

Il s'était remis à fouiller le tiroir et tomba sur le passeport d'oncle Henry, dont la date d'expiration n'était pas encore atteinte. La dernière page portait quatre tampons : le premier apposé à Niagara Falls pour une entrée sur le territoire canadien, le second à l'aéroport de Londres Heathrow deux jours après, le troisième à Francfort une semaine plus tard. Le dernier tampon, daté de trois semaines après celui qui autorisait l'entrée en Allemagne, indiquait le retour d'oncle Henry aux États-Unis. L'ensemble de ces déplacements remontait à trois mois.

« Ils sont debout dans une immense salle, devant une fenêtre ouverte assez grande pour y faire passer un avion. Il y a des montagnes à l'arrière-plan, répondit Peggy.

– Une inscription ?

– Oui. "Berghof 1945".

– Tu plaisantes ! »

Holliday se leva, alla jusqu'au mur et observa la photo par-dessus l'épaule de Peggy. Oncle Henry et Carr-Harris y apparaissaient comme deux silhouettes insignifiantes au milieu d'une pièce absurdement grande. Les sommets enneigés des Alpes de Salzbourg se détachaient, bien visibles, dans le lointain.

« Tu peux me rappeler où se trouve Berghof ? demanda Peggy.

– Pas “Berghof”, *le* Berghof, corrigea Holliday. C’est comme ça que Hitler nommait sa résidence de vacances en Bavière – celle qu’a mentionnée Broadbent. Le Führer se voulait un homme du peuple : Berghof signifie “ferme de montagne”.

– Ce qui explique l’étendard qui enveloppait l’épée... Mais que faisait grand-père là-bas avec cet Anglais ? Que faisait-il là-bas tout court, pour commencer ? »

Peggy s’interrompit un instant avant d’ajouter :

« Il me semblait avoir entendu l’avocat dire que son père était là quand grand-père a trouvé l’épée, non ?

– Je l’ai entendu aussi, confirma Holliday.

– Alors, pourquoi n’est-il pas sur les photos ?

– Aujourd’hui, nous nous serons posé plus de questions sur Henry que nous n’aurons eu de réponses.

– Qu’est-ce qu’on fait, à partir de là ?

– On continue à se poser des questions. »

6

Holliday sortit de la pièce. Caroline Branch était assise à son bureau, un grand sac à main posé près de son écran d'ordinateur à présent recouvert d'une housse en plastique. Elle lisait un livre cartonné vert pâle. L'ouvrage semblait très ancien, mais Holliday ne voyait pas le titre. La secrétaire leva les yeux et ferma le volume en y glissant son index comme marque-page.

Holliday aperçut alors la couverture. On y voyait le portrait d'une belle jeune femme aux longs cheveux auburn enchâssé dans le carton toilé. Le titre était frappé sous l'image en lettres d'or passées : *Anne, La Maison aux pignons verts*, de Lucy Maud Montgomery. Tiens, tiens ! La secrétaire avait-elle donc conservé une âme de fillette romantique sous ses dehors revêches ? Le livre aurait pu provenir tout droit de l'étagère où oncle Henry rangeait les ouvrages de littérature enfantine.

« Oui ? dit Caroline Branch.

– D'après son passeport, mon oncle s'est rendu au Canada il y a quelques mois.

– C’est exact. En mars. »

Holliday nota qu’elle n’avait même pas eu besoin de consulter un agenda pour répondre. Détail intéressant.

« Savez-vous où il allait ?

– À Toronto.

– Et savez-vous pour quelle raison ?

– Oui. Il a rendu visite à un collègue médiéviste de l’université de Toronto. Le Dr Braintree.

– Et ensuite il est parti pour l’Angleterre, puis de là pour Francfort ?

– Oui.

– Pour un motif particulier ?

– Certainement, répondit la secrétaire d’un ton cassant. Le Repas du Cercle des Maîtres.

– Le Repas du Cercle des Maîtres ?

– Au Balliol College d’Oxford. Un repas pour les anciens membres y est organisé tous les deux ou trois ans.

– Il est allé en Angleterre pour un déjeuner ?

– Il avait de nombreux amis à Oxford.

– Quelqu’un en particulier ?

– Ce n’est pas moi qui pourrais vous le dire, répondit-elle, glaciale.

– Et Francfort ?

– Vous me demandez si je sais pour quelle raison le professeur s’est rendu à Francfort ?

– Oui.

– Je n’en ai pas la moindre idée, dit-elle, toute raide sur son siège au design ergonomique. Et je ne suis pas non plus certaine d’apprécier cet interrogatoire.

– Oh, je suis désolé ! Croyez que je n’avais nullement l’intention de vous mettre sur la sellette !

– C'est pourtant l'impression que j'ai. »

Holliday resta silencieux un instant. Quelque chose lui chatouillait l'esprit. Il y avait plus d'un an, les médecins avaient diagnostiqué chez Henry un début de dégénérescence maculaire : sa vue faiblissait. Sachant cela, il avait volontairement renoncé à conduire. Holliday essaya d'imaginer son oncle dans un autocar Greyhound, mais l'idée même lui parut invraisemblable.

« Comment est-il allé à Toronto ? demanda-t-il enfin.

– Je l'ai accompagné en voiture jusqu'à Buffalo, répondit Caroline Branch. Il a pris le train de l'après-midi. »

Elle rosit légèrement et battit des cils tout en serrant le livre contre elle comme un marin qui se noie s'agrippe à une bouée. Elle paraissait soudain presque effarouchée – Bambi pris dans le faisceau d'un phare de voiture. Les années qu'elle portait semblèrent s'effacer d'un coup. Et Holliday comprit. Le voile se déchira, le brouillard se leva, ses yeux se dessillèrent, et la vérité lui apparut sans fard.

Mais bien sûr !

Le livre ancien qu'elle tenait provenait sans doute bien de la bibliothèque d'oncle Henry. Caroline Branch était sa maîtresse ! Ou l'avait été jadis !

Cela pouvait sembler bizarre aujourd'hui – et Peggy aurait sûrement salué l'information d'un *beurk* retentissant –, mais ça l'était beaucoup moins si l'on se reportait quarante-trois ans en arrière, au moment où la jeune fille, récemment affranchie du carcan de l'internat féminin d'Albany, était arrivée à Fredonia toutes hormones en ordre de marche.

Holliday planta mentalement le décor : les années soixante, la philosophie *Playboy*, l'Été de l'amour et toutes ces sornettes. Caroline Branch, fraîche comme une rose, devait avoir dix-neuf ou vingt ans ; oncle Henry, la quarantaine distinguée de l'universitaire fumeur de pipe aux tempes grisonnantes, élégant et plein d'assurance – Hugh Hefner sans *Playboy* mais avec de la culture.

Ils étaient restés ensemble le temps qu'avaient duré les études de Caroline, peut-être davantage. Ce n'était pas la première fois qu'un professeur d'université couchait avec une étudiante. Henry ne s'était jamais marié, et l'absence d'alliance au doigt de Caroline Branch semblait indiquer qu'il en allait de même pour elle. Peut-être leur aventure avait-elle été une véritable histoire d'amour à l'ancienne ? Holliday posa sur la secrétaire un regard neuf.

« Avez-vous d'autres questions ? demanda-t-elle.

– Pas pour l'instant.

– C'est qu'il commence à être vraiment tard, dit-elle sans détour.

– Nous en avons presque terminé. »

Holliday pivota sur ses talons et retourna dans le bureau, fermant la porte derrière lui. Peggy, assise devant l'ordinateur d'Henry, essayait des mots de passe.

« Essaie "Caroline" ! suggéra Holliday à voix basse.

– Pardon ? demanda Peggy en fronçant les sourcils.

– Comme mot de passe, essaie "Caroline" !

– Mais...

– Je t'expliquerai plus tard. Fais ce que je te dis ! »

Elle le regarda d'une drôle de façon, mais elle s'exécuta.

« Rien, dit-elle, l'air presque soulagé, après avoir tapé le nom et appuyé sur la touche "Entrée".

– Essaie Caroline Branch, en un seul mot ! » ordonna-t-il.

Elle tapa, puis regarda l'écran, bouche bée.

« Ça alors ! murmura-t-elle. Ça a marché !

– Je pense qu'ils ont été amants, dans le temps, annonça-t-il tranquillement.

– Grand-père ! Espèce de vieux satyre ! s'exclama Peggy en pouffant de rire.

– Quel genre de dossiers vois-tu ?

– Les trucs habituels. Tout un tas de vieux cours dans MES DOCUMENTS, à ce qu'il me semble... Un dossier "Correspondance", un autre nommé "Dépenses"... "Étudiants de troisième cycle"... "Travaux dirigés"... Rien de particulier, assura-t-elle. Aucun fichier concernant une épée, en tout cas... Si c'est bien ce que tu cherches, ajouta-t-elle en levant les yeux vers lui.

– Il y a un compte e-mail ?

– Non, mais tu plaisantes ? Tu imagines grand-père Henry correspondant par e-mail ?

– Et grand-père Henry filant le parfait amour avec Mlle Branch, tu l'imagines ? répliqua Holliday, goguenard.

– Tu as raison. Je vérifie... Eh, oui ! Il avait bien une adresse e-mail : medievalscholar99@hotmail.com !

– À qui était adressé son dernier message ?

– À medievalscholar123@hotmail.com. Envoyé la semaine dernière.

– Quel est l'objet ?

– Des remerciements pour une réponse du numéro 123. L'objet inscrit sur le message d'origine est "Question".

– Et que dit ce message ?

– “Mon cher Henry, comme je vous le disais lors de votre visite, il semble que vous ayez affaire à une combinaison très ancienne Livre/Alphabet du système crypté Parc à cochons/Elian malheureusement indéchiffrable sans la clé. Je n’en ai trouvé aucune mention dans la littérature. Mais il y a à Jérusalem un nommé Raffi Wanounou très au fait des questions touchant aux châteaux des croisés. Lui pourrait peut-être vous orienter dans la bonne direction. Il travaille à l’institut. Désolé de ne pas pouvoir vous être d’un plus grand secours. J’ai été ravi de vous revoir en mars. J’espère que tout s’est bien passé avec Donald. Donnez-moi de vos nouvelles de temps en temps.” C’est signé Steven Braintree – l’“arbre au cerveau” ! Il y a des gens qui ont de ces noms !

– Il existe une commune dans la conurbation de Boston qui s’appelle comme ça. C’est là qu’est né John Quincy Adams... Apparemment, le Braintree qui nous intéresse est professeur à l’université de Toronto.

– “Livre/Alphabet du Parc à cochons/Elian”, lut Peggy. C’est quoi ce charabia ?

– Je pense que c’est de codes qu’il parle. As-tu lu un roman de Ken Follett intitulé *Le Code Rebecca ?* Ils en ont fait un téléfilm dans les années quatre-vingt, avec Cliff Robertson.

– Pas mon époque.

– L’histoire tourne autour d’un code basé sur *Rebecca*, le roman de Daphne du Maurier.

– Laurence Olivier et Joan Fontaine. 1940. Alfred Hitchcock.

– Parce que les années quarante sont davantage ton époque ?

– Absolument, répondit Peggy avec un grand sourire. Tous ces films noirs aux éclairages somptueux ! Et où tout le monde fume !

– Je croyais que tu avais arrêté.

– C'est le cas. Enfin, à peu près. »

Holliday soupira. Peggy allait partir dans une de ces digressions dont elle avait le secret. Il fallait la remettre sur les rails.

« *Bref*, le roman servait de clé pour déchiffrer un code. À mon avis, c'est à ce genre de chose que Braintree fait allusion avec le mot "Livre". Quant au "Parc à cochons", c'est une façon de désigner le code maçonnique, ce qui cadrerait bien avec l'épée. En revanche, j'ignore tout à fait ce que signifie "Elian".

– Grand-père s'intéressait particulièrement aux problèmes de chiffrement ?

– Pas à ma connaissance. »

Ils naviguèrent encore quelques minutes dans les fichiers d'oncle Henry sans rien découvrir d'important, puis, battant en retraite sous le barrage d'artillerie psychique que leur faisait subir Mlle Branch à travers la porte close, ils abandonnèrent le terrain et regagnèrent la maison de Hart Street. Là, ils passèrent les deux heures suivantes à explorer le bureau d'oncle Henry, ainsi que tous les autres endroits susceptibles de receler des informations sur l'épée et les raisons qu'avait eues Henry de la cacher si soigneusement. Le seul document d'un intérêt quelconque qu'ils dénichèrent – dans le classeur renfermant la correspondance du vieil homme – était son carton d'invitation au repas des anciens de Balliol College, au dos duquel était griffonné un obscur message :

Oxford 4 h 20 express d'Abingdon
bus 40/train pour Reading/Reading direction Carmarthen
changement Newport pour compagnie
Arriva – Holyhead jusqu'à Leominster.
Viendra chercher. Pas de taxi. L'Espoir, *Lyonshall, Kingston,*
Herts. 44-1567-240-363

« Des indications pour aller d'Oxford à "Lemster", dans le Herefordshire, commenta Peggy. Je sais que Leominster se prononce comme ça parce qu'un Gallois m'a corrigée, un jour.

– Il y a une ville du Massachusetts qui porte le même nom. Là-bas, ils disent "Lémonster". C'est le berceau des lunettes de soleil Foster Grant et du flamant rose de jardin en plastique, indiqua Holliday.

– Ton cerveau doit être un lieu bien bizarre ! dit Peggy en s'esclaffant.

– Que veux-tu, dans ma profession, on a tendance à emmagasiner dans sa tête tout un bric-à-brac inutile. Prenons les chevaux, par exemple ! Savais-tu qu'Adolf Hitler possédait un pur-sang nommé Nordlicht – Lumière du nord – qui est mort en 1968 dans une plantation de Louisiane ? Ou que la monture de George Armstrong Custer à la défaite de Little Big Horn s'appelait Victoire, et non Comanche, par exemple ? Ou encore que, à la bataille de San Juan Hill, Teddy Roosevelt était le seul de son 1er régiment de cavalerie à avoir un cheval ?

– Et je parie que tu connais aussi le nom de ce cheval-là.

– Bien sûr. Il s'appelait Little Texas. La pauvre bête était déjà tellement épuisée avant même d'arriver sur le champ de bataille que Roosevelt a dû mettre pied à terre et mener la charge à pied... Je crois surtout que c'était une question d'image : ça aurait fait mauvais effet dans les journaux s'il avait été le seul en selle, ajouta Holliday avec un petit rire.

– Assez d'histoire pour aujourd'hui ! s'exclama Peggy en levant les mains en signe de reddition. Allons dîner !

– On retourne chez Gary ?

J'aimerais mieux quelque chose de plus chic. »

À Fredonia, le seul endroit chic était le White Inn – l'Auberge blanche –, une immense maison de ferme XIXe en bardeaux, avec un portique à colonnes surchargé et une grille en fer forgé qui lui donnait de faux airs de Maison-Blanche. D'après Peggy, on y servait au bar un martini chocolat à se mettre à genoux, et, en salle, une excellente côte de bœuf. Holliday laissa Peggy prendre la côte de bœuf et commanda pour lui-même une mini-portion de crevettes aux épinards.

« Tu es sûr que tu ne veux pas une côte de bœuf ? demanda Peggy. C'est tout juste un amuse-gueule, ce que tu as dans ton assiette. »

Holliday considéra l'énorme pavé de viande dans lequel Peggy s'était mise à tailler hardiment. Non seulement celui-ci aurait suffi à lui seul à nourrir un régiment, mais il était accompagné pour faire bonne mesure d'une pomme de terre au four géante baignant dans la crème aigre, de haricots beurre et d'une salade. Peggy avala une bouchée de bœuf, puis, déchiquetant un petit pain, elle en utilisa un morceau pour éponger une mare de jus qui s'approchait dangereusement de la pomme de terre dégoulinante de crème.

« Toi, tu es jeune. Moi, je suis vieux. Je dois surveiller ma ligne, dit-il, piquant une crevette du bout de sa fourchette.

– Je suis comme un colibri : je dois manger chaque jour l'équivalent de mon poids si je ne veux pas dépérir, déclara Peggy tout en s'attaquant à la pomme de terre. »

Elle s'interrompit pour engouffrer une fourchetée de haricots, puis :

« Quant à toi, tu n'es pas vieux, Doc, tu es distingué. Nuance ! »

Holliday la regarda avec tendresse. Dans son jean et son tee-shirt, elle aurait pu passer pour une étudiante de première année. Lui, en revanche, ne pouvait passer que pour ce qu'il était, avec ses cheveux poivre et sel de moins en moins poivre, ses lunettes pour lire, ses semelles Scholl et ses douleurs articulaires. Elle était encore sur la pente ascendante, au matin de sa vie ; lui amorçait doucement la descente vers le soir. Ce n'était pas du tout la même chose !

« Tu en parles à ton aise », dit-il, morose.

Qui, déjà, avait écrit que donner la jeunesse aux jeunes revenait à donner de la confiture aux cochons ?

« George Bernard Shaw ! s'exclama-t-il.

– Pardon ?

– Rien. »

Peggy se coupa un généreux morceau de viande.

« En parlant de vieillesse, que sommes-nous censés faire concernant cette histoire entre grand-père et sa secrétaire ? demanda-t-elle.

– Henry n'a pas toujours été vieux, remarqua Holliday.

– Il n'est pas question d'elle dans le testament.

– Rien d'étonnant ! Un testament est un document public, et Caroline Branch accorde manifestement beaucoup d'importance à la discrétion... Et puis il est possible qu'il lui ait légué sa part de son vivant.

– Qu'est-ce qui te fait dire ça ?

– Elle lisait un exemplaire d'*Anne, La Maison aux pignons verts*, pendant que nous étions dans le bureau d'Henry.

– Et alors ?

– Il s'agissait d'une première édition

– Tu crois que c'est grand-père qui le lui a donné ?

– Vraisemblablement. Tu as encore ton machin, là ? Ton... BlackBerry ?

– Je te signale que ce machin a un nom, dit-elle, désinvolte, tout en tartinant copieusement un morceau de bœuf avec de la sauce au raifort. Ça s'appelle un agenda électronique de poche. Ou parfois un CrackBerry, en référence à ses propriétés addictives.

– Tu l'as sur toi ?

– Toujours. »

Peggy posa sa fourchette, farfouilla dans le vieux cabas en jean qui lui tenait lieu de sac à main et en sortit le fameux petit rectangle de plastique noir.

« Regarde si tu peux trouver le prix d'une première édition d'*Anne, La Maison aux pignons verts !* » dit Holliday.

Peggy tapa rapidement quelques mots en se servant de ses pouces et non de ses doigts. L'appareil rappelait à Holliday la dalle omnisciente, noire et entièrement lisse, de *2001, l'Odyssée de l'espace*.

Sauf, songea-t-il en croquant une crevette, que l'année 2001 est passée depuis longtemps, que la dalle d'aujourd'hui tient dans le creux d'une main, et que cette fois c'est nous qui faisons les singes.

Peggy ouvrit de grands yeux.

« Douze mille cinq cents dollars ! s'exclama-t-elle, abasourdie.

– Qu'est-ce que je te disais ? Et ce tome d'*Anne* n'est probablement pas son seul don.

– C'est amusant, ce que tu viens de dire, remarqua Peggy. On dirait une réplique des Marx Brothers.

– Je parle sérieusement.

– Il devait tenir à elle. Je me demande pourquoi il n'a jamais officialisé leur liaison. »

Holliday haussa les épaules.

« Peut-être qu'elle ne voulait pas se marier, ou que lui s'accommodait du *statu quo*. Nous n'aurons sans doute jamais le fin mot. Les enfants ne connaissent jamais vraiment leurs parents ; c'est encore plus vrai des neveux à l'égard de leurs oncles et des petites-filles à l'égard de leurs grands-pères.

– Alors, qu'est-ce qu'on fait ? Au sujet de l'épée et de tout le reste ?

– Je n'en sais trop rien. Une chose est certaine, cette épée aurait sa place dans un musée. Mais nous pouvons aussi la vendre, si tu veux. Elle vaut bien plus qu'une première édition de *La Maison aux sept pignons*, il n'y a aucun doute là-dessus.

– Je n'ai pas besoin d'argent.

– Moi non plus.

– Nous pourrions en faire don à un musée au nom de grand-père, suggéra Peggy.

– Bonne idée, acquiesça Holliday.

– Et la maison ?
– Tu penses que nous devrions la vendre aussi ?
– J'ai un trois-pièces à New York, où je ne suis pratiquement jamais. Toi, tu vis à West Point, et nous sommes les seuls héritiers... Restent les meubles et tout ça. Je n'ai pas la place pour en loger la moitié.
– Moi pareil.
– Pourquoi ne pas les vendre aux enchères ?
– Ça paraît raisonnable », concéda Holliday, que rebutait pourtant l'idée de faire le tri dans les affaires de son oncle. L'Histoire avec un grand H était une chose, l'histoire personnelle en était une autre.

Il se demanda s'ils ne devraient pas proposer à Mlle Branch, comme si de rien n'était, de se servir si elle désirait garder quelque chose de la maison en souvenir. Mais peut-être était-il préférable de ne pas remuer le passé.

« Si tu me payais un de ces fameux martinis chocolat au bar en guise de dessert ? dit Peggy. Ensuite nous retournerons à la maison pour commencer à faire le tri entre ce que nous voulons garder et le reste, d'accord ?
– Marché conclu. »

Après avoir dégusté deux cocktails aussi mousseux qu'écœurants et une Heineken dans sa bouteille à long col, ils prirent le chemin de Hart Street, qui n'était qu'à quelques rues, de l'autre côté de Canadaway Creek.

La nuit était presque entièrement tombée quand ils tournèrent dans la courte impasse, laissant derrière eux Forest Place. Des lumières brillaient aux fenêtres des quelques maisons qui bordaient la voie plantée d'arbres, et une légère brise soufflait, rafraîchissante dans la chaleur du début d'été.

« J'aime cette odeur, murmura Peggy tandis qu'ils sortaient de sa voiture de location après s'être garés le long du trottoir. Quelqu'un brûle des feuilles. »

Quelque chose clochait.

« En juillet ? » demanda Holliday.

Ils atteignirent le mur de la propriété et s'engagèrent dans l'allée. Peggy plissa les yeux dans la pénombre.

« Qu'est-ce que c'est que ça, là-bas, dans le... » commença-t-elle.

Le souffle de l'explosion les souleva de terre et les projeta en arrière sur le sol au milieu d'une pluie de débris enflammés et d'éclats de verre. Holliday se laissa rouler, se protégeant le visage avec ses bras. Au moment même où il se redressait pour se mettre à quatre pattes, il vit la façade entière de la maison disparaître dans une gigantesque boule de feu tourbillonnante. Devant lui, étourdie par le choc de l'explosion, Peggy commençait à se remettre péniblement debout.

« À terre ! » hurla Holliday.

Choc, souffle, feu : l'axiome de base en matière de thermochimie des explosifs. Il se jeta en avant et renversa la jeune femme. Tous deux retombèrent sur le sol juste à temps pour éviter la brève tempête de feu qui leur passa en grondant au-dessus de la tête.

Du coin de l'œil, Holliday aperçut une ombre en mouvement et il tourna la tête pour la suivre : un homme courbé en deux s'éloignait au pas de course de la maison, piquant droit entre les arbres, un objet entre les bras. Peggy l'avait vu, elle aussi.

« Attrape-le ! cria-t-elle.

– Tu n'as rien ?

– Non ! Non ! Attrape-le, je te dis ! »

Holliday se releva d'un bond et partit en courant, longeant l'incendie dont les hautes flammes rageuses jaillissaient de la maison. Les jeunes feuilles des arbres les plus proches se recroquevillaient déjà sous l'effet de la fournaise. Des rosiers plantés sur le côté exposé de la vieille demeure s'embrasèrent soudain et les premiers boutons pourpres de l'été, à peine éclos, furent instantanément calcinés. Les fenêtres de l'étage explosaient l'une après l'autre dans un bruit de fusillade tandis que de furtives langues de feu commençaient à s'insinuer entre les bardeaux du toit, aussi secs que de l'amadou.

La silhouette reparut, découpée sur le fond lumineux. Elle se tourna vers lui, et, pendant une fraction de seconde, il entrevit, dans l'ouverture d'une sorte de capuchon qui lui couvrait la tête, un étroit visage pâle et deux yeux brillants écarquillés par la surprise. Puis l'homme se détourna de nouveau, prenant à toutes jambes la direction du ruisseau.

Holliday pensa un instant que le fugitif cherchait à regagner une embarcation, mais le niveau d'eau était plutôt bas à cette époque de l'année et, d'autre part, fuir en bateau sur une rivière qui traversait toute la ville et sa banlieue avant de se jeter dans le lac Érié n'aurait pas été très malin. À moins d'avoir une voiture garée près d'un des ponts qui jalonnaient le parcours ? Trop compliqué !

L'homme tomba et lâcha un bref cri étouffé en heurtant le sol. Il se remit debout, mais Holliday avait gagné un terrain précieux. Pour la première fois, il vit ce que le fuyard transportait : l'épée d'oncle Henry, encore enveloppée dans son sinistre linceul de soie.

Incendier une maison pour couvrir un vol ? Aberrant ! Qu'est-ce que c'était que cette histoire ?

Broadbent, l'avocat ?

Non. Le gaillard que Holliday poursuivait était un grand type mince avec une foulée de coureur de fond. Rien à voir avec Broadbent, qui était bâti comme un Télétubby – le violet... Tinky Winky, ou quelque chose comme ça... Celui qui porte un sac à main.

« Stop ! » hurla sottement Holliday.

Comme si un voleur doublé d'un incendiaire allait s'arrêter si on lui en donnait l'ordre ! Holliday sprintait comme un fou, regardant tour à tour les obstacles sur le sol et sa proie qui s'enfuyait.

Il haletait comme un soufflet de forge à présent, mais se forçait à accélérer l'allure. Pas question de laisser filer un monte-en-l'air qui avait volé l'épée d'oncle Henry et réduit en cendres une maison remplie de souvenirs – ceux de Holliday, les meilleurs qu'il gardait d'une enfance avare de bons moments ! Des sirènes retentirent au loin.

L'homme trébucha sur une branche, tomba de nouveau et faillit lâcher l'épée, perdant encore quelques mètres. Parvenu au ruisseau, il s'aida du tronc d'un des saules de la berge pour sauter sur l'étroite bande de cailloux qui formait une plage en contrebas. Holliday était tout près de lui, maintenant, assez pour voir les talons de ses New Balance se déformer à chaque impact de ses pieds sur le sol.

Le quidam se rua dans l'eau, s'efforçant de gagner l'autre rive dans une gerbe d'éclaboussures. La profondeur du ruisseau n'excédait pas une soixantaine de centimètres à cet endroit, mais le fond rocheux était couvert d'herbes et d'algues qui le rendaient glissant.

L'homme dérapa, retrouva son équilibre, dérapa de nouveau. Les poumons en feu, la respiration de plus en plus bruyante, Holliday était au bord de la suffocation, mais il avait encore réduit l'écart. Il bondit dans l'eau à son tour. Plus que trois mètres, quatre peut-être ! Il entendait maintenant le souffle saccadé de l'autre.

Le fuyard atteignit la berge opposée. Il n'avait qu'une alternative. À sa gauche, la rive montait en pente douce vers le terrain de football des Fredonia Hillbillies ; à sa droite, elle était abrupte et très embroussaillée. Il prendrait donc à gauche, pensa Holliday, qui obliqua dans cette direction dans l'espoir de lui couper la route.

Mais, contre toute attente, l'homme fit brusquement volte-face et, jetant sur le côté l'étendard de soie, il brandit l'épée.

Holliday stoppa net et se cambra devant la lame. Son adversaire n'était manifestement pas escrimeur, mais, entre n'importe quelles mains, soixante-quinze centimètres d'acier aiguisé donnaient à réfléchir. De près, il distinguait mieux son antagoniste, qui n'était pas aussi jeune qu'il l'avait cru : bien rasé, cheveux dissimulés par la capuche d'un sweatshirt noir, il semblait approcher de la quarantaine.

Après s'être accroupi pour éviter un coup latéral, Holliday se jeta en avant, épaules basses, et heurta en pleine poitrine le voleur, qui recula sous le choc jusqu'à mi-hauteur de la berge. L'homme fit de nouveau tournoyer l'épée, dont la lame sifflante fendit l'air en arc de cercle. Holliday n'eut que le temps de sauter de côté pour échapper à la décapitation.

Le voleur tourna les talons, jeta l'arme loin de lui, et se mit à escalader la berge en se hissant à l'aide de ses deux mains. Holliday se catapulta en avant une nouvelle fois et parvint à lui agripper la cheville. L'homme lui envoya alors une violente ruade qui l'atteignit au menton. À demi étourdi, Holliday tomba en arrière et roula jusqu'au bas du talus. Quand il se releva, l'inconnu qui avait incendié la maison d'oncle Henry et tenté de dérober la mystérieuse épée s'était volatilisé dans la nuit.

7

Doc Holliday et Peggy Blackstock se présentèrent au cabinet Broadbent, Broadbent, Hammersmith et Howe, dans Main Street, à 9 heures le lendemain matin, après avoir dormi quelques heures à peine dans des chambres mitoyennes du White Inn. Dans la nuit, ils avaient assisté, impuissants, aux tentatives désespérées des pompiers volontaires de Fredonia pour éteindre l'incendie qui dévorait la maison d'oncle Henry. Malheureusement, les hommes du feu n'avaient pu que contenir les flammes et les empêcher de se propager aux maisons voisines. Avant 3 heures du matin, la vieille demeure de style Queen Anne n'était plus qu'un amas de cendres.

D'après le chef des pompiers, un nommé Hoskins, qui n'était pourtant pas un expert, l'incendie, presque certainement d'origine criminelle, avait été allumé au moyen de la cuisinière à gaz. Quelqu'un avait dû, pensait-il, souffler les veilleuses des brûleurs, ouvrir les robinets de gaz en grand, et placer à proximité un dispositif de mise à feu couplé à une bombe artisanale quelconque – peut-être un simple tube en carton rempli de têtes d'allumettes.

Il était impossible de déterminer si l'incendiaire était un amateur ou un professionnel : on trouvait tout ce qu'on voulait sur Internet de nos jours, y compris des instructions détaillées sur la façon de confectionner un engin incendiaire à déclenchement différé.

« Mademoiselle Blackstock, monsieur Holliday, dit Broadbent en se levant quand sa secrétaire les fit entrer. Ravi de vous revoir si tôt », assura-t-il avec un air qui démentait ses propos.

Il leur tendit par-dessus son bureau une main qu'ils ne serrèrent pas.

« Que puis-je faire pour vous ? demanda-t-il.

– La maison de mon oncle a brûlé cette nuit », dit Holliday.

Peggy et lui s'assirent. Broadbent en fit autant.

« Oui, fit l'avocat, affectant une solennité d'employé des pompes funèbres. C'est une chose terrible.

– Le chef des pompiers pense qu'il s'agit d'un incendie volontaire, reprit Holliday.

– Ah bon ? Avez-vous une expérience de ce genre de chose ?

– Quelqu'un a mis le feu à la maison de mon oncle, hier soir, et s'est enfui. J'ai failli l'attraper.

– Vraiment ?

– Vraiment. De plus, il avait volé quelque chose dans la maison.

– Quelle chose ?

– Vous le savez pertinemment.

– Moi ?

– Il avait volé une épée, monsieur Broadbent. Celle qui semblait tant vous intéresser, hier.

– Elle existe donc réellement ?

– Vous êtes bien placé pour le savoir.

– Qu'insinuez-vous, au juste ? s'enquit Broadbent d'une voix doucereuse.

– Je n'insinue pas, *j'affirme* que vous avez engagé quelqu'un pour voler l'épée et mettre le feu à la maison de mon oncle, rétorqua sèchement Holliday.

– À votre place, je n'irais pas crier ce genre de chose sur les toits, conseilla l'avocat. Cela pourrait vous valoir des désagréments judiciaires.

– Donc, vous niez ? demanda Peggy avec colère.

– Bien entendu, mademoiselle Blackstock ! répondit Broadbent en souriant. Il serait d'ailleurs stupide de ma part de l'admettre, même si, avec une imagination délirante, on admettait que votre allégation ait un fondement qu'elle n'a pas... En outre, colonel, poursuivit-il à l'adresse de Holliday, comme nous le savons tous les deux, vous n'avez pas de preuve.

– Et les questions que vous nous avez posées hier à propos de cette épée ?

– Balivernes ! s'exclama Broadbent avec un geste désinvolte. Pure coïncidence !

– Mon oncle l'a trouvée en 1945 et l'a gardée secrètement pendant soixante ans. Pourquoi aurait-il agi de la sorte ?

– Je n'en ai pas la moindre idée.

– Et votre père ne vous en a jamais parlé.

– Non. Ainsi que je vous le disais hier, j'ai découvert son existence en parcourant le dossier de votre oncle annoté par mon père, quand j'ai pris sa succession.

– Pour quelle raison votre père aurait-il passé sous silence l'existence de cette épée ?

– Je n'en sais rien. Tout ce que je sais, c'est qu'elle avait une grande importance pour lui.

– Et pourtant il n'a jamais tenté de la récupérer.

– Non. Il ignorait peut-être que votre oncle l'avait toujours en sa possession.

– Il aurait pu lui en parler.

– Apparemment, il n'en a rien fait. Du moins à ma connaissance.

– Vous avez dit que votre père se trouvait avec mon oncle au moment où l'arme a été découverte.

– C'est exact.

– Cela signifie-t-il que votre père peut en revendiquer au moins partiellement la propriété ?

– Votre oncle la lui a volée.

– Et donc vous avez décidé de la voler à votre tour ?

– Ne soyez pas ridicule !

– Que faisait votre père à Berchtesgaden ?

– Il était commandant dans la 3e division d'infanterie, dite "le Rocher de la Marne". Il servait comme officier adjoint au général de division John W. O'Daniel, le chef de corps.

– Mon oncle n'appartenait pas à la 3e division, objecta Holliday. Il n'était même pas dans l'armée.

– C'est vrai. Il était officiellement consultant civil attaché au service des Monuments historiques, Beaux-Arts et Archives. En réalité, c'était un agent de l'OSS, l'ancêtre de la CIA, que dirigeait Donovan... J'imagine qu'il se préoccupait davantage de protéger ou de découvrir des sources de renseignement que de retrouver des objets d'art volés.

– Vous savez beaucoup de choses sur mon oncle, à ce que je vois.

– Je me suis intéressé à lui.

– Pourquoi cela ?

– Eh bien, pour commencer, il était un client de mon père.

– Quelque chose m'échappe, intervint Peggy. Si mon grand-père a volé cette épée à votre père, pourquoi l'a-t-il choisi comme avocat ?

– Ils étaient amis, répondit Broadbent. D'après ce que j'ai compris, ils avaient beaucoup de souvenirs communs.

– Je n'ai jamais entendu parler de lui autrement que comme l'avocat d'oncle Henry, dit Holliday. Et rien de ce que j'ai pu lire dans la correspondance de mon oncle ne me porte à croire qu'ils avaient des relations d'amitié.

– Alors, c'est sans doute que vous ne connaissiez pas très bien votre oncle, déclara Broadbent. Mais il n'en reste pas moins que vous avez en votre possession une chose qui appartient de plein droit à ma famille.

– Prouvez-le ! » dit Holliday en se levant.

Peggy l'imita. L'avocat resta assis.

« Il existe une solution toute simple pour régler cette question : vendez-moi l'épée, suggéra-t-il. Pour vous, elle ne peut avoir qu'une valeur pécuniaire, de toute façon. Alors qu'elle signifie tant de choses pour mon père.

– Je croyais que la maladie d'Alzheimer l'avait privé de ses facultés, remarqua Peggy. Qu'est-ce que ça peut lui faire d'avoir ou non cette épée ?

– Disons qu'elle signifie beaucoup pour moi, répondit Broadbent.

– C'est bien là le problème, dit Holliday en lui adressant un grand sourire. Je veux comprendre exactement *pourquoi* vous tenez tant à cette épée. Au point d'être prêt à incendier une maison pour mettre la main dessus. »

Sur ces mots, il tourna les talons et sortit du bureau, suivi de Peggy.

Ils retournèrent au White Inn, où ils commandèrent un petit déjeuner. Holliday prit une omelette au succédané d'œuf Egg Beaters et des toasts sans beurre ; Peggy des gaufres à la myrtille tartinées de crème fouettée, du bacon et des pommes de terre sautées. Ils burent tous les deux du café.

Holliday regardait manger Peggy, sidéré par la quantité de nourriture qu'elle pouvait ingurgiter.

« Tu ne prends jamais un gramme ? demanda-t-il

– Non, répondit-elle tout en disposant une tranche de bacon sur un morceau de gaufre gorgé de sirop.

– Je te hais ! dit affectueusement Holliday.

– Mais je suis ta nièce ! s'écria Peggy, qui enfourna sans remords sa préparation et se mit à mâcher avec entrain. Tu n'as pas le droit de me haïr, c'est contraire au règlement.

– En réalité, tu es ma petite-cousine. Le règlement est différent dans ce cas-là.

– C'est ça ! Et moi, je suis le dalaï-lama ! »

Elle s'intéressa aux pommes de terre sautées.

« J'ai eu un assureur, autrefois, qui me disait qu'il y a pour chacun d'entre nous, quelque part, un passage à niveau où on reste coincé quand un train arrive. Ce n'est qu'une question de temps. Tu ferais peut-être mieux d'y aller doucement sur le cholestérol.

– Mais je ne peux pas ! Je suis une jeune écervelée, tu le sais bien. J'ai une réputation à soutenir.

– Tu as de la chantilly sous le nez. »

Elle s'essuya avec sa serviette.

«Qu'est-ce qu'on fait de Broadbent ? demanda-t-elle.

– Pour le moment, rien. Il a raison, nous n'avons aucune preuve qu'il soit impliqué dans l'incendie.

– Et le type que tu as pourchassé ?

– La brigade de police de Fredonia ne dispose que d'un inspecteur. Je ne nourris pas beaucoup d'espoirs de ce côté-là.

– Donc, on laisse tomber ?

– Non, on fait ce que je disais : on cherche à savoir pour quelle raison Broadbent a une telle envie de s'approprier une épée vieille de bientôt mille ans. »

Leur petit déjeuner achevé, ils montèrent dans la chambre de Holliday et sortirent l'épée de sous le matelas, où il l'avait cachée. Il la posa sur la table qui se trouvait devant la fenêtre.

« Bon. On a là une vieille épée enveloppée dans un vieux drapeau. Mis à part le fait que grand-père l'a trouvée dans le salon d'Adolf, qu'est-ce qui la rend intéressante ? demanda Peggy.

– Commençons par le commencement ! dit Holliday, considérant l'arme. Oncle Henry a gardé cette épée pendant plus d'un demi-siècle. Pourquoi se met-elle brusquement à susciter une telle convoitise ?

– Un truc particulier qu'il aurait découvert ?

– Quoi, par exemple ? Comme tu viens de le dire, ce n'est qu'une vieille épée. Elle appartenait manifestement à quelqu'un de riche. Un chevalier, ou peut-être même un seigneur.

– De quel pays vient-elle ?

– Impossible à dire. Une épée ne porte pas d'indication de sa provenance, comme un tableau, et je doute que les archives nous apprennent comment celle-ci est arrivée chez Hitler. Elle faisait sans doute partie d'un butin amassé par l'*Einsatzstab Reichsleiter Rosenberg* – l'équipe d'intervention de l'Institut Rosenberg dans les territoires occupés –, ou par des gens de Hermann Göring. Ils recherchaient beaucoup les reliques maçonniques ; ils y puisaient une justification de leurs idées de supériorité aryenne.

– Les francs-maçons portaient des épées ?

– Non, mais les templiers en portaient. Les mythologies templière et maçonnique ont commencé à se confondre au début du XIXe siècle.

– Ce pourrait être l'épée d'un templier, alors ?

– Tout à fait.

– Comment peut-on le savoir ?

– On ne peut pas.

– Mais tu ne m'as pas expliqué que les meilleurs forgerons laissaient leur signature sur les épées qu'ils confectionnaient ?

– Leur marque de fabrique, oui. Elle était gravée ou poinçonnée.

– Je n'en vois pas ici.

– Pour savoir s'il y en a une, il faudrait ôter le fil métallique qui entoure la queue de la lame – la "soie", comme on dit.

– On ne peut pas le faire ? »

Holliday examina l'épée. La gaine de basane qui avait jadis recouvert le filigrane avait pratiquement disparu, et celui-ci semblait déjà desserré.

« Un archéologue digne de ce nom crierait au meurtre, marmonna-t-il.

– Indiana Jones a le dos tourné. Vas-y !

– Quelle expression as-tu utilisée, déjà ? "Jeune écervelée" ? » dit Holliday, sarcastique.

Il commença néanmoins à dérouler prudemment le filigrane. Avant même d'avoir atteint le deuxième niveau de la spire, il comprit que le fil était en or. La couche supérieure avait juste été ternie par la désagrégation de la gaine de cuir.

Le fil était d'un seul tenant, constitué d'au moins une douzaine de tronçons soudés bout à bout. Holliday se rendit également compte que le filigrane avait déjà été déroulé dans le passé : si le bobinage d'origine avait été si lâche, le fil n'aurait pas traversé un millénaire sans se rompre. Cela lui prit une bonne demi-heure, mais il parvint à défaire entièrement le serpentin.

« Qu'est-ce que c'est que ça ? demanda Peggy quand la "soie" de l'arme apparut.

– Une marque de fabrique... Deux, en fait. »

La première marque, en forme d'abeille, était frappée au poinçon dans le métal. La seconde, délicatement gravée, représentait deux chevaliers en armure montés sur un seul cheval, l'emblème officiel des Chevaliers du Temple. Sous l'emblème étaient tracées les lettres DLNM.

« Les deux chevaliers sur le cheval sont le symbole de l'ordre du Temple, expliqua Holliday. Je ne sais pas ce que représente l'abeille.

– Et les quatre lettres, là ? Ce sont les initiales du forgeron ? demanda Peggy.

– Je ne pense pas... »

Holliday retourna la lame.

« Incroyable ! s'exclama-t-il en découvrant, marqués au poinçon dans le métal, les mots *Alberic in pelerin fecit*.

– C'est toi le savant, Doc, dit Peggy. Que signifie cette inscription ?

– “Alberic a fait ceci à Pèlerin”.

– Que veut dire Pèlerin ? Et qui était Alberic ?

– Pèlerin était un château construit par les croisés en Terre sainte, là où se trouve Israël maintenant. C’est le seul château qui n’ait jamais été pris par les sultans mamelouks. Quant à Alberic, c’était une drôle de créature, un nain censé forger des épées magiques. Le rapport avec Hitler est un peu plus évident, à présent.

– Tu sais vraiment tout sur tout, n’est-ce pas ?

– Je te l’ai déjà dit, je lis beaucoup.

– Un nain légendaire qui fabriquait des épées magiques ! Je te rappelle quand même que nous sommes dans le monde réel, Doc, pas dans *Le Seigneur des anneaux !*

– Va raconter ça à Adolf ! Alberic est le gardien mythique du trésor des Nibelungen dans l’opéra de Wagner, le préféré de Hitler.

– Bon, d’accord. Nous sommes en présence d’une épée forgée par un nain de légende et tombée on ne sait comment entre les mains d’un dictateur allemand mégalomane, responsable de tueries à grande échelle et amateur d’opéra. Où tout cela nous mène-t-il ?

– Hitler n’était pas allemand, pour être précis, il était autrichien.

– Je répète ma question : où tout cela nous mène-t-il ? »

Sans répondre, Holliday prit le fil d’or entortillé et l’examina de près, l’effleurant sur toute la longueur avec le gras de son pouce.

« Au Canada, dit-il enfin avec un sourire. Tout cela nous mène au Canada. »

8

Voyageant avec la voiture de location de Peggy, ils passèrent la frontière à Niagara Falls puis, après avoir obliqué vers le nord-est en suivant en gros la rive du lac Ontario, ils atteignirent Toronto quatre-vingt-dix minutes plus tard sous un ciel d'été sans nuages. Ni Peggy ni Holliday ne connaissaient la ville, qui les surprit par sa taille. Avec plus de six millions d'habitants et un territoire de trois cent soixante-dix kilomètres carrés s'étalant sur près de cinquante kilomètres le long du lac Ontario, Toronto, jadis fief des Indiens algonquins, était, de fait, la cinquième plus importante conurbation du continent nord-américain.

L'ensemble leur rappela Chicago, en plus propre et avec un réseau ferré souterrain moderne à la place de l'antique métro aérien. Il y avait sur le bord du lac une énorme structure verticale en béton qui ressemblait, selon Holliday, à une version gonflée aux anabolisants de la tour Space Needle de Seattle, et un stade dont le dôme évoquait pour Peggy une gigantesque chouquette couverte d'un glaçage à la vanille. Ils descendirent à l'hôtel Park Hyatt, à deux rues du centre géographique de la ville, marqué par l'intersection des rues Bloor et Yonge, où le nord devenait sud, et l'est ouest.

Juste en face de l'hôtel, de l'autre côté de Bloor Street, se dressait la masse néoromane du Musée royal de l'Ontario, avec ses tourelles et son entrée à colonnes qui lui donnaient davantage l'aspect d'un tribunal que d'un sanctuaire de la connaissance. Récemment, dans son infinie sagesse, une quelconque commission des beaux-arts avait estimé nécessaire une rénovation du bâtiment et avait engagé un architecte. Il en était résulté une extension géante de verre et d'acier en forme de cristaux pointus, pareille à un vaisseau spatial de science-fiction qui serait tombé du ciel pour se fondre avec l'ancien édifice.

En diagonale par rapport à l'hôtel se trouvait un autre grand bâtiment de même style, mais comprenant davantage de colonnes. À l'instar de nombreux autres immeubles du centre-ville, celui-ci faisait partie de l'université de Toronto. Le dernier étage abritait le département d'histoire médiévale – un labyrinthe de couloirs sonores aux planchers grinçants et de bureaux poussiéreux dignes d'un roman de Dickens.

Le bureau de Steven Braintree était à l'image que les gens se faisaient souvent du médiévisme : piles de livres, de dossiers et de papiers entassées sur chaque surface plane, bibliothèques et meubles de rangement archipleins, cartons posés à même le sol. Sur le radiateur, un aspidistra agonisant tendait son unique fleur violette et flétrie vers l'étroite fenêtre aux vitres encrassées. Le Pr Braintree, en revanche, ne ressemblait pas du tout à son bureau. La trentaine, cheveux noirs aux épaules, regard sombre et intelligent derrière des lunettes Prada dernier cri, il était en jean et portait un tee-shirt blanc sous une chemise de soie verte à manches courtes qui devait coûter une fortune.

Braintree fut choqué d'apprendre le décès d'oncle Henry, bien qu'il ne l'ait connu que de réputation, et pour avoir eu avec lui quelques entretiens téléphoniques, avant de le rencontrer au mois de mars. À l'entendre, Henry n'avait fait aucune allusion à une épée particulière lors de sa visite, mais il avait paru très intéressé quand Braintree lui avait parlé d'une découverte récente dans les archives du Vatican, faisant état d'un système de chiffrage complexe impliquant des « référentiels communs » qui aurait été utilisé au temps des premières croisades. Ces « référentiels » étaient généralement des passages des Écritures connus à la fois de l'expéditeur et du destinataire des messages codés. Quant aux méthodes d'encodage proprement dites, elles dérivaient le plus souvent du système des « scytales » répandu dans la Grèce antique.

Une scytale était un bâton de longueur et de diamètre déterminés sur lequel on enroulait en spirale un ruban de parchemin, comme une bande de papier sur un rouleau. Le message, parfois en clair, parfois sous forme transposée, en lettres ou en chiffres, était écrit sur toute la longueur du bâton enveloppé de parchemin. Une fois celui-ci déroulé, le message devenait une succession de signes incompréhensibles qui ne retrouvait son sens que quand on enroulait de nouveau la bande sur un bâton identique au premier. Ce que décrivaient les documents trouvés au Vatican était un code de ce genre, le chiffre de César. Les amateurs de thrillers auraient pu y reconnaître le chiffrage livresque utilisé dans *Le Code Rebecca*, le roman d'espionnage de Ken Follett.

« Le filigrane d'or entourant la poignée d'une épée pourrait faire office de scytale », dit Holliday après avoir écouté les explications du professeur.

Le visage de Braintree s'éclaira d'un large sourire et il frappa ses mains l'une contre l'autre.

« Exactement ! s'exclama-t-il. C'était l'hypothèse de votre oncle. Marqué aux endroits appropriés de façon à coïncider avec un texte donné, le fil pourrait jouer le même rôle que le parchemin autour d'un bâton. Même si l'épée tombait entre les mauvaises mains, personne ne pourrait en comprendre le message à moins d'avoir la clé. Comment avez-vous deviné ? »

Holliday sortit de la poche de sa veste le rouleau de fil d'or provenant de la soie de l'épée et le tendit à Braintree. Poussant ses lunettes sur son front, le jeune homme examina attentivement le fil, le faisant glisser d'un bout à l'autre entre son pouce et son index.

« On sent des bosses, murmura-t-il. Comme de toutes petites perles.

– Des points de soudure, acquiesça Holliday. À intervalles irréguliers, mais qui se répètent. J'ai compté soixante-dix-huit "perles", comme vous dites.

– Pas très compliqué, comme message, commenta Peggy.

– Ce ne sont pas les perles en elles-mêmes qui constituent le message : elles correspondraient aux rotors d'une machine Enigma de la Seconde Guerre mondiale, si vous voulez, expliqua Braintree avec un sourire. En alignant les perles sous le texte clé, on obtient les transpositions correctes à opérer.

– Je suis complètement perdue ! avoua Peggy en fronçant les sourcils.

– Je crois comprendre, dit Holliday. Il suffit de répéter les espacements entre les perles sur toute la longueur du texte pour avoir le message.

– C'est cela, confirma Braintree.

– Je n'y comprends toujours rien, marmonna Peggy.

– De toute façon, comprendre le système ne sert à rien tant qu'on n'a pas le texte clé, dit le professeur. Où est-elle, cette épée ? Vous ne l'auriez pas apportée, par hasard ?

– Par les temps qui courent, ce n'est pas exactement le genre de truc qu'on trimballe avec soi quand on doit passer une frontière, répondit Holliday. Nous l'avons mise à l'abri. »

Ils l'avaient en fait apportée à Mlle Branch, qui l'avait enfermée dans la chambre forte de l'université.

« Dommage, dit Braintree, j'aurais bien aimé la voir. »

Peggy fouilla dans son sac et en sortit une petite liasse de tirages numériques qu'elle avait faits de l'épée. Braintree les observa un à un avec soin.

« Une épée courte à une main, reprit-il en hochant la tête. Début XIIIe, si j'en juge par le sceau des Templiers. Vous êtes sûr de son authenticité ? demanda-t-il à Holliday.

– Personnellement, je pourrais me laisser abuser par une bonne reproduction, mais pas oncle Henry. Et d'ailleurs, qui se donnerait autant de mal pour fabriquer une copie ?

– Si elle est vraiment authentique, elle doit valoir très cher. Je connais quelques rivaux, au musée d'en face, qui seraient sans doute prêts à vendre leur mère pour ajouter un tel joyau à leur collection. On peut imaginer que quelqu'un en ait fait un faux, ne serait-ce que pour l'argent.

– Grand-père ne se serait pas embarrassé d'un faux, assura Peggy.

– L'inscription semble un peu extravagante, vous ne trouvez pas ? demanda Braintree. "Alberic à Pèlerin". Savez-vous d'où vient l'épée ? de quelle collection ?

– De celle d'Adolf Hitler, répondit placidement Holliday, s'amusant de la stupéfaction qu'exprima soudain le visage du Canadien.

– Vous en êtes certain ?

– Sans l'ombre d'un doute. »

Braintree étudia de nouveau les images, puis acquiesça lentement de la tête.

« D'un point de vue historique, ça tient debout. Hitler avait la tête pleine de ce fatras nietzschéen pseudo-scientifique sur la race aryenne : le Sang et le Sol, l'Anneau des Nibelungen, les Walkyries, les nains forgerons, les Templiers, les rituels maçonniques... On peut comprendre qu'il ait voulu posséder une épée comme celle-ci. »

Braintree eut un petit rire sans joie.

« Qui sait ? ajouta-t-il. Il croyait peut-être avoir trouvé *Tirfing* !

– *Tirfing* ? répéta Peggy. Qu'est-ce que c'est que ça ?

– L'épée d'Odin, expliqua le professeur. Si vous appréciez l'opéra wagnérien...

– Bof ! Seulement dans la bande-son d'*Apocalypse Now* !

– D'un autre côté... murmura Braintree, songeur. Il ne s'agit peut-être pas de cet Alberic-là.

– Parce qu'il y en a plusieurs ? demanda Peggy.

– En fait, oui. »

Braintree se leva de son bureau et se mit à fouiller dans des piles de livres entassées sur le plancher. Ne trouvant pas ce qu'il cherchait, il alla se planter devant la bibliothèque, qu'il parcourut du regard en marmonnant entre ses dents, dégageant de temps en temps un livre de l'alignement pour en examiner la couverture.

« Ah ! s'exclama-t-il enfin. Je te tiens.

– Qu'avez-vous trouvé ? s'enquit Holliday.

– Ceci », répondit Braintree en lui tendant un épais volume cartonné.

Le Saint des Templiers, Alberic de Cîteaux et l'Essor de l'ordre cistercien, lut Holliday. L'auteur était un certain Sir Derek Carr-Harris, et son nom était suivi de toute une série d'initiales et d'abréviations, dont « D. Litt. Oxon » et « KCBE ». Un grade de chevalier de l'ordre de l'Empire britannique – alors que Paul McCartney n'était que membre – et un doctorat d'Oxford par-dessus le marché ! Impressionnant. De plus, le patronyme Carr-Harris lui disait quelque chose.

« Vous croyez que c'est cet Alberic-là, dont le nom figure sur l'épée ? demanda Holliday.

– Ce ne serait pas invraisemblable. D'autant que le mot *fecit*, en latin, peut signifier aussi bien "fabriqué *pour*" que "fabriqué *par*".

– "Fabriqué pour Alberic à Pèlerin", donc, dit Peggy.

– Ce pourrait très bien être un jeu de mots, suggéra Braintree en reprenant le livre, dont il tourna les pages pour trouver l'index. C'est le message qui était *pour*

Alberic, l'épée ayant été fabriquée *à* Pèlerin dans le seul but de lui transmettre ce message... Enfin, pas à lui proprement dit, puisqu'il n'existait plus depuis longtemps, mais à Cîteaux, le monastère qu'il avait fondé.

– Où se trouve Cîteaux ? demanda Peggy.

– En France. Juste au sud de Dijon... Ah ! Voilà ce que je cherchais ! » annonça-t-il, une note de triomphe dans la voix, tout en arrêtant son doigt sur une des lignes de l'index.

Il retourna à son bureau, prit une des photos faites par Peggy et la tendit à Holliday après y avoir jeté un coup d'œil. Le cliché était un gros plan sur les marques de fabrique et l'inscription que portait la soie de l'épée.

« Le *De Laudibus Novae Militiae* adressé à Hugues de Payns, premier Grand Maître des Templiers et prieur de Jérusalem.

– Je ne comprends pas, avoua Holliday.

– Les lettres DLNM sont les initiales de *De Laudibus Novae Militiae*. Il s'agit d'une célèbre épître envoyée par Bernard de Clairvaux à Payns, le fondateur de l'ordre du Temple. C'est le texte de référence du code... Et il y a un argument décisif qui corrobore mon hypothèse.

– Lequel ? demanda Holliday, tout excité de voir ces indices ténus venus du fond des âges remonter à la surface du présent et dévoiler leurs mystères avec des chuchotements de fantômes.

– Les abeilles, dit Braintree en désignant le poinçon sur la photo. En France, Alberic de Cîteaux, le père spirituel de Bernard de Clairvaux, est le saint patron des abeilles et des apiculteurs. »

Peggy prit le livre sur le bureau.

« Je suis sûre que je connais ce nom... murmura-t-elle. Mais oui ! s'écria-t-elle après avoir réfléchi un instant. Le cliché dans le bureau de grand-père ! Celui qui a été pris au Caire ou à Alexandrie en 1941 ! L'un des personnages photographiés était Derek Carr-Harris.

– Qui se trouvait à Oxford... ajouta Holliday.

– Et qui a noté sur le carton d'invitation au repas des anciens les indications nécessaires pour se rendre chez lui à Leominster ! conclut Peggy avec un large sourire.

– Euh... Je n'ai pas tout suivi », dit Braintree, l'air complètement perdu.

9

Moins de vingt-quatre heures après leur arrivée à Toronto, Peggy Blackstock et Peter Holliday prirent un vol de nuit de la British Airways de Pearson International Airport à Heathrow, où ils atterrirent à 9 heures le lendemain matin. Un coup de téléphone au bureau de Derek Carr-Harris, à Oxford, leur apprit que le professeur passait actuellement ses vacances d'été dans sa maison de campagne et ne pouvait pas être joint, son secrétariat refusant catégoriquement de communiquer son adresse. Ils essayèrent d'appeler le numéro qui figurait dans l'agenda d'oncle Henry, mais, n'obtenant pas de réponse, ils déduisirent que ce numéro correspondait au domicile de Carr-Harris à Oxford.

De Heathrow, ils se rendirent en métro à la gare de Paddington, où ils firent une halte au buffet pour avaler un petit déjeuner épouvantable composé de saucisses, d'œufs et de café qui n'avaient d'authentique que le nom. Leur repas expédié, ils montèrent dans un train à destination du pays de Galles et en descendirent trois heures plus tard dans la petite ville de Leominster.

« Lemster », comme disait Peggy, avait acquis une certaine notoriété au Moyen Âge, et une réelle prospérité, car il s'y tenait une foire où se vendait la meilleure laine d'agneau du monde, connue sous le nom d'« or de Leominster ». La bourgade s'était transformée au fil des siècles en un trou perdu pittoresque situé sur l'ancienne frontière souvent disputée entre l'Angleterre et le pays de Galles. Elle présentait le même aspect un peu trop léché que Holliday trouvait aux petites villes touristiques américaines vivant sur leur passé historique prétendument glorieux, leur charme désuet et la qualité de leurs frites. Dans le cas de Leominster, l'attrait était assuré par la boutique locale du fromager Mousetrap Cheese – la Tapette à souris –, et par une profusion de magasins d'antiquités.

« Un brin chichiteux, tout ça ! » commenta Peggy comme ils descendaient la grand-rue en direction d'un endroit appelé The Buttercross, à la recherche d'un loueur de voitures.

Elle choisit chez Avis une petite Toyota Altis trapue à bord de laquelle, après s'être non sans mal fait indiquer le chemin par un jeune agent de comptoir boutonneux nommé Billy qui s'obstinait à les qualifier de Yankees, ils prirent Monkland Road en direction de l'ouest. La route se rétrécissait au bout de quelques kilomètres en devenant l'A44, et Peggy s'agrippa au volant pour rester à bonne distance des haies qui bordaient la chaussée des deux côtés. Chaque fois qu'ils franchissaient le sommet d'une croupe, ils pouvaient apercevoir brièvement le patchwork que dessinaient les champs alentour.

« J'ai l'impression d'être sur une piste de bobsleigh », marmonna Peggy, tout en priant le ciel pour ne pas voir arriver un autre véhicule en face.

La petite Toyota familiale occupait en effet presque toute la largeur de la voie, et l'on pouvait se demander ce qu'il adviendrait en cas de croisement avec une voiture de taille normale, un camion, voire un engin agricole... Ou de rencontre avec un troupeau de ces moutons aussi réputés pour leur laine qu'ignorants du Code de la route.

« Bon, si nous revenions un peu sur terre ! dit Peggy, l'œil rivé à la route. Tu as renoncé à un mois de pêche à la truite en Patagonie, et moi à une mission de choix en Nouvelle-Zélande, où je ne suis encore jamais allée. Et tout ça pour quoi, tu peux m'expliquer ?

– Parce que ce salopard de Broadbent a fait incendier la maison d'oncle Henry, répondit Holliday.

– Et ça justifie de sauter dans un avion de nuit pour Heathrow et de déguster les sandwiches de la British Airways ?

– N'oublie pas que c'est pour tenter de dissimuler le vol de l'épée que Broadbent a brûlé la maison. C'est dire l'importance qu'il lui accorde.

– Mais ce n'est qu'une épée, Doc ! Un souvenir du Moyen Âge, comme Leominster. Une relique qui ne nous concerne en rien.

– Il y a mille ans de ça, un templier a envoyé un message à un des fondateurs de son ordre, en France. Et ce message était si important qu'il a été codé et enroulé autour de la poignée de cette épée qu'oncle Henry a trouvée dans la maison de vacances de Hitler, dans les Alpes bavaroises. D'autre part, il faut croire qu'oncle Henry lui-même a jugé sa trouvaille importante, puisqu'il l'a cachée pendant plus d'un demi-siècle. En fait, il s'est arrangé pour qu'on ne la retrouve qu'après sa mort : c'est dans ce but qu'il avait glissé un indice dans un tome de *La Quête du roi Arthur*. Donc, cette arme a été importante pour les Templiers il y a un millénaire ; elle l'a été suffisamment pour que ton grand-père la cache avec le soin que l'on sait. Et suffisamment aussi pour que Broadbent aille jusqu'à commettre un acte passible d'emprisonnement pour mettre la main dessus. J'en déduis que le message codé qu'elle porte est *encore aujourd'hui* de la plus haute importance. Voilà pourquoi nous sommes ici. »

Suivant les indications du jeune Billy, ils quittèrent l'A44 puis, au deuxième carrefour qu'ils rencontrèrent, ils prirent à droite une étroite route anonyme jusqu'à un chemin forestier à l'entrée duquel un bidon de lait rouillé, perché sur un tas de pierres, portait l'inscription L'Espoir, en français, peinte en lettres blanches passées.

Holliday traduisit le mot en anglais puis ils s'engagèrent dans le chemin bordé d'épais fourrés d'ormeaux et de tilleuls dont les branches effleuraient presque la voiture au passage. Une vieille barrière métallique ouverte bâillait sur le côté droit. Peggy la franchit et ils pénétrèrent dans la cour de ferme mal tenue de L'Espoir.

Une demi-douzaine de bâtiments dispersés entouraient le corps de logis principal, parmi lesquels deux granges à colombages à demi affaissées, un édifice en pierre qui avait dû être un grenier isolé, et un hangar ouvert, de construction plus récente, pourvu d'un toit arrondi en tôle ondulée rongée de rouille. Pas de paille sous ce hangar, mais une chaloupe de six mètres posée à l'envers sur des tréteaux et qui aurait eu besoin d'un sérieux coup de peinture. Son nom se lisait encore sur le tableau arrière : *Passeur d'aurore*. Des touffes d'herbes folles poussaient un peu partout dans la cour, sauf sur un espace gravillonné où des voitures et des tracteurs avaient laissé des taches d'huile.

Il y avait deux antiques Combi Volkswagen à proximité du hangar et un break Morris Minor antédiluvien sur cales à côté du grenier. Une Land Rover d'aspect assez récent, mais entièrement crépie de boue était garée près de la maison. Un peu plus à l'écart, entourée de roseaux desséchés, se trouvait une mare envahie d'herbes. Une muraille protectrice de haies, d'arbres et de massifs retournés à l'état sauvage cernait l'ensemble.

« Pas grand-chose à espérer par ici », dit Peggy, arrêtant la Toyota près de la Land Rover.

Ils descendirent de la voiture et observèrent la maison dans le soleil du début d'après-midi. Celle-ci donnait la même impression de mélange hétéroclite que le reste de la propriété. Le bâtiment principal, en pierre et couvert d'un toit de chaume, se prolongeait par une extension à colombages qui pouvait facilement dater du XVIe ou du XVIIe siècle, puis par une seconde extension « moderne », de style victorien première période, semblait-il. Le tout tenait ensemble grâce à des étais, des boisages et tout un assemblage inefficace de stuc et de plâtras. À première vue, aucune des ouvertures n'était d'aplomb.

Le côté de la maison devant lequel ils se tenaient comptait trois portes. Holliday alla frapper à la plus imposante d'entre elles, une véritable dalle de chêne munie de pentures en fer et noircie par le temps.

Au bout d'un moment, ils entendirent des pas traînants à l'intérieur, puis le bruit d'un lourd verrou qu'on tirait. L'homme qui ouvrit la porte était grand, légèrement voûté, et ses cheveux, sans doute blonds jadis, présentaient une curieuse couleur gris jauni. Il pouvait être octogénaire et avait dû être bel homme. Il portait des lunettes de lecture demi-cercle rouge vif sur son long nez aquilin, une chemise blanche rayée sous un cardigan vert en piteux état auquel manquaient quelques boutons, et un pantalon de cotonnade chiffonné tout éclaboussé de peinture blanche. Il avait aux pieds des chaussons qui ne semblaient pas bon marché et tenait dans sa main gauche un verre rempli au tiers de liquide ambré.

« Oui ? dit-il.

– Sir Derek Carr-Harris ?

– "Monsieur Carr-Harris" suffira, répondit le vieil homme, l'air presque gêné. Le "Sir" me donne un peu trop l'impression d'être un hobereau de village sorti d'un roman de P. G. Wodehouse : Sir Watkyn Bassett dans *Bonjour, Jeeves*, par exemple. Et vous êtes ?

– Peter Holliday et Peggy Blackstock. »

Le visage de M. Carr-Harris s'illumina.

« Le neveu et la petite-fille d'Henry Granger, c'est bien ça ? Vous arrivez d'Amérique ?

– Tout à fait, confirma Holliday.

– Formidable ! s'exclama le professeur. Entrez donc ! »

Il s'écarta en désignant l'intérieur de la maison avec son verre de whisky. Quand ils eurent pénétré dans un petit vestibule aux murs couverts de livres, Carr-Harris referma derrière eux et repoussa le verrou. Il les guida ensuite jusqu'à un vaste salon dont le plafond, très haut, reposait sur des poutres épaisses d'une bonne soixantaine de centimètres équarries à la main.

Des tableaux encadrés ornaient les murs – uniquement des huiles début XIXe de l'école romantique anglaise représentant des scènes bucoliques avec de plantureuses bergères, ou des voiliers à la Turner sur des mers démontées. Les espaces qui n'étaient pas occupés par des tableaux l'étaient par des corps de bibliothèque d'aspect plutôt rustique. Entre deux d'entre eux se dressait un râtelier d'armes fermé par une porte vitrée. Une vague odeur de moisi flottait dans l'air, émanant soit des livres, soit du chaume de la toiture. Aucune touche féminine n'était visible dans la pièce.

Peggy plissa le nez.

Le mobilier était ancien, fatigué et sans prétention. Quelques fauteuils clubs et un ou deux canapés formaient un cercle approximatif autour d'un tapis ovale jeté devant une immense cheminée. Sur un côté, un vaste bureau sans style supportait une ancienne machine à écrire électrique IBM entourée de piles de livres et de papiers.

Carr-Harris casa son grand corps dans un des fauteuils et fit signe à ses hôtes de s'installer dans un canapé.

« Alors, comment se porte cette vieille branche d'Henry ? demanda-t-il quand ils furent tous les trois assis. Bien, j'espère... Quoique à notre âge on ne puisse pas espérer de miracles.

– Henry nous a quittés, répondit Holliday.

– Oh, mon Dieu ! murmura Carr-Harris, qui avala une longue gorgée de whisky et soupira avant d'ajouter, philosophe : Il était très âgé, bien sûr. Comme moi... »

Il trempa de nouveau ses lèvres dans son scotch et resta un instant perdu dans ses pensées.

« Je l'avais vu il y a peu, reprit-il enfin. Au repas des anciens, à Balliol College...

– En mars, dit Holliday.

– En mars, oui.

– C'est pour cette raison que nous sommes ici.

– Ah ! C'est donc que vous avez trouvé l'épée. Bien joué, jeune homme ! Henry ne doutait pas que vous la dénicheriez, vous savez ! »

Cela faisait bien longtemps que Holliday ne s'était pas entendu qualifier de « jeune homme ». Il sourit.

« Vous connaissiez l'existence de cette épée ? demanda Peggy, surprise.

– Bien entendu, jeune fille ! J'en connais l'existence depuis l'opération *Postmaster*, en 1941 ou quelque chose comme ça.

– *Postmaster* ! intervint Holliday. La photo de vous et d'Henry sur le mur de son bureau !

– C'est cela même, confirma Carr-Harris. Oh, c'était un secret de Polichinelle ! Lui et moi travaillions pour le service de renseignements de la marine avec ce jeune type, Fleming. Celui qui a écrit tous ces romans de quatre sous qui n'en valaient pas plus. Comment s'appelait son héros, déjà ?

– James Bond, dit Peggy.

– Hum... » acquiesça le vieil homme en expédiant son whisky.

Il posa son verre sur une table basse près de son fauteuil puis fouilla dans la poche de sa veste de laine, dont il sortit un paquet de cigarettes sans filtre et un briquet. Il en alluma une et tira une longue bouffée tout en se calant dans son fauteuil.

Le spectacle était inhabituel. Holliday avait plutôt coutume de voir les fumeurs se regrouper peureusement dans leurs ghettos étriqués devant les immeubles de bureaux, et non s'adonner ouvertement à leur vice en compagnie de gens qui ne le partageaient pas. De plus, les fumeurs octogénaires ne couraient pas les rues ! Carr-Harris était à l'évidence un homme d'un autre temps.

« Qu'est-ce que c'était que cette opération *Postmaster* ? s'enquit Peggy.

– Un truc comme on en lit dans les romans de la série des Hornblower, répondit Carr-Harris avec un gloussement réjoui. Un abordage.

– Un abordage ?

– La prise d'un navire. En l'occurrence, un cargo italien appelé *Duchessa d'Aosta*. Nous le soupçonnions de servir de ravitailleur pour les sous-marins allemands. Son port d'attache était l'île de Fernando Poo, au large de la Guinée, en Afrique de l'Ouest. Je crois que cette île s'appelle maintenant Bioko ou quelque chose d'approchant. »

Holliday ne voyait pas le rapport entre cette histoire et l'épée, mais il se tint coi et laissa le vieil homme remuer ses souvenirs.

« Le nom *Postmaster* était une espèce de pied de nez, continua Carr-Harris en tirant sur sa cigarette. C'étaient des gens de Merton College qui s'étaient occupés de l'organisation matérielle de l'opération, y compris *Maid Honour*. "Postmaster" est le sobriquet que l'on donne aux bizuths, à Merton, et comme nous autres étions tous de Balliol... Plaisanterie de potaches.

– *Maid Honour* ? répéta Peggy.

– Un chalutier de Brixham utilisé par le commando 62, le SOE, et tous ces gens-là. Ce genre d'opération était le pain quotidien de Fleming et consorts, du moins pour ce qui était de la planification, sinon de l'exécution.

– Le pain quotidien de Leonard Guise et Donald Mitchie, par exemple ? Les deux autres personnes qui sont photographiées avec vous et oncle Henry ? intervint Holliday.

– Tout à fait. Quoi qu'il en soit, le *Duchessa d'Aosta* était amarré à Fernando Poo. Le nom du port est Malabo, si je me souviens bien. Un endroit infect. Un marécage, à vrai dire... Enfin, bref, le cargo était là, ainsi que deux bateaux allemands censés être consignés dans ce port pour la durée de la guerre.

L'objectif était d'entrer dans le port avec le *Maid Honour*, d'amarrer une aussière au *Duchessa*, puis de le touer en suivant la côte jusqu'à Lagos. Henry et moi sommes allés en ville pour faire boire le capitaine italien et son équipage pendant que le reste de notre équipage à nous ressortait du port avec le cargo en remorque. C'étaient les codes qui nous intéressaient, bien sûr, pas le navire lui-même : nous emparer du *Duchessa* était juste un petit bonus.

– Les codes ? demanda Holliday.

– Le *Kurtzsignalheft* et les autres registres de codes allemands. Nous avions déjà compris le fonctionnement d'Enigma, à cette époque, mais la *Kriegsmarine* utilisait tout un tas de codes et n'arrêtait pas de passer de l'un à l'autre. De sacrés petits malins, ces gens-là ! Les registres que nous avons réussi à barboter sur le *Duchessa d'Aosta* étaient les premiers qu'on ait jamais vus à Bletchley Park.

– Le quartier général des services britanniques du chiffre, précisa Holliday.

– Exactement, dit Carr-Harris. C'est d'ailleurs à Bletchley Park que Guise et Mitchie ont fini par être affectés. Ils y faisaient un travail horriblement scientifique en se servant d'ordinateurs, je crois.

– Je ne saisis vraiment pas ce que tout cela à voir avec l'épée de grand-père Henry, remarqua Peggy, manifestement désappointée par les digressions du vieux professeur.

– Attendez que je vous parle de la lettre !

– La lettre ?

– Le *Duchessa d'Aosta* faisait la navette entre Gênes et l'Argentine. Au moment de la déclaration de guerre, le bâtiment se trouvait au milieu de l'Atlantique, en route pour l'Italie, et la compagnie à laquelle il appartenait a donné l'ordre à tous ses navires de gagner des ports neutres. Pour le *Duchessa*, ç'a été Fernando Poo. Il y avait des passagers à bord, dont un certain Edmund Kiss, un soi-disant archéologue, mais surtout un compère de Hitler. Kiss revenait de Buenos Aires, où les nazis l'avaient envoyé pour un débat sans queue ni tête sur la présence d'une race aryenne dans l'Antarctique. Nous avons trouvé la fameuse lettre dans une des cabines de pont ; il avait dû l'oublier là en débarquant.

« Il était spécialiste de l'Amérique latine, à ce que je crois savoir, ou du moins c'est ainsi qu'il se présentait. La lettre était de Hans Reinerth, le directeur du mal nommé Institut de la préhistoire allemande, dépendant de Himmler, et elle faisait état de la découverte d'une épée par un collègue archéologue italien nommé Amedeo Maiuri, lors de fouilles qu'il effectuait à

Pompéi. Maiuri se disait convaincu que l'épée en question avait été forgée initialement pour un templier. Apparemment, il avait parlé de sa découverte à Mussolini en personne, en suggérant que l'épée serait un cadeau idéal à faire au Führer à l'occasion de leur prochaine rencontre. Henry était particulièrement intéressé par ce détail.

– Qu'avait-il d'intéressant ? demanda Holliday.

– Je n'en suis pas certain à cent pour cent, mais peut-être Henry y voyait-il un élément utile pour notre propagande – comme la supposée croyance aveugle de Hitler dans l'astrologie, ou cette histoire grotesque qui courait sur son absence de testicules. Entre autres inepties, la lettre avançait que l'épée avait très bien pu être fabriquée à partir de la Sainte Lance – celle qui a percé le flanc de Jésus sur la croix –, et pourrait posséder certains pouvoirs magiques, comme celui de rendre immortel son possesseur. »

Carr-Harris émit un son qui aurait pu passer pour un rire.

« Visiblement, cela n'a pas fonctionné pour M. Hitler ! commenta-t-il. C'était la première fois que nous entendions parler de cette épée. Elle a fait l'objet d'autres rumeurs encore jusqu'à la fin de la guerre, et puis, bien sûr, Henry et moi l'avons trouvée quand nous avons été envoyés à Berchtesgaden.

– Avez-vous rencontré un certain Broadbent, quand vous étiez là-bas ? s'enquit Holliday.

– Pas que je me souvienne.

– Qu'est-ce qui aurait pu pousser grand-père à garder secrète l'existence de cette épée ? demanda Peggy.

– Et pourquoi suscite-t-elle brusquement un tel intérêt ? ajouta Holliday.

– Je n'en sais trop rien, répondit Carr-Harris, l'air songeur. Ce qui est sûr, c'est qu'Henry m'a fait jurer le silence quand nous l'avons découverte. Il parlait d'un ordre du Nouveau Temple, de Boucliers noirs et de Boucliers blancs et autres fadaises de ce tonneau. Il semblait prendre tout ça très au sérieux. »

Le vieil homme se leva et prit son verre vide.

« Je vous sers quelque chose ? » proposa-t-il tout en désignant, devant la grande fenêtre bancale qui jouxtait la cheminée, une table équipée d'un petit évier et d'un minibar rudimentaire comprenant une demi-douzaine de bouteilles, un siphon d'eau de Seltz et quelques verres.

Holliday et Peggy déclinèrent l'offre. Carr-Harris traversa la pièce en traînant les pieds, se versa un nouveau whisky, y ajouta un pschitt de soda, puis revint vers son fauteuil, la cendre trop longue de sa cigarette menaçant de se rompre.

La balle du fusil à haute vélocité atteignit le vieil homme entre les omoplates, lui sectionna la colonne vertébrale et ressortit au milieu de sa poitrine dans un jaillissement de sang. Ses bras s'écartèrent de son corps, son verre de whisky vola en l'air. Ses yeux avaient cessé de voir avant même qu'il ait touché terre. Une fraction de seconde plus tard, un fracas de verre brisé signala l'éclatement de la vitre. Puis ce fut le silence.

10

Holliday et Peggy se jetèrent sur le plancher. Devant eux, le corps du vieux professeur se vidait de son sang sur le tapis ovale. Un deuxième projectile entra par le carreau déjà cassé et frappa le dos du canapé avec un bruit mat. Aucune détonation.

Un silencieux, pensa Holliday. Peut-être un fusil d'assaut M4A1, comme ceux de l'armée en Irak. Un jouet de gros calibre, efficace, conçu pour les opérations spéciales. Discret. Précis. Mortel.

« Holliday ? » appela Peggy.

Pas la moindre trace de panique dans sa voix. Elle avait suffisamment promené ses appareils photo sur les champs de bataille pour apprendre à se contrôler. Elle attendait des instructions, rien de plus. Une nouvelle balle fracassa une autre fenêtre et termina sa course dans le râtelier d'armes du côté opposé de la pièce. Un deuxième tireur...

« Reste au sol ! » ordonna-t-il.

Se déplaçant en crabe vers la gauche, il parvint à gagner l'extrémité du canapé. Une longue rafale piqueta horizontalement les bibliothèques, déchiquetant le dos des livres et remplissant l'air d'une pluie de confettis. Des projectiles firent éclater l'un des cadres accrochés au mur, envoyant la toile tournoyer dans les airs. Les bouteilles du bar explosèrent soudain et une odeur d'alcool se répandit alentour. Quelqu'un était en train de saccager méthodiquement et inexorablement la pièce dans un silence absolu. À dessein. C'était terrifiant. Holliday regarda le râtelier.

La balle avait transpercé le montant de la porte et démoli la serrure avant de se loger dans la crosse d'un des fusils alignés verticalement. Celui-ci devait être un vieux Grulla Armas espagnol à canons superposés. Plusieurs autres fusils étaient encore intacts, parmi lesquels un Martini-Henry à levier d'armement datant de la Première Guerre mondiale et une carabine Lee-Enfield.

Il y avait également un pistolet Mauser C96 avec son lourd magasin carré et sa crosse de bois poli en forme de manche à balai bosselé. Sur l'étagère en dessous du semi-automatique était posée une boîte bleu et or de cartouches serbes Prvi Partizan de 9 millimètres parabellum faites sur mesure. Les munitions qu'utilisaient les méchants au Kosovo. D'après le dessin sur le couvercle, les balles devaient être montées sur des lames-chargeurs. Sur la droite de Holliday, une autre fenêtre fut pulvérisée par une nouvelle rafale. On tirait maintenant depuis trois côtés à la fois.

« Qu'est-ce que tu fais ? chuchota Peggy, d'un ton un peu tendu cette fois.

– Je réfléchis. Attends !

– Doc ? Qu'est-ce qui se passe ? »

Au lieu de répondre, il ferma les yeux et essaya de se représenter la disposition des lieux. La cheminée se trouvait derrière lui, au sud. De ce côté, un patio fleuri séparait la maison de la lisière du bois ; il l'apercevait à travers la fenêtre en miettes.

Le couloir par lequel ils étaient entrés était sur sa droite, au nord-est, comme la grosse porte de chêne, la cour, les voitures et, au-delà, le hangar. Terrain entièrement découvert de ce côté ; le tireur était donc parmi les arbres. Holliday avait sur sa gauche, donc à l'ouest, la fenêtre par où avait pénétré la balle qui avait touché le râtelier. C'était de ce côté que la forêt était la plus dense et la plus proche de la maison. En face de lui, enfin, il y avait une ouverture voûtée qui menait à une vieille cuisine rustique. Aucune fenêtre visible de ce côté, donc, pas de risque de se faire tirer dessus. Peut-être y avait-il une porte latérale dans la cuisine ?

Rouvrant les yeux, il releva la tête de quelques centimètres. On tirait manifestement depuis les bois, et non depuis les différents bâtiments annexes. Comme il n'y avait pas de tertre sur lequel se percher – tout au plus une très légère déclivité vers le nord –, les trajectoires devaient être plates, à moins que les tireurs ne soient grimpés dans les arbres, ce qui semblait peu vraisemblable.

Holliday serra les dents dans un accès de rage impuissante. Cela faisait longtemps qu'il n'avait pas été confronté à une telle situation. Trop longtemps. Les vieux briscards ne se contentaient pas de disparaître, comme le disait une vieille ballade, ils se rouillaient, aussi !

Il s'efforça de garder son sang-froid et de réfléchir. Ils étaient coincés sur trois côtés. Les deux tireurs postés à l'est et au sud allaient les clouer au sol sous leur feu croisé tandis que celui du nord-est couvrirait la porte de chêne. Il ne leur faudrait pas plus de deux minutes pour faire irruption par les fenêtres en tirant dans tous les sens.

« Avance vers ta droite en restant baissée ! ordonna-t-il à Peggy. Quand tu auras dépassé le canapé, dirige-toi vers l'arcade et essaie d'entrer dans la cuisine. Une fois là, attends-moi !

– Et après ?

– Pour le moment, fais ce que je te dis ! »

Il l'entendit se déplacer. Il y eut une nouvelle salve silencieuse qui lacéra les murs et fracassa les meubles. Holliday roula sur le côté jusqu'au râtelier d'armes. Du coin de l'œil, il vit Peggy qui progressait à travers la pièce.

« Ne t'arrête pas ! » lui enjoignit-il.

Il attendit qu'elle ait franchi l'arcade puis, levant le bras, il tâtonna sur l'étagère au-dessus de sa tête jusqu'à ce que ses doigts rencontrent le métal froid du vieux Mauser. Après avoir pris l'arme, il amena à lui de la même façon la boîte de munitions, l'ouvrit et en sortit un chargeur de vingt cartouches.

Tirant la culasse en arrière, il poussa le chargeur de haut en bas dans le magasin, comme on chargeait les anciens fusils M1 Garand de l'armée américaine, puis, quand les cartouches eurent toutes pris leur place dans le magasin en comprimant le ressort, il retira le chargeur vide, le jeta, et remit doucement la culasse en position. Le pistolet était armé. Il fourra quelques chargeurs dans la poche de sa veste avant de redresser la tête, tenant fermement l'arme dans sa main droite.

« Ça y est, je suis dans la cuisine ! annonça Peggy.

– J'arrive ! » répondit Holliday.

Il se mit à quatre pattes puis se propulsa en direction de l'arcade. Trop tard. Au bout du petit couloir de l'entrée, sur sa droite, la porte de chêne s'ouvrit à la volée, livrant passage à un homme en chaussures de randonnée, jean et pull-over vert foncé qui tenait une arme à canon long. Un pistolet-mitrailleur russe Bizon avec tous ses accessoires, du silencieux à la lunette Posp montée sur rail, en passant par le chargeur hélicoïdal de soixante-quatre coups fixé sous le canon. Un engin suffisant pour mener une guerre à soi tout seul, mais d'un maniement malaisé dans l'espace confiné d'un couloir.

L'homme ne portait pas de gilet pare-balles. Il fit un bond en avant tout en levant son arme, mais le silencieux accrocha un élément de bibliothèque sur sa gauche, ce qui lui fit perdre une précieuse fraction de seconde. Et lui coûta la vie. Visant le milieu du corps, Holliday pressa à plusieurs reprises la détente du vieux Mauser, qui aboya rageusement.

Tirées d'une distance de trois mètres, les balles s'enfoncèrent une à une dans la poitrine de l'intrus. Six cartouches, six coups au but ; il en restait quatorze dans le magasin. L'homme émit un bref soupir et partit à la renverse. Lâchant le Mauser, Holliday s'avança et retint l'assaillant, qui exhala son dernier souffle contre sa joue tandis qu'il lui retirait son arme des mains. Le mort avait un tatouage sur la face interne de son poignet : une épée à la lame enrubannée qu'entourait une inscription en caractères runiques.

Holliday accompagna la chute du corps sans vie jusqu'au sol puis alla refermer la porte d'un coup de pied. Ensuite, le pistolet-mitrailleur armé dans les bras, il recula, enjambant le cadavre, et se baissa pour ramasser le Mauser, qu'il laissa tomber dans sa poche de veste. Quand il fut ressorti du couloir, il s'accroupit.

Combien restait-il de tireurs ? Toujours trois, ou seulement deux ? Quoi qu'il en soit, les types qui attendaient dehors avaient été avertis par les détonations inattendues du Mauser que quelque chose clochait. Holliday soupesa le Bizon et sourit dans sa barbe. Quelque chose clochait, effectivement, mais pas pour lui ! Il était peut-être rouillé, mais il n'en restait pas moins un vieux briscard... Et un vieux briscard armé jusqu'aux dents.

« Tout va bien, Peggy ? demanda-t-il.

– Oui. »

Il tendit l'oreille. Silence.

« Je te rejoins », prévint-il.

Se déplaçant à croupetons, il passa à toute vitesse sous la large arcade que soutenaient des piédroits de chêne et gagna la cuisine. Celle-ci était à l'évidence très ancienne. Elle comportait une immense cheminée en pierre de taille et brique de lestage, avec, sur un côté, un four à pain en forme de dôme appuyé au mur du fond. Un énorme billot en érable massif fiché sur des pieds taillés à la serpe trônait au centre de la pièce tandis que du plafond pendaient toutes sortes de casseroles et d'ustensiles, ainsi qu'une forêt d'herbes aromatiques séchées et de tresses d'ail.

Le plafond lui-même était en bois sombre, encore noirci par l'âge, et le plancher était constitué de planches de pin chevillées d'au moins trente centimètres de large. À gauche de la cheminée, il y avait une lucarne pratiquée dans l'épaisseur du mur, très haut au-dessus du sol. Une rangée d'armoires de cuisine d'époque victorienne couvrait un autre mur.

Seul l'électroménager était à peu près moderne : un réfrigérateur blanc émaillé des années quarante et une gazinière Aga encore plus vieille. Pas de lave-vaisselle. Des plans de travail en zinc terni. Un évier double en tôle galvanisée.

Curieusement située entre l'évier et la fenêtre se trouvait une porte étroite. Elle donnait au nord, vers les arbres qui bordaient le chemin d'accès à L'Espoir. Un lourd trousseau de clés pendait à une cheville enfoncée au marteau dans un des montants.

Debout près du billot, Peggy brandissait un couperet de boucher. Elle regarda avec étonnement le fusil d'assaut que tenait Holliday.

« Où as-tu trouvé ça ? demanda-t-elle.

– Peu importe.

– Le vieux monsieur est mort, n'est-ce pas ? Je n'ai pas regardé de trop près, mais... Il est mort, non ?

– Oui. Il est mort, confirma Holliday.

– C'est complètement dingue ! s'exclama-t-elle, le souffle oppressé, les yeux écarquillés.

– C'est à cause de l'épée, il n'y a pas de doute. Ça ne peut être que ça.

– Ils l'ont tué », dit-elle d'une voix éteinte.

Elle respirait très vite, manifestement sous l'effet de l'adrénaline. Holliday connaissait bien ce phénomène qui poussait les gens à vouloir agir à tout prix, à faire n'importe quoi plutôt que tenir leur position et évaluer leurs chances.

« Ils sont au moins deux, dehors. Peut-être trois. Nous avons dû être suivis depuis l'aéroport. Ils nous attendaient.

– Tu crois que c'est Broadbent qui a manigancé tout ça ? demanda Peggy, l'air incrédule.

– En tout cas, il est dans le coup. Mais on verra ça plus tard, l'important, pour l'instant, c'est de sortir vivants d'ici.

– Ainsi soit-il ! Et on fait comment ? »

Holliday pointa le canon du fusil vers la petite porte.

« Cette sortie donne sur le potager. Je l'ai vu en entrant. Il se trouve entre l'espèce de grenier en pierre et le flanc de la maison. »

Le grenier était une construction cubique d'environ quatre mètres de côté, coiffée d'un toit de chaume conique et surélevée par des piles de pierres de façon à être à l'abri des nuisibles et de l'humidité. Dépourvu de fenêtres, il ne comportait qu'une large porte en planches sur une de ses faces. L'espace entre le sol et le plancher était trop étroit pour qu'un *sniper* puisse y prendre position : les assiégeants avaient un angle mort de ce côté. En sortant de la cuisine, ils auraient en face d'eux le grenier, au-delà du potager, et, à une vingtaine de mètres sur leur gauche, vers l'ouest, une ligne d'arbres séparant L'Espoir de la route.

La voiture de location et la Land Rover de Carr-Harris se trouveraient à dix mètres sur leur droite, la Land Rover entre eux et la Toyota. La Land Rover était une quatre-portes avec volant à droite, la Toyota une deux-portes. Pour accéder au siège passager de cette dernière, il faudrait nécessairement s'exposer au feu des assiégeants.

« Où sont les clés de la Toyota ? demanda Holliday.

– Dans mon sac. »

Par miracle, Peggy avait gardé son sac à l'épaule. Holliday constata que la clé de la Toyota était dotée d'une commande à distance. Il regarda le trousseau suspendu à la cheville : il y avait bien une clé de voiture, mais pas électronique. Il ferma les yeux, essayant de se remémorer l'instant où ils étaient entrés dans la cour.

La vitre de la Rover était-elle baissée ou levée? Carr-Harris était-il du genre à laisser sa voiture ouverte ou à la fermer à clé? Difficile à dire. De toute façon, cela n'avait pas grande importance : ils n'avaient pas beaucoup de choix, et encore moins de temps. Carr-Harris fermait à clé sa porte d'entrée, Holliday l'avait entendu manœuvrer le verrou quand il était venu leur ouvrir...

Mais peut-être n'utilisait-il jamais cette porte-là. Peut-être entrait-il toujours chez lui par la cuisine, comme les gens de la ville entraient chez eux par le garage; c'était une pratique courante. Holliday jeta un coup d'œil à la petite porte. Pas de verrou... Il fronça les sourcils. Trop d'inconnues à prendre en compte : cela commençait à lui donner la migraine. Il prit une profonde inspiration et chassa lentement l'air de ses poumons pour faire baisser son propre niveau d'adrénaline. Les types, dehors, devaient être en train de se regrouper. C'était maintenant ou jamais.

«Tu vas faire exactement ce que je te dirai», dit-il avant d'expliquer son plan à Peggy.

Moins de deux minutes plus tard, il entrouvrit la porte en se baissant et prêta l'oreille. Rien, à part le bruit de cascade du vent dans les arbres et le cliquetis d'ossements que faisaient les roseaux secs autour de la mare.

Un vieux souvenir lui revint soudain en mémoire : celui de l'angoisse qu'il avait éprouvée, jadis, dans l'obscurité d'un cinéma, en regardant le passage de *Blowup* où l'acteur David Hemmings, immobile dans le silence d'un parc étrange, écoutait, comme lui maintenant, la rumeur fantomatique du vent tout en se demandant s'il venait ou non d'être témoin d'un meurtre. À cette réminiscence vint se mêler celle, encore présente dans tous les esprits, du « tertre gazonné » de Dallas d'où un second tueur aurait tiré sur Kennedy. Il connaissait ces instants suspendus qui précèdent d'une fraction de seconde la catastrophe qui change le cours d'une vie. Clignant des yeux dans le soleil de l'après-midi, il s'efforça de chasser le pressentiment sinistre qui venait de l'envahir. En vain.

Holliday écouta encore, muscles tendus. Rien. Il inspira à fond, retint sa respiration, puis, se redressant, il poussa la porte d'un coup et se mit à courir à découvert, faisant écran à Peggy qui le suivait de près.

« Maintenant ! » hurla-t-il.

Peggy brandit la commande à distance de la Toyota et appuya sur le bouton. De l'autre côté de la Land Rover qui masquait la petite voiture, ils entendirent le bip des portières qui se déverrouillaient.

Trompés par le bruit, les tireurs invisibles concentrèrent leurs tirs silencieux sur la Toyota, criblant de balles vitres et tôlerie. Toujours derrière Holliday, Peggy obliqua vers la gauche, et tous deux se jetèrent en même temps à l'intérieur du 4 × 4, lui au volant, elle à l'arrière.

Holliday enfonça la clé dans la serrure de contact et tira violemment le levier de la boîte automatique en position marche arrière. Penché aussi loin qu'il le pouvait vers la gauche, tête baissée, il appuya à fond sur l'accélérateur.

La Land Rover fit un bond en arrière. Après avoir tourné le volant à l'aveuglette, Holliday se décala légèrement sur le siège de façon à pouvoir jeter un coup d'œil à travers le pare-brise, guettant l'instant propice. Puis, passant la marche avant, il mit de nouveau pleins gaz et la voiture partit comme une fusée en direction du portail ouvert tandis qu'une grêle de balles s'abattait sur elle par l'arrière.

Un projectile fracassa le rétroviseur à une quinzaine de centimètres de sa tête, mais l'affaire était entendue. Il donna un coup de volant à gauche et le 4 × 4 traversa le chemin dans une embardée, frôlant un instant les branches basses des arbres et manquant de peu verser dans le fossé. Puis ils débouchèrent brusquement en pleine lumière, sur la petite route goudronnée. Holliday prit à gauche en direction de la nationale distante d'une centaine de mètres. Il risqua un bref regard par-dessus son épaule. Personne ne les suivait.

Sur le siège arrière, Peggy se redressa prudemment et regarda autour d'elle, fébrile.

« Je crois que nous sommes hors de danger, pour le moment », dit Holliday.

Tournant les yeux vers la gauche, il aperçut au-delà des arbres les cheminées et le toit de chaume de L'Espoir qui s'éloignaient. Il allait falloir un peu de temps à leurs agresseurs pour faire disparaître les cadavres et les divers indices. Peut-être mettraient-ils le feu à la maison, comme à celle d'oncle Henry. Il s'engagea sur la nationale en direction de Leominster.

Ils étaient sains et saufs... Mais pour combien de temps ?

11

Ils abandonnèrent la Land Rover dans le parking du supermarché Sainsbury de Leominster et gagnèrent à pied la gare de la British Rail. Vingt minutes plus tard, ils étaient dans un train qui les transporta jusqu'au noyau ferroviaire de Crewe, dans le Cheshire, d'où ils prirent une correspondance pour le terminus des ferries de Holyhead, au pays de Galles.

Après un passage rapide par la douane de Sa Majesté, ils montèrent à bord d'un ferry à grande vitesse de la compagnie Stena, un catamaran propulsé par deux moteurs de jet Rolls Royce, qui ressemblait davantage à une gigantesque boîte à chaussures bleu et blanc montée sur des lames de patins à glace qu'à un navire de haute mer.

À l'intérieur, le bâtiment faisait penser à un Las Vegas de pacotille, avec poker vidéo, machines à sous aux néons fluo, et, en arrière-fond sonore, les tintements ininterrompus d'une musique d'ascenseur à l'européenne luttant contre le vrombissement oppressant des turbines qui montait des profondeurs de la coque.

Des gamins irlandais, la morve au nez, rôdaillaient dans les salons, quémandant à leurs pères ou à leurs mères quelques euros pour jouer aux machines. Épuisés, affalés dans leur siège d'avion en vinyle rembourré, les parents se reposaient de leurs courses de rentrée chez les discounters de Holyhead en regardant par les fenêtres défiler à toute allure les flots bleu acier de la mer d'Irlande.

Au bout de quatre-vingt-dix minutes, après cent kilomètres de traversée, ils atteignirent la côte irlandaise à Dun Laoghaire – prononcé « Dun Leery » –, le port que les Vikings utilisaient au Moyen Âge comme base de départ de leurs raids sur les côtes anglaises. L'endroit avait été rebaptisé Kingstown en 1821, en l'honneur d'une visite du roi George IV, pour retrouver bien vite son nom d'origine, exactement cent ans plus tard, dans la foulée de l'indépendance irlandaise.

Exténués, Holliday et Peggy débarquèrent du ferry dans les dernières lueurs du jour, traversèrent Harbour Road par la passerelle, puis descendirent d'une démarche incertaine le long escalier menant au quai du réseau express dublinois. Ils prirent la navette rapide qui les déposa dix kilomètres plus au nord à la gare Connolly de Dublin, d'où ils gagnèrent le centre-ville en taxi.

Suivant le conseil du chauffeur, ils descendirent au Stauntons on the Green, un hôtel composé de trois gracieuses résidences géorgiennes donnant sur le grand rectangle de végétation luxuriante entouré de grilles du parc St Stephen's Green.

Il était à peine plus de 22 heures. Ils fermèrent à clé la porte de leur chambre, se laissèrent tomber tout habillés sur les lits jumeaux et s'endormirent aussitôt.

Quand Holliday se réveilla le lendemain matin, le lit de Peggy était vide. Elle revint vingt minutes plus tard, portant un sac vert et or des grands magasins Dunnes Stores et deux gobelets en carton remplis de café Seattle's Best. Tandis qu'elle déballait dans la salle de bains les affaires de toilette qu'elle avait achetées, Holliday commença à déguster son café avec gratitude.

« Il y a un grand centre commercial de l'autre côté du parc, dit Peggy depuis la salle de bains. Nous devrions peut-être y aller tout à l'heure pour faire quelques emplettes.

– Bonne idée », répondit Holliday.

Toutes leurs affaires se trouvaient en effet dans le coffre de la Toyota qui était restée dans la cour de L'Espoir. Ils n'avaient plus sur eux que leur passeport et leur portefeuille.

« Je vais prendre une douche en vitesse, dit Peggy en passant la tête par la porte. Si tu descendais nous commander un petit déjeuner pendant ce temps-là ?

– D'accord. »

Elle s'enferma dans la salle de bains et il entendit aussitôt le chuintement de la douche. Son café bu, il quitta la chambre en refermant à clé derrière lui. Il descendit au rez-de-chaussée par l'élégant escalier tournant puis enfila une suite de couloirs jusqu'au restaurant. Dans cette salle, plutôt petite, le rouge était omniprésent : murs, tapis, fauteuils de cuir, tout était cramoisi. Plusieurs fenêtres habillées de rideaux donnaient sur le flot matinal de la circulation qui passait en grondant le long du parc.

Il était près de 11 heures et, à l'exception d'un prêtre âgé qui lisait le *Catholic Weekly* dans un coin, la pièce était vide. Holliday s'attabla près d'une fenêtre, les articulations encore douloureuses après les aventures de la veille et une nuit sur un matelas trop mou.

Une serveuse apparut, affublée d'une ridicule tenue de soubrette française revue et corrigée dans le goût irlandais, avec tablier à fanfreluches et bonnet assorti. NADINE, proclamait son badge. Elle avait un visage allongé de fouine et des cheveux grisonnants curieusement coiffés à l'africaine, avec des tresses serrées qui lui tiraient sadiquement la peau du front à la manière d'une injection de Botox, arquant sans pitié les épais sourcils noirs qui se rejoignaient à la racine de son interminable nez. Elle paraissait avoir à peine soixante ans et respirait l'ennui. Elle portait une cafetière qu'elle tenait comme une arme.

« Vous servez encore le petit déjeuner ? lui demanda Holliday.

– Irlandais ou continental ? rétorqua-t-elle, avant d'ajouter avec l'accent traînant de Dublin dont les inflexions vaguement sinistres donnaient à cet avertissement l'air d'une alerte à la bombe : Il n'y a plus de jus de pamplemousse.

– Irlandais, décida Holliday. Pour deux, s'il vous plaît ; ma cousine va descendre dans quelques minutes.

– Votre cousine ? dit Nadine d'un ton sceptique.

– Oui.

– Américains ?

– Oui, répondit-il, prenant sur lui pour garder son sourire courtois : il avait connu des sergents instructeurs plus aimables que cette Nadine !

– Bien ce que je me disais », grommela la serveuse.

Sans lui servir de café, elle tourna les talons et quitta la salle, non sans avoir rempli au passage la tasse du prêtre.

Peggy arriva un instant plus tard, ses cheveux bruns tout ébouriffés et mouillés de la douche qu'elle avait prise. Apercevant Holliday, elle zigzagua entre les tables et vint s'asseoir en face de lui.

« J'ai une faim de loup, déclara-t-elle. Tu te rends compte que nous n'avons rien mangé depuis l'avion !

– J'ai commandé. Il n'y avait pas trop de choix, alors j'ai pris le déjeuner irlandais pour nous deux.

– Ça doit correspondre à l'œuf-frites des Anglais.

– Je crois que la version irlandaise est un peu plus radicale. »

La serveuse reparut au bout de quelques minutes, portant dans chaque main une énorme assiette qu'elle posa devant eux.

« La vache ! » s'exclama Peggy entre ses dents en contemplant les deux œufs au plat flottant sur une mare de graisse irisée. Ils semblaient lever vers elle le regard humide de leurs jaunes presque orange depuis le radeau en dentelle carbonisée de leurs blancs.

À côté des œufs figurait un amas de haricots blancs affectant la forme d'une boule de glace, deux tranches racornies de bacon rose pâle, une paire de saucisses, une petite portion de champignons frits voisinant avec quelques tranches de tomates déliquescentes également frites, une montagne de frites, et deux objets circulaires, l'un noir, l'autre blanc, de la taille d'une pièce d'un dollar en argent.

« Qu'est-ce que c'est que ça ? s'enquit Peggy, désignant les "dollars".

– Du boudin blanc et du boudin noir, mademoiselle, expliqua la serveuse.

– Du boudin noir ? Comment est-ce fait ?

– Avec du sang de cochon et des flocons d'avoine, mademoiselle, répondit Nadine, qui prononçait "côchon" et "flôcons".

– Et le blanc ?

– Avec de la viande de porc et de la graisse de "rôgnons", dit la soubrette. Avant, ils utilisaient de la cervelle de mouton, mais ils ont trop peur de la tremblante depuis la maladie de la vache folle. Et ça fait vingt ans que ça dure ! ajouta-t-elle, comme si l'absence de cervelle de mouton infectée représentait une perte irrémédiable pour la gastronomie.

– Je vois, dit Peggy.

– Ce sera tout pour votre service ? » demanda Nadine, se tournant vers Holliday.

Il acquiesça et elle sortit.

« Ça m'a coupé l'appétit, assura Peggy en regardant son assiette.

– Quand je prenais mes repas avec oncle Henry, il me grondait quand je ne finissais pas mon plat, se rappela Holliday. "Songe aux petits Chinois qui meurent de faim !" qu'il me disait.

– Avec moi, c'était les petits Africains. »

Peggy commença à manger, évitant soigneusement les deux rondelles de boudin. Nadine refit son apparition avec un beurrier et un râtelier à toasts très rétro garni de six épaisses tranches de pain grillé.

« Je me demande s'il y a un taux élevé d'infarctus en Irlande », dit Peggy, avant d'éponger une large coulée de jaune d'œuf avec un morceau de toast.

Concentré sur sa propre assiette, Holliday ne répondit pas tout de suite. Tout en mangeant, il se repassait mentalement le film de la veille : l'échange de coups de feu chez Carr-Harris, le professeur battant l'air de ses bras en mourant, l'assaillant dans l'étroit couloir, avec son pistolet-mitrailleur russe, l'aboiement du Mauser...

Près de vingt-quatre heures s'étaient écoulées depuis. Le facteur, le laitier, ou un voisin finiraient bien par se rendre chez le vieil homme, et ce serait le début des ennuis. Les deux corps dans la maison, la voiture louée par Peggy abandonnée dans la cour de la ferme... Même un aveugle serait capable de suivre la rangée de cailloux blancs qu'ils avaient semés derrière eux. Bien sûr, ils n'avaient rien fait d'illégal à part s'enfuir, mais s'ils se laissaient prendre dans l'imbroglio administratif qui ne manquerait pas de se déclencher autour de la mort de Carr-Harris, il leur faudrait des jours, voire des semaines, pour s'en sortir.

« Ça devient incontrôlable, dit-il enfin.

– Tu parles du petit déjeuner ? demanda Peggy.

– Non, de ce qui nous arrive. Rechercher une épée qui a peut-être appartenu à Hitler est une chose, mais de là à assassiner des gens... Nous avons affaire à quelque chose qui nous dépasse largement. »

Peggy posa sa fourchette et regarda à travers les voilages de la fenêtre. Un bus touristique à impériale d'un jaune éclatant passa dans un grondement, les flancs recouverts de slogans publicitaires hystériques, l'étage bourré de touristes à l'œil hagard en tenues bariolées qui essayaient de « faire » Dublin en une journée.

« Je crois qu'il est trop tard pour reculer, maintenant, dit-elle. Comme tu l'as remarqué toi-même, les types qui nous ont tiré dessus hier avaient dû nous suivre jusque chez Carr-Harris. Ils savaient très bien ce qu'ils faisaient. À mon avis, des gens qui sont prêts à tuer pour obtenir ce qu'ils veulent ne vont pas en rester là. Même si nous sautions en route pour nous cacher dans un trou, ils nous retrouveraient et recommenceraient. Non, nous devons continuer.

– C'est trop dangereux. Je ne peux pas mettre ta vie en danger.

– Dis-moi si je me trompe, mais je crois déceler une nuance de sexisme dans ta remarque. Un brin de condescendance de la part de mon cousin papa poule, peut-être ?

– Peut-être, concéda Holliday. Ce qui est arrivé hier est déjà assez sérieux sans que... »

Il s'interrompit de peur de mettre les pieds dans le plat, mais Peggy le fit à sa place :

« Sans qu'une femme s'en mêle ? suggéra-t-elle.

– Je n'ai pas dit ça.

– Non, mais tu allais le dire, répliqua Peggy avec un grand sourire. Avoue !

– Jamais ! s'exclama Holliday en lui retournant son sourire.

– Crois-moi, Doc, nos tueurs d'hier ne sont pas sexistes, eux : ils sont prêts à descendre sans discrimination tous ceux qui leur barrent la route ou possèdent ce qu'ils convoitent !

– Qui peuvent-ils bien être ? Une bande de néonazis quelconque ? Je croyais que ce genre d'idiotie était passé de mode en même temps que le mouvement skinhead.

– Les vieux nazis ne meurent jamais, commenta Peggy en reprenant sa fourchette pour jouer avec une de ses saucisses, ils changent simplement de nom. »

Elle reposa sa fourchette et repoussa son assiette.

« Ils sont partout, ajouta-t-elle. Le British Nationalist Party, avec son bras armé, Combat 18, le Nationalist Party of Canada, Aryan Nations chez nous. Il y en a en France, en Belgique, en Italie, en Espagne, même en Allemagne.

– Et en Russie ? demanda Holliday, songeant au pistolet-mitrailleur Bizon.

– Un groupe appelé Pamyat a sévi là-bas au début des années quatre-vingt-dix, et un mouvement néonazi russe a fait surface en Israël. Il existe un Parti national socialiste russe qui est un surgeon de Pamyat. Ils ont diffusé récemment une vidéo montrant une décapitation dans une forêt.

– Tu plaisantes ?

– Pas le moins du monde. Ils publient un journal intitulé *Pravoye Soprotivleniye*, *Vraie Résistance*, qui tire à au moins cent mille exemplaires. L'ancien titre de cette feuille de chou était *Section d'assaut*.

– Sont-ils assez importants pour avoir organisé l'attaque chez Carr-Harris ?

– Je suis presque sûre que oui. Ces gens-là sont très versés en informatique. Ils possèdent même une plateforme sur Internet nommée *Sang et honneur*, et une encyclopédie en ligne sur le modèle de Wikipedia qui s'appelle Metapedia. Ce qu'on y lit fait froid dans le dos.

– Tu as l'air de bien connaître le sujet.

– J'ai fait les photos pour illustrer une série d'articles là-dessus dans *Vanity Fair*, l'an dernier.

– Bon. Et maintenant, que faisons-nous ? »

Peggy regarda les restes de son petit déjeuner qui achevaient de se figer dans son assiette.

« On achète l'équivalent irlandais d'une boîte d'Alka Seltzer et on réfléchit à la prochaine étape.

– Et on y réfléchit sérieusement.

– Très sérieusement, oui. »

12

Depuis le pont supérieur du petit ferry, Doc Holliday et Peggy Blackstock scrutaient les environs à l'approche de la rive allemande. De ce côté-ci, le lac s'appelait Bodensee ; du côté suisse, lac de Constance.

Bien qu'ils aient été à moins de quinze cents mètres du débarcadère de Friedrichshafen, ils ne distinguaient rien vers l'avant, si ce n'est un mur de brouillard gris qui masquait l'horizon et le soleil. À intervalles réguliers de quelques secondes, la corne de brume du bateau lançait des gémissements qui revenaient en écho depuis les profondeurs de la grisaille monotone tels les appels désespérés d'invisibles créatures marines en mal d'amour. À peine distinctes, les eaux couleur d'encre du vieux lac alpin se brisaient en lourdes vagues contre les flancs du navire.

« On se croirait dans *La Quatrième Dimension* », commenta Peggy, d'une voix à laquelle la brume épaisse ôtait tout relief.

D'autres passagers se tenaient non loin d'eux sur le pont, mais, comme le reste, ils se résumaient à des ombres fantomatiques qui apparaissaient et disparaissaient au gré de leurs déplacements. Lorsque les gens parlaient, c'était en murmurant ou en chuchotant, comme des enfants qui ont peur du noir et de l'inconnu.

Six jours s'étaient écoulés depuis l'affaire de L'Espoir et le meurtre de Carr-Harris. Ils avaient passé presque tout ce temps à Dublin, attendant de voir quelles retombées aurait l'assassinat du vieux professeur d'Oxford dans sa maison de campagne. Il n'y en avait eu aucune.

Rien dans les journaux que Holliday avait feuilletés, rien à la radio, rien à la télévision. Aucun remue-ménage, aucun appel à témoins, aucune descente de police dans leur hôtel, aucun coup de téléphone. Rien. À croire que l'événement n'avait jamais eu lieu.

Holliday et Peggy en avaient conclu que leurs ennemis, quels qu'ils soient, avaient soigneusement nettoyé derrière eux, soit pour échapper eux-mêmes à la police, soit pour se donner une longueur d'avance sur les autorités dans la chasse aux Américains. Quoi qu'il en soit, le crime finirait par être découvert ; ce n'était qu'une question de temps.

Peggy et Holliday n'étaient pas restés inactifs pendant leur intermède dublinois. Peggy leur avait reconstitué une garde-robe en faisant les magasins du centre commercial de St Stephen's Green, tandis que Holliday s'efforçait de tirer parti des rares indices dont ils disposaient en recherchant sur Internet les noms mentionnés par Carr-Harris, dans un cybercafé de Grafton Street, une rue piétonne animée entre l'angle de St Stephen's Green et l'entrée de Trinity College, dans Nassau Street.

Holliday avait concentré ses investigations sur les trois noms liés à l'opération *Postmaster*, à laquelle Carr-Harris avait participé au début de la guerre au large des côtes africaines : Edmund Kiss, Hans Reinerth, et l'Italien Amedeo Maiuri.

Il n'avait pas tardé à mettre le doigt sur plusieurs éléments rapprochant les trois hommes, outre le fait que leurs noms figuraient dans la lettre trouvée par oncle Henry sur le cargo capturé : tous trois s'intéressaient de près ou de loin à l'archéologie, et de très près au mysticisme. Kiss et Reinerth y cherchaient les racines nordiques de la culture et de la race germaniques, Amedeo Maiuri la nature de l'éthique militaire romaine.

Kiss et Reinerth étaient tous deux devenus officiers dans la SS, et Maiuri avait détenu un grade équivalent dans les Brigades noires mussoliniennes. Maiuri était l'un des fondateurs de l'École de mystique fasciste, à Milan; Reinerth et Kiss siégeaient comme membres importants à l'Ahnenerbe – la Société pour la recherche et l'enseignement de l'héritage ancestral –, principale inspiratrice et justificatrice sur le plan intellectuel des lois raciales de Hitler et de l'anéantissement des Juifs.

Les trois hommes avaient survécu à la guerre et échappé à toute poursuite sérieuse. Kiss avait disparu sans laisser de trace, tandis que Reinerth s'investissait dans la création d'un musée de la Culture de l'âge de pierre encore florissant et situé non loin de l'endroit où Holliday et Peggy se trouvaient actuellement, sur le Bodensee. Mais Reinerth avait fini, lui aussi, par se volatiliser. Quant à Maiuri, qui s'était refait une virginité dès la capitulation de l'Italie en 1943, il avait poursuivi sa carrière de directeur des fouilles de Pompéi jusqu'à sa mort, survenue en 1960.

En creusant un peu plus profondément au fil de sa navigation sur Internet, Holliday avait fini par découvrir ce qui unissait véritablement l'Italien et les deux Allemands : tous trois avaient appartenu à une société secrète fondée par un certain Jörg Lanz von Liebenfels, un moine cistercien défroqué. Cette société, créée en 1907 dans le château de Werfenstein, en Autriche, se nommait « ordre des Nouveaux Templiers ». Après avoir choisi comme premier symbole un svastika rouge tourné vers la droite, l'ordre avait adopté l'emblème qui devait être plus tard celui de l'Ahnenerbe devenue organisme officiel, à savoir une épée à la lame enrubannée d'or et inscrite dans une bande circulaire marquée de caractères runiques. Exactement le même dessin que Holliday avait aperçu sur le poignet de son agresseur mort, chez Carr-Harris.

Il s'était figé en voyant apparaître l'image sur l'écran, sidéré que ce vieux folklore ésotérique puisse être encore d'actualité. Plus vraisemblablement, l'emblème avait été repris pour servir de nouveau un objectif tordu quelconque.

Apparemment, l'ordre des Nouveaux Templiers était entré dans la clandestinité après la guerre et avait refait surface à Vienne dans les années cinquante, avec pour prieur un ex-officier SS nommé Rudolf Mund. Pendant près de vingt ans, Mund s'était efforcé de faire durer sa variante personnelle de l'organisation, mais il n'y était pas parvenu : le nazisme avait vécu, remplacé par le communisme dans le rôle d'ennemi du monde libre.

Approfondissant encore sa recherche, et suivant la piste ténue laissée par Mund, Holliday était tombé sur un autre officier SS, l'*Obergruppenführer* Lutz Kellerman, qui avait été le supérieur hiérarchique de Mund pendant la guerre. Ce Kellerman, lui aussi membre de l'ordre des Nouveaux Templiers, était un ami intime de Heinrich Himmler, chef de la SS et de la Gestapo, lui-même patron d'Edmund Kiss et de Hans Reinerth. Tout se tenait.

Kellerman avait disparu après 1945, probablement exfiltré par les filières du Vatican, avec l'aide de la quasi mythique Odessa, l'*Organisation der ehemaligen SS-Angehörigen* – Organisation des anciens officiers SS.

La famille de Kellerman, qui vénérait son souvenir, s'était acquis richesse et notoriété en exportant des machines agricoles au Brésil et en Argentine. Pendant des années, le bruit avait couru que l'ex-officier SS s'était réfugié en Amérique du Sud avec un énorme butin en or et en bijoux, mais personne n'avait jamais pu en apporter la preuve formelle.

Le fils de Kellerman, Axel, avait vainement tenté de s'acheter une carrière politique dans l'Allemagne d'après-guerre : même *Die Republikaner*, pourtant un parti d'extrême droite, lui avait refusé son soutien. C'était Axel Kellerman, maintenant âgé d'une cinquantaine d'années, qui, sous le nom de « von Kellerman », dirigeait l'entreprise familiale depuis le château ancestral, situé tout à côté de Friedrichshafen.

L'agglomération de Friedrichshafen comptait environ soixante mille âmes et devait principalement sa prospérité à deux sites industriels : l'usine Zeppelin ressuscitée et Friedrichshafen AG, un fabricant de transmissions pour machines agricoles et engins de chantier. En apparence, il s'agissait d'une charmante localité ancrée dans la modernité, vivant essentiellement du tourisme, à l'écart des centres industriels populeux de Munich et de Stuttgart, ou du bassin de la Ruhr. Mais la petite cité au bord du lac avait un passé beaucoup moins engageant.

Pendant la guerre, l'usine Zeppelin faisait fabriquer des éléments pour les fusées V2 par une main-d'œuvre esclave venue d'une antenne du camp de Dachau située dans la banlieue de la ville, et la plus grande partie du centre historique avait été détruite lors du raid aérien mené contre cet établissement le 20 juin 1943 et baptisé « opération *Bellicose* ».

« Crois-tu vraiment que ce M. Kellerman détienne des informations intéressantes ? demanda Peggy, tandis qu'ils continuaient à fouiller la brume du regard. Et surtout, s'il en a, sera-t-il prêt à nous les fournir ? »

Holliday haussa les épaules. Les noms, les dates, les événements, les hypothèses commençaient à se bousculer dans son cerveau fatigué. D'ordinaire, l'Histoire était pour lui quelque chose de clair, une succession de certitudes gravées dans le marbre. Il n'en allait pas de même cette fois-ci, où tout semblait vague et incohérent. Il avait passé toute sa vie dans l'armée, où l'on atteignait les buts assignés grâce à des actions directes ; or tout était tortueux dans l'énigme que posait l'épée d'oncle Henry.

« Nous n'avons personne d'autre à qui nous adresser, dit-il. Son père était en relation avec toutes les personnalités concernées, et c'était un proche de Himmler. À ce titre, il devait connaître l'existence de cette épée, c'est pratiquement certain. Lutz Kellerman est le trait d'union dans cette affaire, sans parler du tatouage sur le poignet de l'autre type.

– Mais en quoi tout cela nous aide-t-il ?

– Ce que nous devons chercher, c'est l'endroit où se trouve l'original, s'il existe encore, de l'épître à Hugues de Payns, le fondateur des Templiers. Sans cette épître, le code que porte le filigrane d'or n'est d'aucune utilité, comme nous l'a expliqué Braintree à Toronto.

– DLNM. *De Laudibus Novae Militiae*, récita Peggy.

– Ton latin s'améliore, dit Holliday en souriant.

– Et le brouillard se lève, regarde ! »

Devant eux, à quelques encablures, le port de Friedrichshafen sortait de la brume en train de se dissiper. Sur la droite se trouvait une vaste marina moderne, où le brouillard se déchirait sur une forêt de mâts dressés telles des échardes.

À l'extrême gauche, au milieu d'un bois épais qui descendait jusqu'à la rive, les deux clochers à bulbes d'une église dominaient la végétation. Entre ces deux points s'étendaient le port lui-même, avec le débarcadère des ferries et, juste derrière, la structure en verre et acier rénovée du Medienhaus, la bibliothèque municipale, œuvre du Bauhaus. Divers bâtiments plus anciens à toit de tuiles rouges qui avaient survécu au bombardement s'alignaient le long de la digue. À l'arrière-plan se déployait le luxuriant paysage boisé des Alpes bavaroises, avec ses vallées et ses hauteurs abruptes.

« Une vraie carte postale, dit Peggy.

– Méfie-toi des apparences ! » répondit Holliday.

Bagdad aussi ressemblait à un décor à la Disney avant de se transformer en champ de bataille !

Le ferry passa entre les brise-lames et obliqua vers les quais. Les gens commencèrent à gagner le pont garage pour reprendre leurs voitures. Les hélices du navire se mirent à tourner en sens inverse dans un grondement sourd qui fit trembler la coque. Le brouillard avait presque entièrement disparu et la ville resplendissait sous le soleil. Peggy avait raison : une carte postale.

« Nous ferions mieux d'y aller, dit-elle comme le bateau se rapprochait du quai.

– D'accord », acquiesça Holliday.

Quittant la rambarde, ils se dirigèrent vers l'escalier d'accès au pont inférieur. Peut-être allaient-ils enfin savoir pourquoi la maison d'oncle Henry avait été incendiée, et son ami Derek Carr-Harris assassiné. Le temps de trouver un hôtel pas trop cher, et ils iraient assiéger Axel von Kellerman dans son château.

13

Selon la brochure que Peggy et Holliday prirent à leur hôtel de Friedrichshafen, le premier château des Kellerman avait été construit en 1150 par les Grafen von Kellerman-Pinzgau, les seigneurs féodaux du pays. Détruit lors d'une jacquerie en 1526, il était resté en ruine depuis.

Le nouveau château, un charmant manoir de style baroque, avait été érigé en 1760, au pied de l'éminence escarpée où se dressaient encore les vestiges de l'ancien, par le comte Anton von Öttingen-Kellerman, un prince bavarois originaire du Pinzgau, descendant des premiers propriétaires.

Le château appartenait depuis à la famille Kellerman, qui y résidait. L'endroit était également un musée et hébergeait de temps à autre des séminaires portant sur l'Europe à l'âge de pierre et à l'âge du bronze.

La propriété se situait à six kilomètres au nord de Friedrichshafen, en pleine forêt, et l'on y accédait par une route tortueuse qui grimpait à travers les bois touffus pour déboucher enfin sur un vaste espace dégagé, partie verger, partie jardin d'ornement, avec des topiaires en forme d'animaux et un labyrinthe constitué de haies de haute taille. Près du labyrinthe avait été aménagé un parking gravillonné.

« Ça donne la chair de poule », dit Peggy en descendant de la Peugeot qu'ils avaient louée deux jours plus tôt à Zurich.

Le temps était chaud et ensoleillé, sans la moindre trace du brouillard qui les avait accueillis à leur arrivée, la veille. Holliday verrouilla la voiture, et ils s'engagèrent tous deux sur le chemin qui menait au manoir.

Ce dernier consistait en une suite de bâtiments de deux étages formant un L allongé, dont l'alignement des toits de tuiles rouges était brisé çà et là par des tours et des tourelles, et dont certains murs, tous recouverts de stuc blanchi à la chaux, étaient envahis de lierre. Les fenêtres, voûtées et très enfoncées, étaient bordées d'un contour de brique décoratif. Les tours terminées par des crénelages ressemblaient à des pièces de Lego.

Les pelouses alentour étaient aussi bien tenues que des greens de golf, et une profusion de fleurs multicolores et d'arbustes taillés au millimètre ornaient les massifs proprement bordés de murets d'une quinzaine de centimètres de hauteur. L'ensemble évoquait une gigantesque maison de poupées pour princesse délicate, un rêve de perfection architecturale comme on en voyait seulement dans les magazines spécialisés.

« Pas la moindre saleté par terre, observa Peggy. On idolâtre la propreté, par ici ! »

Ils gravirent une volée de marches en granit pour atteindre l'entrée principale. Sur la clé d'arc au-dessus de la porte était sculpté un blason : une épée unique, dressée verticalement, et entourée d'un ruban.

« Tiens, tiens ! » murmura Holliday en découvrant l'écusson.

Le large porche franchi, ils pénétrèrent dans le château, où une employée en uniforme encaissa le prix de leurs entrées et leur donna en échange un badge en plastique jaune à pincer, ainsi qu'un dépliant en anglais, français et allemand. Ils prirent un long couloir pavé de carreaux de marbre noirs et blancs sur lequel résonnait le bruit de leurs pas.

Quelques visiteurs passaient de salle en salle, leur visage exprimant ce mélange d'ennui et d'attente propre aux touristes déjà saturés d'informations. À en juger par la maigreur de la foule, le Schloss Kellerman ne semblait pas être considéré comme un lieu de visite incontournable.

D'après le dépliant, deux grandes salles sur la gauche contenaient les maquettes des villages qui avaient occupé l'emplacement du château à l'âge de pierre et à l'âge du bronze, tandis que sur la droite une pièce plus petite, l'ancienne salle à manger, était consacrée aux reliques et objets retraçant l'histoire de la famille Kellerman.

« Je ne suis toujours pas certaine que cette visite nous mène à grand-chose, chuchota Peggy. Nous ne savons même pas si Kellerman est ici.

– Mission de reconnaissance, histoire de tâter le terrain », répondit Holliday en entrant dans l'ancienne salle à manger.

La pièce était immense, haute d'au moins six mètres sous un plafond à caissons en bois exotique. Ces derniers, délimités par de grosses solives croisées, s'ornaient de médaillons de plâtre sculpté représentant des angelots et des amours en train de s'ébattre autour des câbles de suspension d'une douzaine de lustres de cristal.

Sur le mur en face de l'entrée s'ouvraient trois hautes fenêtres par où le soleil pénétrait, découpant des rectangles de lumière sur les tapis à motifs bleu foncé qui couvraient le parquet de chêne sombre. Au mur le plus proche étaient accrochés des portraits d'ancêtres de la famille – tableaux et photographies encadrées d'argent –, entre lesquels étaient disposées à intervalles réguliers sur toute la longueur de la salle huit armures complètes qui faisaient penser à des chevaliers formant la haie pour accueillir leur souverain.

Deux cheminées monumentales, identiques, occupaient chacune un bout de la pièce. Leur âtre était vide de toute cendre, aussi propre que si elles n'avaient jamais servi. Au-dessus de leur manteau étaient pendues des tapisseries. Entre elles, là où avait dû se trouver jadis une table suffisamment longue pour accueillir plus de soixante convives, s'alignaient une série de meubles vitrines en bois, chacun contenant des objets représentatifs d'une période distincte de l'histoire de la famille Kellerman.

On y voyait, entre autres, un fer de hache viking asymétrique, découvert au XIXe siècle lors de fouilles menées sur la propriété; un calice et des chandeliers utilisés dans la chapelle familiale du château d'origine; une broche en émail à l'effigie du Christ ayant appartenu à la comtesse Gertrude, femme du comte Anton von Öttingen-Kellerman, constructeur du dernier château; un sabre d'abordage ornementé de la manufacture de Klingenthal, offert à un Kellerman qui s'était engagé dans la marine allemande dans les années 1800 ; et un *Pickelhaube*, un casque à pointe prussien, qu'avait porté un Kellerman, général pendant la Première Guerre mondiale.

Des Kellerman partout, mais absolument aucun souvenir rappelant le SS *Obergruppenführer* Lutz Kellerman.

« À croire que la Deuxième Guerre mondiale n'a jamais eu lieu », dit Peggy.

Près de la porte ouverte menant au grand couloir, une haute vitrine était dédiée aux Kellerman actuels. Y étaient exposées plusieurs maquettes de machines agricoles produites par Kellerman AG, dont l'éclaté d'un semoir breveté, ainsi qu'une bonne douzaine de photographies d'Axel Kellerman : Axel au bras d'une actrice de télévision blonde pendant un banquet de charité, Axel au chevet d'un enfant malade, dans un hôpital, Axel dans un décor de cinéma, au côté d'une célèbre star d'Hollywood tout sourire, Axel aux Caraïbes, en train de remonter sur un bateau, des bouteilles de plongée sur le dos.

Grand, mince, athlétique, il avait un charme de beau ténébreux, avec un visage allongé, un menton pointu et des cheveux noirs implantés en pointe sur son front. Il avait le nez long, aristocratique, des yeux perçants, profondément enfoncés, et une bouche aux lèvres pleines dont la courbe féminine, un peu tombante, contrastait avec la hauteur de ses pommettes. Il y avait chez lui quelque chose d'à la fois attirant et repoussant qui faisait penser à un vampire.

Aucune photo de famille classique, avec femme et enfants, ne figurait parmi les clichés. L'un de ceux-ci montrait Axel Kellerman en tenue de chasse, un fusil en main, un élégant braque allemand à la robe marron truitée à son pied. À l'arrière-plan, un peu flou, Holliday et Peggy distinguaient le château dans lequel ils se trouvaient à présent.

« Tout se passe comme s'il avait effacé son père de l'histoire familiale, commenta Holliday.

– Schwarzenegger l'a bien fait, pourquoi pas Axel Kellerman ? » remarqua Peggy.

Quittant la pièce, ils passèrent devant un large escalier en courbe qui conduisait au premier étage.

« J'ai peine à le croire, reprit Holliday tout en glissant le dépliant dans la poche de sa veste comme ils se dirigeaient vers la sortie. D'après tout ce que j'ai pu lire sur le Net, ce gars-là semble être une véritable réincarnation de son père : mêmes opinions politiques, mêmes ambitions militaires. Je me serais attendu à trouver ici un sanctuaire consacré à Lutz Kellerman.

– Peut-être le fils juge-t-il le passé nazi de la famille incompatible avec le commerce des engins agricoles, suggéra Peggy alors qu'ils sortaient du bâtiment et retrouvaient le soleil. Un exemple typique de l'efficacité allemande qui ne s'embarrasse pas de scrupules.

– Non, ça ne me convainc pas, insista Holliday. Ce que nous avons vu est un décor en carton-pâte, un trompe-l'œil. Ça ne correspond pas au véritable Axel Kellerman. Il a une *batcave* quelque part, j'en mettrais ma main au feu.

– Mais où ? »

Ils arrivaient au bout du chemin d'accès au parking et Holliday ouvrit à distance les portes de la Peugeot.

« Je n'en ai pas la moindre idée », avoua-t-il.

Ils montèrent dans la voiture. Peggy attacha sa ceinture et sourit.

« Dans ce cas, ça va être à moi de montrer mes talents », dit-elle.

Le Gaststätte Barin Bar était un *Ratskeller* à l'ancienne mode, c'est-à-dire une taverne en sous-sol, établie dans un ancien bâtiment proche de la gare de Friedrichshafen, à une rue du lac. Peggy avait eu connaissance de l'endroit par le réceptionniste de leur hôtel, avec qui elle avait eu une brève conversation, et par un vieux porteur de la gare à l'air mélancolique à qui elle avait glissé un pourboire royal.

La vieille brasserie ressemblait à une caverne, avec son éclairage parcimonieux, ses lambris de bois, et son décor de trophées de chasse composé pour l'essentiel de massacres de sangliers aux longues défenses et à l'œil vitreux, et de cerfs inexpressifs aux ramures impressionnantes. Il y avait aussi, au fond de la salle, deux têtes de mouflons barbus avec leurs cornes recourbées, et, derrière le comptoir, poussiéreuse, celle de l'ourse gigantesque à qui l'établissement devait son nom et qui semblait lancer vers la salle des grognements et des regards furieux. Holliday sourit en songeant que lui aussi serait furieux si on s'avisait d'installer sa tête coupée au-dessus d'un bar. Des relents de bière, de chou et de viande frite emplissaient l'air.

À cette heure de l'après-midi, le *Ratskeller* était presque désert. Installée à une table proche de l'escalier d'entrée, une famille de touristes japonais se battait contre des platées de frites et de *Bratwurst* tout en chuchotant entre eux et en prenant des photos à la dérobée avec un petit appareil numérique rutilant. Un homme à cheveux blancs, corpulent, était assis au bar, dans la pénombre, penché sur une grosse chope de bière qu'il serrait jalousement entre ses doigts boudinés.

« L'endroit est sympathique, commenta Holliday en s'asseyant à la table qu'ils avaient choisie. On peut dire que tu as le flair, Peggy.

– Si tu voyageais autant que moi, répliqua la jeune femme, tu saurais que le bistro le plus proche de la gare est le meilleur endroit pour se procurer ce qu'on cherche, que ce soit une arme, un malfrat, une fille, ou, surtout, une information. Là où tous les vieux du coin passent leur temps à boire sans soif. Et c'est la même chose de Trifouilli-les-Oies à Tombouctou.

– Il y a donc une gare à Tombouctou ? » demanda Holliday, taquin.

Peggy soupira.

« Tu sais très bien ce que je veux dire ! Si tu désires des renseignements sur notre copain Kellerman, c'est ici que tu les trouveras. »

Une serveuse blonde permanentée portant un *dirndl*, la robe traditionnelle du sud de l'Allemagne, sortit à cet instant de la cuisine, aperçut Holliday et Peggy, et vint à eux. Sans une seconde d'hésitation, elle leur adressa la parole en anglais.

« Je peux vous servir quelque chose ? s'enquit-elle aimablement.

– Deux Augustiner Bräu, répondit Peggy.

– Autre chose, madame ?

– Rudolph Drabeck ? dit Peggy, répétant le nom que lui avait communiqué le vieux porteur, à la gare.

– Rudy ? Que lui voulez-vous ? demanda la serveuse, circonspecte.

– Lui parler de l'air du temps», déclara Peggy tout en sortant un billet de cinquante euros couleur rouille qu'elle posa sur la table.

La barmaid fronça les sourcils.

«*Was ?*

– Nous voudrions juste lui demander quelques renseignements», expliqua Peggy.

La serveuse les jaugea du regard, puis, faisant volte-face, elle alla jusqu'au bar et dit quelque chose à l'homme qui était toujours penché sur sa bière. Celui-ci se tourna vers eux. Peggy lui adressa un signe de tête tout en agitant en l'air le billet de cinquante euros.

Prenant sa chope, le vieillard se dirigea vers leur table. Lorsqu'il s'approcha des Japonais, ceux-ci eurent un mouvement de recul. Il s'immobilisa près de Holliday et Peggy, avala une longue gorgée de bière, puis attendit, les yeux rivés sur le billet que tenait la jeune femme.

«*Ja ?* demanda-t-il enfin d'une voix enrouée et vulgaire, marquée par l'alcool.

– *Sprechen Sie Englisch ?*

– Bien sûr, répondit-il, vacillant légèrement sur ses jambes. Qui ne le parle pas, aujourd'hui ? ajouta-t-il avec un ricanement désabusé et un haussement d'épaules. Je sais un peu de russe, aussi, et d'italien.

– Vous ne voulez pas vous asseoir, Herr Drabeck ? proposa Holliday.

– Herr Drabeck était mon père, le maître d'école, le *Scheisskopf* qui faisait la classe aux petits morveux. Appelez-moi Rudy ! Tout le monde m'appelle Rudy», dit le vieil homme avec aigreur.

Il haussa de nouveau les épaules, puis s'assit. Holliday l'observa un instant. Petit, gros, il portait une barbe grise négligée que striaient çà et là des traînées plus foncées. Ses cheveux, sales et hirsutes, se raréfiaient jusqu'au milieu de son crâne rose. Il avait un visage rond, des joues flasques et tombantes, et des yeux bleu pâle au regard vague derrière des lunettes à monture de plastique.

Il présentait un gros nez couperosé d'ivrogne et un teint rubicond d'hypertendu. Son vieux costume marron chiffonné lui avait manifestement fait trop d'usage et le col de sa chemise blanche avait viré au gris à force d'être lavé et relavé. De près, il sentait le tabac et l'oignon frit. Il pouvait avoir dans les quatre-vingts ans, ce qui signifiait qu'il en avait vingt pendant la guerre.

La serveuse revint, apportant à Peggy et Holliday leurs bières dans de grands verres à pilsener.

« Servez-lui-en un aussi ! ordonna Peggy, désignant le vieillard d'un signe de tête en même temps qu'elle levait son verre.

– *Nein !* s'exclama aussitôt Drabeck, s'adressant à la serveuse. *Kulmbacher Eisbock. Ein Masskrug, bitte, und ein Betonbuddel Steinhäger.*

– Pardon ? intervint Peggy, qui avait épuisé d'un coup toutes ses connaissances d'allemand scolaire quand elle avait dit *Sprechen Sie Englisch ?*

– *Ein Masskrug* est ce que vous appelez un litre, expliqua la barmaid avec un grand sourire. Le *Steinhäger* est une variété de gin. Il en veut toute une bouteille.

– Toute une bouteille ?

– C'est ce qu'il réclame.

– *Und ein Strammer Max* », ajouta gravement le vieil homme avec un clignement de paupières.

Peggy regarda la serveuse.

« Maintenant, il demande un sandwich. Il les aime au *Leberkäse* – ça veut dire “fromage de foie”, je crois – avec un œuf poché dedans. »

Peggy dévisagea Drabeck, qui haussa une fois de plus les épaules et lui sourit de toutes ses petites dents jaunes et irrégulières.

« D'accord, dit-elle à la serveuse, qui s'éloigna. Vous vivez à Friedrichshafen depuis longtemps ? » demanda-t-elle à Drabeck.

Il se remit à regarder fixement le billet de banque, que Peggy avait reposé sur la table. Elle le poussa vers lui et il s'en saisit en un clin d'œil avant de le faire disparaître dans la poche déformée de sa veste. Il termina ensuite sa chope, la posa à l'écart et plaça ses mains à plat sur la table. Il avait les doigts étonnamment longs, fins et délicats. Des veines sinuaient tels des vers sous sa peau fripée. Ses ongles épais étaient ébréchés, jaunis et noirs de crasse.

« Des mains vieilles », dit-il.

Peggy garda le silence tandis qu'il continuait à contempler tristement ses mains.

« Vieilles, répéta-t-il.

– Ce pourrait être des mains de pianiste, observa Holliday.

– De violoniste, murmura Drabeck. J'étais violoniste, à Vienne, il y a très longtemps. Le Wiener Symphoniker, l'orchestre symphonique de Vienne.

– Vous avez vraiment été violoniste ? demanda Peggy, s'interrogeant sur la pertinence de cette révélation.

– J'étais très jeune. J'étudiais à l'Universität für Musik und darstellende Kunst Wien, le conservatoire de musique de Vienne, oui ? Je devais entrer au Symphoniker, mon rêve depuis tout petit. Et alors, c'est l'Anschluss, et nous devenons tous des nazis, bon gré mal gré.

– En 1938, donc, précisa Holliday, quand Hitler a annexé l'Autriche de façon relativement pacifique.

– *Ja* », acquiesça Drabeck.

La serveuse revint avec un plateau chargé de tout un assortiment de bouteilles, d'assiettes et de verres, parmi lesquels une chope colossale remplie d'une bière mousseuse aussi opaque et foncée que de la Guinness. Elle posa le tout devant le vieil homme, dont le regard s'alluma. Il tartina copieusement le *Strammer Max* de sauce au raifort et de moutarde brune, puis mordit dedans avec un appétit féroce. Du jaune d'œuf gicla par les bords du sandwich, s'égouttant dans sa barbe. D'une main un peu tremblante, il empoigna la chope et fit descendre sa bouchée d'une généreuse gorgée de bière noire. Il se rejeta ensuite contre le dossier de sa chaise avec un soupir et haleta un moment comme s'il venait de courir un cent-mètres.

« Et que s'est-il passé au moment de l'Anschluss ? » reprit Holliday.

Drabeck s'essuya la bouche d'un revers de manche, enlevant la mousse de sa moustache tombante.

« Mon pédé de père connaissait le... gros légume d'ici, oui ? Le chef, Herr von Kellerman, le comte, dans son grand château à côté des ruines. Mon père et lui étaient ensemble dans un... »

Il s'interrompit, cherchant le mot en fronçant les sourcils.

« *Ein Geheimbund...*

– Une association secrète ? Une société secrète ? proposa Holliday.

– *Ja*, société secrète », confirma Drabeck.

Il mordit de nouveau dans son sandwich, d'où s'écoula un peu plus de jaune d'œuf, le reposa, se lécha les doigts et avala une gorgée de bière.

« Vous rappelez-vous le nom de cette société ? demanda Peggy.

– *Ja*, bien sûr, répondit le vieil homme, qui prit une nouvelle bouchée de son sandwich et continua à parler la bouche pleine. *Die Thule Gesellschaft. Der Germanenorden.* »

Il déglutit et s'octroya une rasade de bière supplémentaire.

« La société Thulé, dit Holliday. L'ordre Teutonique du Graal. Leur création remonte à la Première Guerre mondiale. »

Une façon pour les Allemands de l'époque de se valoriser en s'inventant un mythe rassembleur, comme les Américains avaient écrit *La Bannière étoilée* pour se remonter le moral après l'incendie de Washington et la prise de Détroit par les Britanniques. À cette différence près que le chant qui devait devenir l'hymne américain ne fut rien d'autre qu'une manifestation de patriotisme qui contribua à souder un peuple écrasé d'impôts et à lui donner un peu plus le sentiment de sa singularité. Alors que la promotion d'une mystique germanique conduisit à l'avènement d'Adolf Hitler, le terreau de ce fondamentalisme aryen en pleine expansion donnant naissance à ses tirades antisémites : les groupes comme la Société Thulé lui fournirent ses premiers adeptes.

« *Ja*, c'est cela », opina Drabeck.

Débouchant la bouteille en grès de Steinhäger, il versa dans le verre conique apporté par la barmaid quelques centilitres de l'épais liquide qu'il avala d'un trait avant de faire claquer sa langue.

« *Mein Vater*, mon père, il croyait que le symbole de Thulé était un signe de Dieu. »

Il fit une pause avant d'ajouter en cherchant ses mots : « *Das Wappen, das Schildförmiges ?* »

Holliday comprit ce que le vieil homme peinait à dire.

« Le bouclier, les armoiries, traduisit-il.

– *Ja !* s'exclama Drabeck, soulagé. Les... comment vous dites ? Les armoiries de Thulé et de Kellerman sont pareilles. »

Il remplit de nouveau son verre de gin, le but, puis fouilla dans sa poche de poitrine et en sortit un bout de crayon de quelques centimètres avec lequel il esquissa sur une serviette en papier une épée toute simple se détachant sur un svastika légèrement arrondi.

« *Thule Gesellschaft* », dit-il en montrant son dessin.

Il reproduisit à côté de celui-ci l'épée enrubannée qu'ils avaient vue au-dessus du porche d'entrée du château des Kellerman, puis :

« *Das Wappen auf das Geschlecht Kellerman, ja ?*

– Encore l'épée, dit Peggy.

– *Ja, der Schwert*, acquiesça Drabeck, hochant vigoureusement la tête tout en tapotant son dessin avec le bout de crayon.

– Donc, votre père et Herr Kellerman appartenaient tous les deux à la société Thulé... » avança Holliday sans insister.

Drabeck engloutit le reste de son sandwich et mastiqua un moment, l'air méditatif.

« Kellerman était un *Obergruppenführer*, un général de la Schutzstaffel, la SS, dit-il enfin. Il connaissait des gens dans le parti, et mon père aussi. Le petit Heini – Himmler –, Goebbels, et *der Dicke*, le Gros, Goering, il les connaissait tous. Et ils ont nommé mon père *Stellvertretender-Gauleiter*...

– Gauleiter adjoint, chef de district ? suggéra Holliday.

– *Ja*, comme ça. Chef du district, ici.

– Et vous ? s'enquit Peggy.

– Je jouais du violon... »

Nouvel haussement d'épaules, nouveau coup de Steinhäger, nouvel essuyage de lèvres, avec le revers du pouce, cette fois.

« Qu'est-ce que je pouvais faire ? J'ai mauvaise vue, je ne peux pas tirer, tuer, tout ça. Alors Kellerman me prend comme son *Putzer*.

– *Putzer ?* répéta Peggy.

– *Der Hausdiener*, dit le vieil homme, s'évertuant à se faire comprendre.

– Un officier d'ordonnance, je pense, dit Holliday.

– *Ja*, son serviteur. Cire les chaussures, fais couler le bain, tout ça, *ja ?* Je suis été partout avec lui pour cirer ses *verdammte Stiefel*. Russie, Stalingrad, Italie, Normandie, et toujours cirer putain de bottes !

– Au Berghof aussi ? s'enquit Holliday, songeant à un éventuel lien avec l'épée d'oncle Henry.

– *Ja, natürlich*. Là aussi, plusieurs fois. Et là, j'ai la privilège de ramasser la merde de Blondi, le chien de Hitler, sur le tapis, et de chercher dans la ville les petits gâteaux pour cette salope d'Eva. Et toujours je cire les chaussures.

– Et ensuite ? demanda Peggy.

– Vous connaissez Dachau ? répondit Drabeck en se versant un verre de Steinhäger supplémentaire.

– Le camp de concentration ? dit Holliday.

– *Ja, das Konzentrationslager*. Ils avaient une annexe ici pour les travailleurs de Dornier et de Maybach. Pour les *Raketen, ja ?*

– Les fusées V2, traduisit Holliday.

– *Ja ! Ja ! Vergeltungswaffe Zwei.* Ils avaient besoin de gens pour le travail. Surtout des Italiens et des Polonais. Et des Juifs, bien sûr. Mon père prenait des femmes dans le camp et il les... utilisait. »

Le vieil homme s'interrompit et contempla son verre vide. Il avait la main sur la bouteille mais ne se servait pas. Il releva la tête et regarda Holliday dans les yeux.

« Quand la guerre a fini, les Américains ont libéré le camp et des prisonniers viennent dans la ville chercher mon père. Il était caché dans le *Schloss* Kellerman. Vous connaissez ?

– Nous l'avons visité ce matin, répondit Holliday.

– Les prisonniers le trouvent dans les vieilles ruines. Ils l'ont ramené ici dans la ville et ils le pendent à la lampadaire avec *dem Kabel*, le fil électrique. Il a tortillé cinq minutes et son visage a devenu noir. Sa langue sort de sa bouche comme une grosse saucisse. J'étais son fils. Ils me forcent à regarder.

– La vache ! murmura Peggy.

– *Ja*, c'était très désagréable pour moi.

– Et à ce moment-là, Lutz Kellerman avait déjà disparu ? demanda Holliday.

– *Natürlich*. Plus de bottes à cirer pour Rudy. »

Achevant son geste interrompu, Drabeck se versa du Steinhäger. Son front et ses joues luisaient de sueur.

Il éructa tranquillement, exhalant au-dessus de la table des effluves de gin mêlé de raifort et de moutarde.

« Et Axel ? continua Holliday.

– En Suisse. Réfugié, avec sa mère et sa grande sœur. Il était petit. Trois ans, peut-être quatre.

– Quand sont-ils revenus ?

– 1946. Les choses allaient mal, ici, dans ce moment-là. Pas de travail. Tout le monde était... *Geld brauchen*. Sans argent. Mais les Kellerman, eux, ils avaient de l'argent. Beaucoup d'argent. Ils ont fait l'entreprise. *Die Zugmaschinen*. Les tracteurs. Les gens aimaient de nouveau les Kellerman... *Ach !* Le pouvoir de l'argent, conclut-il, philosophe, avec un soupir.

– Et vous ? »

Drabeck rit et lâcha un autre rot, dont le bruit fit lever la tête à la serveuse, derrière le bar.

« Frau Kellerman m'engage pour cirer ses chaussures à elle, dit-il. Quarante années, je travaille pour la famille, et puis un jour, *pfft !* Rudy plus bon à rien. Trop vieux. Trop boire. Quarante années, pas de pension. Rien, vraie saloperie.

– Au château, nous n'avons vu aucune trace de l'existence de Lutz Kellerman. Rien sur lui dans le musée, pas même une photo.

– Normal ! s'exclama le vieillard en s'esclaffant. Hitler est un mauvais rêve pour les Allemands, un cauchemar. Ils préfèrent oublier. Moi aussi, je voudrais oublier, mais ce n'est pas possible... »

Il se reversa un plein verre de Steinhäger. Son nez coulait, à présent, et il se l'essuya sur la manche de sa veste. Ses yeux larmoyaient.

« Friedrichshafen a fait le *Hindenburg*, c'est tout, reprit-il. Des zeppelins, pas des fusées pour tuer. Ici, il y a seulement des garçons qui font les yodlées, et des filles qui font de l'*Apfelstrudel* et des gros bébés. Le monde est changé : les camps de concentration et les gens comme l'*Obergruppenführer* Kellerman n'ont pas de place dans l'histoire.

– Le fils n'a tout de même pas pu oublier son père, remarqua Holliday.

– Non. Il se le rappelle très bien. Mais il dissimule.

– Il dissimule quoi ? demanda Peggy.

– Les affaires de son père. *Gegenstände mit Nostalgiewert*. Je ne connais pas le mot en anglais pour ça.

– Des trophées ? proposa Holliday en croyant reconnaître le mot "nostalgie".

– *Egal welche*, grommela Drabeck, ce que Holliday comprit comme "Peu importe".

– Des médailles, des uniformes, ce genre de chose ?

– *Ja*, c'est cela », confirma le vieil homme.

Son regard était devenu fuyant, et il commençait à paraître mal à l'aise. Parler de sa propre vie et du passé ne lui posait pas de problème ; révéler les secrets de son maître était une autre affaire.

« Il cache quelque part un sanctuaire dédié à son père, c'est ça ? » insista Peggy.

Drabeck resta un moment sans répondre, les yeux perdus au fond de son verre vide, la bouche plissée.

« *Ja* », dit-il enfin, lentement.

Holliday attira discrètement l'attention de Peggy et fit le geste de frotter l'un contre l'autre son pouce et son index. Elle fit oui de la tête et sortit de son sac un billet vert pâle de cent euros.

Pliant celui-ci en deux, elle le poussa sur la table jusqu'au verre de Drabeck. Après une seconde d'hésitation, le vieil homme tira délicatement le billet vers le bord de la table et lui fit prendre le même chemin qu'au premier.

« À quel endroit ? » demanda carrément Holliday. Drabeck se passa la langue sur les lèvres, de nouveau hésitant, puis il se lança.

« Il a une cachette... »

14

«Il nous aurait fallu une arme», dit Peggy

Ils étaient à plat ventre au bord de la falaise qui surplombait le château Kellerman et son grand terrain découvert. La nuit tombait et les premières lumières du système de sécurité s'allumaient en divers points du groupe de bâtiments. À travers les jumelles qu'il avait achetées un peu plus tôt, Holliday distinguait le halo rose caractéristique des lampes à vapeur de mercure haute pression; quand l'obscurité serait complète, le château serait éclairé aussi brillamment qu'un studio d'Hollywood.

«Il n'est jamais très indiqué de porter une arme, répondit Holliday en posant les jumelles. C'est la meilleure façon de se faire tuer.

– Curieuse remarque dans la bouche d'un vieux soldat.

– Un soldat ne devient jamais vieux s'il mise tout sur la puissance de feu. Par principe, il ne faut jamais se munir d'une arme à moins d'avoir l'intention de tuer quelqu'un – ce qui n'est pas à l'ordre du jour pour le moment.»

Peggy se rembrunit.

« Je ne suis pas un de tes étudiants de West Point, Doc. Je n'ai pas de leçon à recevoir. Je me disais simplement qu'il ne serait peut-être pas si mal d'avoir un plan B pour le cas où Kellerman serait derrière le meurtre du Pr Carr-Harris et l'incendie de la maison de grand-père.

– Ça, nous n'en avons aucune certitude.

– Mais de fortes présomptions : sinon nous ne serions pas là.

– Ce sont souvent des présomptions sans preuve qui déclenchent les guerres. Je te le répète, ce n'est jamais une bonne idée de se promener armé.

– Voilà que tu recommences à me donner des leçons !

– On ne se refait pas. »

Holliday se remit à observer les abords du château. Rien ne bougeait. Une heure plus tôt, une camionnette avait déposé l'équipe de gardiens de nuit : huit hommes armés en uniforme, tous grands, jeunes, athlétiques, et indubitablement aryens. En tant qu'employeur, Axel Kellerman n'était à l'évidence pas un fervent adepte de l'égalité des chances. La camionnette était repartie en emmenant les huit hommes de l'équipe précédente.

Vingt minutes plus tard, un grand brun vêtu d'un costume de prix et d'un chapeau tyrolien vert avec houppette en poils de sanglier était monté dans une grosse berline Mercedes noire qui avait pris la direction de Friedrichshafen. Il s'agissait peut-être d'Axel Kellerman, mais rien ne permettait de l'assurer. Depuis, le parking du château était resté vide.

Holliday tourna les jumelles vers la gauche. À l'extrémité de l'éperon rocheux, à deux cents mètres d'eux et cachées en partie par un bosquet de pins, les ruines de l'ancien château se dressaient dans l'obscurité croissante tel un mégalithe des temps reculés. Le promontoire était barré par le mur d'enceinte d'origine, ou ce qu'il en restait : un amas de pierres croulantes et de gravats de trois mètres de hauteur.

Derrière ce rempart, pointant vers le ciel comme une gigantesque dent cassée, on voyait les vestiges du donjon qui avait jadis constitué, au centre du château et protégé par des douves et un pont-levis, l'ultime réduit défensif du comte de Kellerman-Pinzgau.

Peggy sortit de son sac un appareil photo de la taille d'un paquet de cigarettes, dont les surfaces luisaient dans l'ombre, et prit rapidement quelques vues des ruines.

« Qu'est-ce que tu fabriques ? s'exclama Holliday.

– Je fais des photos pour avoir un plan d'ensemble.

– Nous sommes là pour espionner, pas pour faire un reportage !

– Espionnage, reportage, quelle différence ? Je prends des photos, c'est mon métier, dit-elle avant de braquer son objectif sur Holliday et d'appuyer sur le déclencheur.

– De toute façon, tu n'as pas de flash. Ça ne donnera rien.

– Ne sois pas ridicule ! Ce truc-là est capable de prendre des photos à la lumière des étoiles. Bienvenue dans le monde numérique, vieux fossile ! »

Holliday reprit les jumelles et les braqua sur le château en contrebas. Pas âme qui vive. Le seul bruit audible était celui de la légère brise tiède qui agitait les arbres.

« Bon, la voie est libre, chuchota-t-il. Tu vas courir jusqu'à la barbacane en restant baissée pour que ta silhouette ne se détache pas sur l'horizon. Il ne faudrait pas qu'un garde sorte fumer une cigarette et t'aperçoive.

– Que je coure jusqu'à quoi ?

– Jusqu'à la barbacane, cette grande construction carrée qui sert d'entrée, en avant du mur.

– D'accord.

– Allez, vas-y ! »

Peggy prit son élan. Il laissa passer trente secondes puis il la suivit en courant, courbé en deux.

Une fois à la barbacane, ils firent une pause. La cour au-delà de l'entrée était sombre et déserte. Aucun mouvement perceptible. Au loin, Holliday entendit la rumeur plaintive d'un train qui passait.

« Si ça se trouve, Drabeck nous a raconté des bobards, et nous sommes en train de perdre notre temps, dit Peggy.

– Tu as le trac ?

– Disons que j'ai un tout petit peu l'impression de commettre un crime.

– N'exagérons rien ! C'est peut-être une violation de propriété, mais rien de plus.

– Pour l'instant.

– Pour l'instant, oui. »

Ils laissèrent passer quelques secondes supplémentaires, le temps de reprendre leur respiration.

« Et maintenant ? demanda Peggy d'une voix encore haletante, à demi penchée en avant, mains appuyées sur les genoux.

– Il va falloir courir de nouveau, jusqu'à la seconde barbacane, celle qui fait face à la douve. De là, on traverse le pont et on entre dans le donjon.

– Tu passes devant, cette fois. Priorité à l'âge sur la beauté.

– Tu parles ! »

Il s'avança doucement de quelques centimètres pour observer l'intérieur de la cour. À quelques pas, il distinguait la silhouette régulière du massif de pierres qui avait été la demeure seigneuriale du maître des lieux en temps de paix. Un peu au-delà se détachait une construction circulaire en pierre – sans doute le puits du château – et, plus loin encore, le donjon de dix mètres de côté et trente de hauteur s'élançait vers le ciel nocturne.

La cour centrale était envahie de mauvaises herbes montées en graines. Rien n'indiquait que des gardiens, ou même de simples visiteurs, soient passés par là : aucun déchet par terre, pas un mégot, pas une canette de soda vide. Kellerman tenait bien sa maison. Holliday inspira à fond, laissa l'air s'échapper lentement de ses poumons, puis fonça en avant, ne s'arrêtant qu'une fois dans l'ombre protectrice de la barbacane du donjon, de l'autre côté de la cour. Il se retourna et regarda Peggy traverser à son tour l'espace découvert en tricotant de ses longues jambes, son sac en jean sur l'épaule.

« Voilà, dit-elle en le rejoignant quelques secondes plus tard. Et ensuite ? »

Holliday leva les yeux. La voûte du passage où ils se trouvaient était percée à espaces réguliers de trous par où les défenseurs pouvaient verser de l'huile bouillante sur les assaillants.

Le passage s'ouvrait sur l'étroite levée de terre qui permettait de franchir le fossé. Au cours des siècles passés, cette levée avait dû être un pont-levis en bois jeté sur des douves remplies d'eau, ou hérissées de pieux pointus destinés, tels des obstacles antichars avant la lettre, à gêner l'approche des engins de siège et des sapeurs cherchant à miner les murailles. Holliday se surprit soudain à imaginer ceux qui s'étaient tenus dans cette barbacane avant lui. Le sang de l'Histoire avait jadis irrigué des lieux comme celui-ci, les avait imprégnés, puis s'était détourné d'eux, les transformant en ruines oubliées. Quels chevaliers en armure étaient passés sous cette voûte ? quels princes ? quels rois ?

« Alors, on se fait un petit trip d'historien ? demanda Peggy, souriant dans la pénombre.

– Oh, tais-toi ! Tu me connais trop bien ! répondit-il affectueusement. Allez, on y va ! »

Courant sur la levée, ils traversèrent les douves qui n'étaient plus qu'un fossé en courbe à peine marqué et colonisé par les herbes folles, puis ils s'engouffrèrent sous le porche du donjon et pénétrèrent dans l'édifice. Les châteaux avaient chacun leur caractère propre, mais leur architecture était aussi standardisée que pouvaient l'être les Big Macs, de Nashville à Novgorod, songea Holliday, qui avait eu l'occasion de déguster un de ces hamburgers en Russie lors d'un voyage scolaire qu'il accompagnait.

Un donjon comprenait invariablement cinq niveaux. Un rez-de-chaussée occupé par des entrepôts, un niveau administratif, un étage servant de salle d'apparat, un autre destiné aux logements, un dernier à l'armurerie. Le tout couronné par une charpente de bois recouverte de tuiles et une terrasse ouverte d'où les archers pouvaient tirer. Chaque niveau comportait ses latrines construites en encorbellement au-dessus des douves.

Au sous-sol se trouvaient les cellules des prisonniers, et, plus bas encore, le puits du donjon ainsi que la citerne servant à collecter l'eau de pluie pour le remplissage des douves, la cuisine ou le nettoyage. Des escaliers de pierre ménagés dans l'épaisseur des murs reliaient entre eux les différents niveaux selon un aménagement efficace qui garantissait l'autonomie du donjon une fois les remparts franchis par l'ennemi. Si Drabeck avait dit vrai, il leur fallait à présent chercher l'un de ces escaliers qui menait aux oubliettes et à la citerne.

Holliday scruta l'obscurité.

« Là ! » dit-il, touchant le coude de Peggy tout en désignant l'ombre plus épaisse d'une ouverture, sur sa droite.

Traversant rapidement la salle dallée, ils gagnèrent l'ouverture surmontée d'une petite arcade. Celle-ci donnait accès à un escalier étroit qui s'amorçait sur la gauche et s'enfonçait dans les profondeurs. Les degrés en étaient usés par des siècles de passage, mais peu de princes, et encore moins de rois, les avaient foulés : c'était un escalier réservé aux serviteurs et aux geôliers.

Holliday sortit de la poche de sa veste une petite lampe torche Maglite, qu'il alluma après avoir descendu deux marches. L'escalier, très raide, ne mesurait pas plus de quarante centimètres de large.

« Prends ton temps et fais attention ! » dit-il à Peggy par-dessus son épaule.

Il poursuivit sa descente, tenant fermement la lampe d'une main tandis qu'il s'appuyait de l'autre à la paroi de pierre pour préserver son équilibre. Peggy le suivait prudemment. Au pied de l'escalier, ils se retrouvèrent dans une petite cavité voûtée, face à une impressionnante porte en fer qui présentait, sur son côté gauche, quatre énormes pentures fixées au vantail par des rivets de la taille d'un pouce, et sur son côté droit une serrure de sûreté ancienne surmontée d'un loquet. Peggy tenta de l'ouvrir.

« Verrouillée, dit-elle.

– Personne ne se promène avec une clé de cette taille sur soi », remarqua Holliday.

Il promena le faisceau de sa lampe autour de lui. Aucune cachette pour une clé. Ni pot de fleurs, ni grosse pierre sur le sol, ni paillasson, ni interstice entre les blocs bien jointifs de la muraille.

« J'ai l'impression que nous avons fait chou blanc, commenta Peggy.

– Peut-être pas...

– Comment ça ?

– Benedict Arnold ! s'exclama soudain Holliday avec un claquement de doigts.

– Pardon ? »

Holliday s'approcha de la porte et examina les pentures à la lumière de la lampe. Larges d'une douzaine de centimètres et régulièrement espacées, elles tenaient toutes au battant par quatre énormes rivets, sauf celle du milieu, qui en comptait cinq. Erreur ? Réparation ? Peut-être. Mais d'un autre côté...

Il entreprit d'appuyer tour à tour son pouce sur chacun des rivets. Il ne se produisit rien, mais, sentant le troisième bouger légèrement sous la pression, il tira dessus au lieu de pousser. Le rivet jaillit de quelques centimètres hors de son logement, et un déclic prometteur se fit entendre.

« Essaie d'ouvrir, maintenant ! » dit-il.

Peggy manœuvra le loquet, et la porte pivota sur ses gonds.

« Sésame, ouvre-toi ! C'est magique ! s'exclama-t-elle. Comment as-tu eu l'idée ?

– Je me suis rappelé Benedict Arnold, qui commandait West Point avant de trahir. Après sa fuite, son domicile a été fouillé et on a découvert dans le grenier un panneau mobile secret avec une serrure comme celle-ci.

– Un petit malin, ce Benedict.

– Ne traînons pas trop ici ! Il ne s'agit plus de violation de propriété, mais d'effraction, maintenant. »

Peggy tira le vantail et ils entrèrent. Comme Holliday balayait l'espace avec sa lampe torche, le faisceau lumineux accrocha un vieil interrupteur métallique vissé au mur près de la porte. Il abaissa le levier et tout s'éclaira.

« La voilà, la *batcave*, Doc ! s'écria Peggy. Tu avais raison. »

La citerne était une salle voûtée en berceau de quinze mètres sur six avec un unique arc-doubleau à mi-longueur. Sol et voûte étaient constitués de blocs de calcaire rectangulaires si bien ajustés qu'aucun joint n'était nécessaire pour les solidariser. Des luminaires industriels pendaient de la voûte, le long de laquelle couraient des câbles électriques fixés par des crampons. Quatre immenses bannières d'apparat pavoisaient le mur du fond, toutes présentant des motifs comparables.

Sur le drapeau le plus à gauche était brodé l'insigne de l'Ahnenerbe, l'organisme nazi pour la recherche sur l'héritage ancestral, avec son cercle de caractères runiques et son épée. Celui d'à côté montrait l'épée enrubannée que Holliday avait vue tatouée sur le poignet de son assaillant, chez Carr-Harris, et gravée au-dessus de l'entrée du *Schloss* Kellerman. Le troisième était décoré d'une épée inscrite elle aussi dans un cercle de runes, mais entourée d'une oriflamme héraldique semée de dragons. Le quatrième portait l'épée et le svastika arrondi et tourné vers la droite de la société Thulé, qui se proclamait «ordre Teutonique du Graal». Les quatre étendards arboraient les couleurs nazies : rouge, blanc et noir.

«Ce Kellerman, on peut vraiment dire qu'il a un penchant pour les épées, commenta Peggy en regardant avec des yeux ronds les tapisseries aux tons criards.

– Pour une certaine épée, surtout, je le crains», dit Holliday.

Le reste de la salle était occupé par des vitrines, comme le musée du Château. Dans l'une d'elles, entre autres objets, était exposé un coffret contenant un pistolet 7,65 de collection plaqué or Mauser portant l'inscription *Meister Schießen,* «champion de tir», et, sur la crosse, une représentation de l'omniprésente épée enrubannée. Le Mauser voisinait avec un pistolet-mitrailleur Bergmann MP18 tout cabossé, et un Panzerfaust, l'équivalent du bazooka américain.

Plusieurs uniformes étaient présentés sur des mannequins, depuis une tenue de général SS jusqu'à celle, toute simple, d'un *Kaiserjäger* de la Première Guerre mondiale – un chasseur à pied – qui avait le grade de

Gefreiter, ou soldat de première classe. L'ensemble étant sans doute censé illustrer l'ascension de Lutz Kellerman des tranchées à l'état-major nazi.

Il y avait des photos de Lutz Kellerman partout. Lutz Kellerman au côté de Rommel, en Afrique du Nord, accoudé à un imposant char Panzer I. Lutz Kellerman avec Adolf Hitler et Albert Speer pendant la visite éclair de trois heures que fit le Führer de la capitale française. Lutz Kellerman en compagnie du vice-chancelier Franz von Papen et du cardinal Eugenio Pacelli, qui devait devenir le « pape de Hitler », pris sur le vif au Vatican, probablement en 1933, juste avant ou juste après la signature du *Reichskonkordat* entre les nazis et l'Église de Rome. Lutz Kellerman posant avec l'*Obersturmbannführer* SS Martin Weiss, le commandant de Dachau, sous le tristement célèbre slogan ARBEIT MACHT FREI – le travail rend libre – apposé au-dessus de l'entrée du camp.

Un cliché intéressa particulièrement Holliday : celui d'un Lutz Kellerman beaucoup plus âgé, debout près de son fils sur une colline faisant face à la colossale statue du Christ rédempteur qui domine la ville de Rio de Janeiro depuis le sommet du Corcovado, au Brésil. Sur la photo, Axel Kellerman semblait avoir dix-huit ou dix-neuf ans. Derrière eux, on voyait une Chevrolet Impala de 1959, avec ses ailerons profilés caractéristiques et ses feux arrière en forme d'yeux de chat. La preuve que Lutz Kellerman avait survécu à la guerre et était encore de ce monde à la fin des années cinquante.

Le père et le fils se ressemblaient comme deux gouttes d'eau. Même nez allongé d'aristocrate, même implantation en pointe des cheveux, même faciès de renard, même bouche vaguement féminine. La seule chose qui les différenciait vraiment était le long *Renommierschmiss*, la «cicatrice d'honneur», qui balafrait le visage de Lutz Kellerman de l'œil gauche jusqu'au menton, souvenir d'un de ces anciens duels au sabre dont l'enjeu n'était pas d'infliger des blessures mais d'en recevoir, selon une conception perverse du courage qui s'exerçait dans les salles d'escrime et non sur les champs de bataille, avec célébration au champagne après le combat.

«Doc! appela Peggy depuis le fond de la salle. Viens voir ça!»

Elle se tenait devant un grand bureau. Sur le mur, derrière elle, il y avait une photo sous verre de Hitler, et, sur le bureau lui-même, un portrait de famille dans un cadre argenté, représentant une jolie femme habillée à la mode des années quarante, un bébé dans les bras, une fillette de sept ou huit ans près d'elle; à l'arrière-plan, tout aussi reconnaissable que le Christ de Rio, se dressait, telle une griffe, la rude silhouette enneigée du Matterhorn. Il s'agissait sans nul doute de la famille Kellerman réfugiée en Suisse en attendant la suite des événements. À côté de la photo était posé un livre relié en cuir, dont la couverture était décorée à l'estampe du *Totenkopf*, la tête de mort qui servait d'insigne à la 33e division SS, chargée de garder les camps de concentration.

«Un agenda?» demanda Holliday.

Peggy ouvrit le livre. Des dates en haut des pages, des notes dans une petite écriture calligraphiée à l'encre : ils avaient manifestement affaire à un journal intime de Lutz Kellerman qui semblait couvrir l'année 1943.

«Tu peux faire des gros plans, avec ton appareil?

– Bien sûr.

– Photographie autant de pages que tu pourras !
– Ça marche. »
Peggy sortit l'appareil de son sac, ouvrit le journal à la première page et se mit à l'ouvrage. Il lui fallut près de vingt minutes pour terminer le travail. Pendant ce temps, Holliday se promenait dans la salle, examinant les pièces exposées, à la recherche d'un lien quelconque entre Lutz Kellerman et l'épée de templier qu'oncle Henry avait cachée chez lui.
Le seul objet qui lui sembla présenter un vague rapport avec ce qui l'intéressait était une photo de Himmler, Goebbels et Lutz Kellerman, debout sur la terrasse du Berghof, tasse de café à la main : un document prouvant au moins que Drabeck n'avait pas menti en affirmant que Kellerman avait fréquenté la maison de vacances de Hitler dans les Alpes bavaroises.
« Ça y est, j'ai fini, annonça Peggy en le rejoignant. Il y a environ deux cents pages. Les clichés vont être un peu flous, mais avec un bon ordinateur nous pourrons corriger ça. »
Soudain, le bruit d'une allumette frottée contre une pierre les fit se retourner.
« Herr Doktor Holliday, Fräulein Blackstock... »
Axel Kellerman se tenait dans l'embrasure de la porte, deux hommes blonds en uniforme derrière lui, équipés de fusils d'assaut Heckler & Koch G36 dernier modèle. Kellerman alluma sa cigarette puis souffla la flamme de l'allumette et exhala deux petits panaches de fumée par les narines.
« Comme c'est gentil à vous de me rendre visite ! dit-il avec un sourire.
– Je t'avais bien dit qu'on aurait mieux fait de venir armés », marmonna Peggy.

15

Menottés, Holliday et Peggy furent redescendus au château dans une voiturette de golf, Peggy préalablement délestée de son sac et de son appareil photo, Holliday de sa lampe torche. Ils s'arrêtèrent sur le parking où la grosse Mercedes que Holliday avait vue quitter les lieux un peu plus tôt était de nouveau garée. Les gardes tirèrent sans ménagement les prisonniers de la voiturette et les poussèrent vers la berline.

Deux autres gardes sortirent alors du château par une porte de service, encadrant la silhouette affaissée de Rudolph Drabeck, lui aussi menotté. Les deux premiers gardes disparurent à l'intérieur du bâtiment, emportant le sac, l'appareil photo et la lampe. Les hommes qui amenaient Drabeck portaient des armes de poing. D'où il se trouvait, Holliday crut reconnaître la forme trapue de pistolets automatiques HK45.

Kellerman se tenait près de la portière ouverte de la voiture, côté conducteur.

« Selon l'expression consacrée, dit-il, nous allons vous emmener faire un petit tour. Montez à l'arrière, je vous prie ! Tous les deux !

– Certainement pas ! » répliqua Holliday.

L'un des anges gardiens de Drabeck s'approcha, saisit Holliday par le bras et le tira vers la Mercedes. En tentant de se dégager, Holliday trébucha et alla heurter Drabeck, qu'il faillit faire tomber. Le vieil homme émit un grognement surpris. Il avait été férocement frappé au visage ; du sang séché maculait ses narines et son nez brisé.

« Je vous en prie, professeur, intervint Kellerman sur le ton de la réprimande. Je préférerais ne pas avoir recours à la violence... Pas encore. »

Le garde remit Holliday droit sur ses jambes et Kellerman désigna la voiture de la pointe du menton.

« Ôtez-leur les menottes ! » ordonna-t-il.

Quand le garde se fut exécuté, Peggy et Holliday frottèrent leurs poignets endoloris.

« *Ich flehe dich an !* gémissait Drabeck, implorant. *Bitte, ich flehe dich an !*

– Que dit-il ? demanda Peggy à Holliday.

– Il supplie que nous épargnions sa vie, traduisit Kellerman sans aucune émotion dans la voix. Maintenant, montez dans la voiture, s'il vous plaît ! Nous sommes déjà en retard.

– Où nous emmenez-vous ? » s'enquit-elle.

Kellerman soupira.

« Là où personne ne vous entendra crier, et où mes tapis de prix ne risqueront pas d'être tachés par le sang, répondit-il. *Ein Schweinbetrieb*, un abattoir pour cochons que je possède près d'ici. Un endroit tout à fait approprié, en somme. Vous serez torturée sous les yeux du Pr Holliday. Les sévices s'arrêteront quand il m'aura révélé où il a caché l'épée que votre grand-père a volée.

– Il n'a pas volé cette épée, vous le savez pertinemment, intervint Holliday.

– Je n'ai pas le temps de mener un débat sémantique avec vous, professeur. Montez dans la voiture !

– Et si je refuse ? »

Kellerman soupira de nouveau, très théâtral.

« Dans ce cas, je n'aurai pas d'autre choix que de prier Stefan de briser un à un les doigts de Mlle Blackstock. »

Un argument imparable.

« D'accord », acquiesça Holliday.

Baissant la tête, il grimpa dans la Mercedes, suivi de près par Peggy, que poussait le dénommé Stefan. La portière claqua. Kellerman s'installa au volant. Un bref aboiement étouffé se fit entendre à l'extérieur. Holliday se retourna et vit Drabeck s'effondrer sur le gravier du parking.

Après avoir dévissé le silencieux de son pistolet et glissé l'arme dans son étui, Stefan prit Drabeck par les pieds pendant que l'autre garde le soulevait par les épaules. Ils transportèrent le corps derrière la voiture, dont Kellerman ouvrit la malle arrière en appuyant sur une commande. Les deux gardes hissèrent le cadavre dans le coffre, qu'ils refermèrent. Ensuite, Stefan vint s'asseoir près de Peggy, tandis que son collègue montait à l'avant, à côté de Kellerman. Stefan ressortit son automatique de son étui et le posa sur ses genoux, son index épais replié autour de la queue de détente.

« Vous n'aviez pas besoin de le tuer ! protesta Peggy entre ses dents serrées, les yeux mouillés de larmes.

– Il ne nous était plus d'aucune utilité, répondit froidement Kellerman après lui avoir jeté un coup d'œil dans le rétroviseur. *Zeit in die Heia zu gehen, jawohl?* ajouta-t-il à l'adresse de son voisin.

– *Dein Wunsch ist mir Befehl, Mein Herr»*, dit celui-ci en riant.

Kellerman mit le contact et passa la marche arrière. Ils reculèrent, repartirent en avant, puis s'engagèrent dans l'allée bordée d'arbres qui descendait en zigzags jusqu'à la route. Ils prirent à droite à la jonction, tournant le dos à Friedrichshafen, pour s'enfoncer dans la nuit, en direction du nord et des montagnes proches.

«Et si vous m'expliquiez pourquoi cette épée a une telle importance pour vous? suggéra Holliday après avoir essayé d'ouvrir la portière et constaté que Kellerman avait actionné le verrouillage centralisé. Je sais bien que vous êtes fou, mais même un fou ne tue pas pour un objet souvenir.

– Vous tentez de me faire perdre patience, j'imagine, répondit Kellerman sans quitter des yeux la route obscure. Une tactique digne d'un débutant. Franchement, j'attendais mieux d'un homme comme vous.

– C'est que je suis un peu tendu en ce moment, répliqua Holliday, ironique.

– L'épée m'appartient, continua Kellerman. Elle fait partie de l'héritage familial.

– Ce n'est qu'une épée. Et même pas de très bonne qualité. Il n'est pas difficile d'en trouver de semblables. Essayez eBay, la prochaine fois, cela vous évitera d'assassiner des innocents!

– Derek Carr-Harris était tout sauf innocent, affirma Kellerman avec un rire sépulcral totalement dénué d'humour. C'était un meurtrier de sang-froid, tout comme votre oncle.

– N'importe quoi! s'écria Peggy avec colère.

– Mon oncle était un médiéviste, dit Holliday. Pendant la guerre, il était attaché au service des Monuments historiques, Beaux-Arts et Archives, une entité militaire créée pour seconder la commission Roberts, établie par Roosevelt. Ce service était chargé de protéger le patrimoine culturel des vols et des destructions. Y compris le patrimoine allemand.

– Tout à fait exact, concéda Kellerman. À ce détail près que ce service a aussi servi de couverture à toutes sortes d'opérations de renseignement britanniques et américaines à la fin de la guerre... »

Kellerman s'interrompit, le temps de croiser un camion qui passa bruyamment, la lumière de ses phares inondant un instant l'intérieur de la voiture.

« Vous qui êtes quelque peu spécialisé dans l'histoire militaire, professeur, avez-vous par hasard entendu parler d'une certaine opération *Werewolf*, l'opération *Loup-Garou* ?

– Naturellement. Il s'agissait d'un plan de défense de la dernière chance conçu par Himmler et mis en œuvre par un *Obergruppenführer* SS nommé Prützmann. Le *Werewolf* était un ensemble d'unités qui menaient une guérilla d'arrière-garde derrière les lignes ennemies.

– Et qui rappelle curieusement l'“armée de la Tribulation” décrite dans une série de romans populaires américains d'inspiration chrétienne, n'est-ce pas ? Mais l'opération *Werewolf* à laquelle je fais allusion n'est pas celle-là. Je veux parler d'un projet commun mis sur pied par des responsables du renseignement britanniques et américains au plus haut niveau. Winston Churchill appelait plaisamment les hommes qui y participaient la “brigade des *Kammerjäger*”. Vous savez ce qu’est un *Kammerjäger*, professeur ?

– Je devine.

– L’expression signifie “exterminateur de nuisibles”, monsieur Holliday. La mission de ces *Kammerjäger* consistait à localiser et à traquer les officiers supérieurs SS et les dignitaires du Reich dont le nom figurait sur une certaine liste, puis à les assassiner... “Ce que vous faites dans la vie résonne dans l’éternité.” Vous connaissez cette citation, Herr Doktor Holliday ?

– Russell Crowe dans le film *Gladiator*, répondit Holliday, peinant de plus en plus à cerner la personnalité de son interlocuteur.

– Des paroles d’une grande vérité, professeur. Votre oncle et son ami anglais les ont écrites en lettres de sang au cours du printemps et de l’été 1945. Mon père était sur la liste noire de Churchill, et votre oncle, ainsi que Derek Carr-Harris, faisait partie de la brigade de tueurs des *Kammerjäger*. Je sais de source sûre qu’ils sont responsables de l’assassinat de plus d’une vingtaine d’hommes de valeur en Allemagne, en Autriche, et à Rome. Ils ont failli attraper mon père, et, s’ils l’avaient fait, je ne doute pas qu’ils l’auraient abattu sur-le-champ.

– Vous mentez ! s’insurgea Peggy. Grand-père n’a jamais tué personne ! »

Devant eux, la route était entièrement plongée dans l’ombre. Des arbres la bordaient de chaque côté. Aucune circulation. Pas même une lueur de phares dans le lointain. Il était impossible de savoir combien de temps il leur restait à rouler avant d’atteindre leur destination.

C’était maintenant ou jamais.

Holliday se pencha légèrement en avant. Le garde assis sur le siège avant se crispa et sa main se dirigea vers l'étui qui contenait son arme.

« Kellerman ?

– Oui ?

– *Fick' dich selber, du Arschloch !* » murmura Holliday dans l'oreille de l'Allemand.

Il fit glisser de sa manche dans le creux de sa main droite le crayon qu'il avait subtilisé dans la poche de Drabeck sur le parking puis, lançant brusquement en arrière son bras tendu de façon à passer devant le buste de Peggy, il plongea la mine pointue dans l'œil droit de Stefan, atteignant son cerveau et le tuant net. Le cri du garde mourut dans sa gorge en même temps que lui tandis qu'un liquide visqueux s'écoulait de son œil crevé sur sa joue.

Laissant le crayon où il était, Holliday saisit le pistolet automatique que la main inerte du mort tenait encore sur ses genoux, et, après avoir fait sauter d'un coup de pouce le cran de sûreté, il tira à plusieurs reprises à travers le dossier du siège avant droit tout en faisant à Peggy un écran de son corps.

La garniture du siège explosa sous les balles, qui atteignirent à l'aine et à l'abdomen le garde déjà tourné vers l'arrière. Aux détonations qui éclataient avec la violence du tonnerre dans l'habitacle fermé répondirent les hurlements de l'homme, qui tressautait à chaque impact et finit par s'abattre contre le tableau de bord. Holliday leva alors le pistolet au-dessus du dossier et tira encore deux fois, visant la gorge et le visage. Le crâne du garde éclata comme un œuf, éclaboussant le siège et le pare-brise d'un mélange de sang, de cervelle et de fragments d'os. Kellerman donna un coup de volant et la voiture manqua de quitter la route dans un crissement de pneus. Holliday lui planta le canon de l'automatique dans le cou.

« Garez-vous ! ordonna-t-il. Tout de suite ! »

En silence, Kellerman guida la Mercedes vers les gravillons du bas-côté. Il régnait dans la voiture une odeur de sang et de poudre. Holliday fit jouer sa mâchoire pour combattre le bourdonnement qui lui remplissait les oreilles. Son organisme était saturé d'adrénaline et il avait un goût de bile dans la bouche. Dans d'autres circonstances, il aurait vomi.

« Déverrouillez les portières ! dit-il quand ils eurent stoppé. Faites seulement mine de prendre une arme, et vous êtes mort ! »

Kellerman acquiesça d'un mouvement de tête à peine perceptible, et, abaissant sa main gauche contre sa portière, il toucha un bouton. Il y eut un déclic sourd. Holliday regarda à travers les vitres. Des sous-bois sombres à droite comme à gauche. Ils étaient en pleine forêt.

« Ça va, Peggy ? demanda-t-il.

– Oui », répondit-elle d'une voix étranglée.

Le corps de Stefan était affalé contre elle comme celui d'un amant endormi.

« Ouvre la portière et pousse-le dehors !

– Je ne veux pas le toucher.

– Fais ce que je te dis ! Nous n'avons pas beaucoup de temps.

– Bien... »

Se penchant par-dessus le cadavre, elle parvint à ouvrir la porte, puis elle le poussa non sans effort à l'extérieur. Le haut du corps bascula hors du véhicule, mais les jambes ne suivirent pas, et elle dut s'escrimer encore des pieds et des mains pour venir à bout de sa besogne. Holliday jeta un coup d'œil à travers le pare-brise maculé de sang. Aucune voiture en vue.

« Maintenant, sors le type du siège avant !

– Oh non, je t'en prie !

– Fais-le, Peggy ! »

Elle descendit, enjamba Stefan et ouvrit la portière avant. Avec une grimace de dégoût, elle empoigna par le bras le corps presque sans tête et le tira dehors.

« Et maintenant ? demanda-t-elle depuis l'accotement.

– Prends le pistolet qu'il a dans son étui ! Tu verras un petit levier avec un S dessus. Pousse-le vers le bas ! Ensuite, tu tiens Kellerman en respect. S'il fait quoi que ce soit qui t'inquiète, appuie sur la détente autant de fois qu'il le faudra pour te rassurer !

– Entendu. »

Elle s'agenouilla près du corps et prit l'arme, dont elle ôta le cran de sûreté avant de la braquer vers l'intérieur de la voiture. Holliday reporta son attention sur Kellerman.

« Je vais descendre, et vous allez en faire autant, dit-il. Un geste de travers et je vous tue, compris ?

– Oui.

– Allez-y ! Sans mouvement brusque ! »

Les deux hommes sortirent de la Mercedes. Dehors, l'air sentait les aiguilles de pin. Une légère brise passait dans les arbres comme un soupir. La lune se levait. Holliday se serait cru dans une forêt de conte de fées.

« Contournez la voiture par l'avant et arrêtez-vous sur le bord de la route ! »

Kellerman obéit. Il avait à peine ouvert la bouche depuis que les rôles s'étaient inversés, même pas cinq minutes plus tôt. Holliday le suivit, le HK45 braqué sur ses reins. Quand il fut sur le bas-côté, Kellerman regarda les corps affaissés de ses gorilles.

« Stefan a un fils de deux ans, et Hans allait se marier, commenta-t-il.

– Épargnez-nous vos pleurnicheries ! Ça ne vous va pas, dit Holliday.

– Je vous tuerai pour ce que vous venez de faire, promit Kellerman.

– Qu'est-ce que ça change ? Vous aviez déjà l'intention de nous tuer de toute façon. Peggy, fouille-le ! Vois s'il est armé, et s'il a un portable !

– C'est vraiment indispensable ?

– Oui. Donne-moi ton pistolet ! »

Quand elle lui eut remis l'arme, il en retira le chargeur et glissa le tout dans la poche de sa veste. Sur Kellerman, Peggy trouva un iPhone Deutsche Telekom et un minuscule 7,65 Beretta Tomcat. Holliday mit les deux objets dans son autre poche.

« Poussez vos copains dans le fossé ! » ordonna-t-il à Kellerman.

L'Allemand soutint un long moment sans rien dire le regard de Holliday, puis il tira les deux corps jusqu'au bord du fossé qui bordait le bas-côté et les fit basculer.

« Et maintenant ? demanda-t-il, grinçant.

– Maintenant, nous vous laissons, répondit Holliday. Quand la prochaine patrouille de la police de la route passera par ici, vous leur expliquerez comment vos deux employés se sont retrouvés dans l'état où ils sont. »

Peggy jeta un coup d'œil au siège avant dévasté puis s'installa à l'arrière. Sans cesser de pointer le gros pistolet sur Kellerman, Holliday grimpa derrière le volant et mit le contact.

« Je crois que je vais vomir, dit Peggy d'une voix blanche.

Je t'en prie, emmène-moi loin d'ici ! »

Holliday effectua un virage à cent quatre-vingts degrés, tournant la voiture en direction de Friedrichshafen, puis il accéléra. La haute silhouette d'Axel Kellerman se mit à rapetisser dans le rétroviseur, puis fut avalée par la nuit.

« Avec tout ça, nous avons perdu les photos, dit-il.

– Détrompe-toi ! » répondit Peggy, derrière lui.

Elle glissa la main dans la poche revolver de son jean et en sortit un rectangle de plastique plat à peine plus grand qu'une demi-tablette de chewing-gum, qu'elle montra à Holliday. Le nom Sony était inscrit sur la tranche.

« Qu'est-ce que c'est que ça ? demanda-t-il.

– Une carte mémoire. J'ai chargé toutes les photos dessus quand nous étions encore dans la cave de Kellerman. Comme je te l'ai déjà dit : bienvenue dans l'univers numérique ! »

16

« Comment te sens-tu, Peggy ? » demanda Holliday.

Le coup de feu de midi était tout juste passé, et ils étaient assis à la terrasse d'un café de la Piazza del Gesù Nuovo, à Naples. Peggy buvait une bouteille de Nastro Azzurro glacée ; Holliday en était à son deuxième cappuccino. Les miettes d'une excellente pizza margherita parsemaient un grand plat posé entre eux. Il faisait chaud et un soleil éclatant brillait dans le ciel bleu sans nuages. Un flot incessant de circulation passait bruyamment autour de la place. Deux jours s'étaient écoulés depuis leur effroyable aventure de Friedrichshafen.

« Comment je me sens ? répondit Peggy. J'en suis encore à me demander comment nous sommes passés de la Bavière à... ceci !

– En train, dit Holliday, pince-sans-rire.

– Ha ! Ha ! Ce n'est pas ce que je voulais dire.

– Je m'en doute... »

Holliday regarda la piazza. Au centre de l'esplanade pavée, légèrement en pente, se dressait l'imposante Guglia dell'Immacolata, l'obélisque baroque très travaillé qu'y avaient élevé les jésuites au XVIIe siècle pour fêter l'Immaculée Conception, en face de leur nouvelle basilique dont la place portait le nom.

La place constituait le centre historique de la vieille cité maritime, mais son prestige avait pâli depuis longtemps, et les rues qui la cernaient, foulées jadis par des prêtres et des moines des saints ordres en procession, étaient à présent bordées de bars, clubs et autres boutiques de pizza à la coupe. Les trottoirs grouillaient de touristes, tandis que les chaussées, autour de l'énorme colonne de la Guglia, étaient envahies par un étourdissant carrousel de camions et de voitures entre lesquels des scooters à moteur de machines à coudre zigzaguaient dangereusement avec des bourdonnements de moustiques enragés. Le contraste était en effet saisissant avec la route déserte des Alpes bavaroises.

Après avoir quitté Kellerman, ils étaient retournés au château pour reprendre leur voiture de location garée de l'autre côté de l'éperon rocheux, au pied des ruines. De là, abandonnant la Mercedes avec le corps de Drabeck dans le coffre, ils avaient regagné Friedrichshafen juste à temps pour attraper le dernier ferry, à 22 h 40. Après quarante-cinq minutes de traversée, ils atteignaient la rive suisse du lac, et deux heures plus tard ils étaient à Zurich. Dans un cybercafé ouvert sans interruption, Peggy avait imprimé les clichés du journal intime sur quatre-vingt-quatorze doubles pages, qu'ils avaient épluchées une à une à l'affût d'un éventuel mot ou nom familier.

Ils avaient trouvé ce qu'ils cherchaient à la date du lundi 27 septembre 1943 : le mot Naples, et un nom, celui d'Amedeo Maiuri, l'archéologue italien qui avait découvert l'épée dans les fouilles de Pompéi, quelques kilomètres au sud de la ville, au pied du Vésuve, dont l'ombre planait comme une menace sur le paysage napolitain.

Il n'en fallait pas plus pour Holliday. Dès le lendemain matin, ils avaient pris un train à grande vitesse jusqu'à Milan, puis un rapide de nuit pour Florence, la ville de Léonard de Vinci, de Michel-Ange et, bien plus tard, de Salvatore Ferragamo, le bottier des stars. À Florence, ils s'étaient rendus à l'école Berlitz locale, où ils s'étaient fait traduire les pages du journal de Lutz Kellerman qui les intéressaient. De là, enfin, ils avaient gagné Naples.

Peggy buvait lentement sa bière tout en regardant d'un air morne le tourbillon de la circulation et les gens qui passaient en jacassant sur le trottoir. L'épisode de Friedrichshafen l'avait visiblement marquée. Elle semblait épuisée et déprimée. Holliday n'en était pas surpris, car il n'était guère plus vaillant lui-même. Depuis le début de leur équipée sauvage, il avait vu mourir cinq hommes, dont trois de sa propre main. Que ceux-ci aient ou non mérité leur sort n'était pas la question : c'était lui qui les avait tués. Il avait leur sang sur les mains et cette responsabilité lui pesait lourdement.

« Tu veux laisser tomber ? demanda-t-il.

– Quoi ? répondit Peggy en sursautant.

– Est-ce que tu veux laisser tomber ? Rien ne nous oblige à continuer, tu sais ? Il nous suffit de sauter dans un avion, et nous serons chez nous pour le petit déjeuner demain matin. »

La jeune femme but une gorgée de bière, les sourcils froncés, puis reposa la bouteille et arracha quelques lambeaux de l'étiquette avec l'ongle de son pouce.

« Je ne suis pas comme toi, dit-elle enfin. Je ne suis pas soldat. Moi, j'ai l'habitude de voir les horreurs à travers un objectif, pas pour de vrai.

– Crois-moi, mon sentiment n'est pas différent du tien !

– Je voudrais être sûre que les horreurs sont derrière nous. Est-ce le cas ? »

Holliday eut un haussement d'épaules impuissant.

« Que veux-tu que je te dise ? Il existe une vieille expression qui doit remonter aux Bourbon : *Vedi Napoli e poi muori* – "Voir Naples et mourir". Une horreur entraîne une autre horreur ; une bataille une autre bataille ; une guerre génère une nouvelle guerre... Il n'y a aucune garantie que tout se déroulera sans anicroche à partir de maintenant.

– Et Kellerman ?

– Que veux-tu dire ?

– Il va laisser tomber ?

– Il sait ce que contient le journal de son père, et il a le bras long. Il n'aurait aucun mal à nous retrouver. Non, il va continuer.

– Alors, nous devons en faire autant. »

Laissant derrière eux la baie de Naples, ils prirent la direction de l'arrière-pays à bord de leur Fiat 500 de location rouge vif. Après avoir contourné la base du Vésuve en sommeil, ils s'enfoncèrent dans la campagne vallonnée. Autour d'eux, ce n'étaient que vignobles tirés au cordeau, oliveraies plusieurs fois centenaires et plantations de noyers, de noisetiers ou d'abricotiers. La région était censée être tout entière sous la coupe de la Camorra, le pendant napolitain de la Mafia, mais rien dans le paysage ne le laissait deviner.

Il était difficile d'imaginer cette contrée riante et bucolique transformée en champ de bataille, mais c'est pourtant ce qu'elle avait été, moins d'une semaine après le débarquement du 9 septembre 1943 sur les plages de Salerne soixante-quinze kilomètres plus au sud, quand les alliés progressaient vers l'intérieur des terres et vers Naples en longeant la côte, forçant l'armée allemande d'Albert Kesselring à se replier lentement vers le nord.

Le 28 septembre, à en croire son journal, Lutz Kellerman était entré dans la localité de Nola, trente kilomètres au nord-est de Naples, à la tête d'une formation de soldats d'élite détachés de la 1re division SS Leibstandarte Adolf Hitler. Cette unité disposait de half-tracks équipés de mitrailleuses lourdes, de quelques chenillettes Kettenrad, d'une demi-douzaine de chars Panzer IV et d'un command-car du genre jeep pour Kellerman. Elle avait officiellement pour mission de harceler l'ennemi partout où cela était possible, de recueillir des renseignements et de rechercher des vivres, ce qui consistait à envoyer des équipes de trois soldats pratiquer la *Brandschatzung*, c'est-à-dire piller et incendier les campagnes avoisinantes. Mais Kellerman poursuivait un but plus personnel.

Fort de ce qu'Amedeo Maiuri lui avait appris deux jours plus tôt lors d'un entretien privé dans sa maison de la banlieue napolitaine, Kellerman avait laissé au gros de sa troupe le soin de sécuriser et de pacifier le bourg pour se rendre lui-même, accompagné d'une poignée d'hommes triés sur le volet, dans un endroit que lui avait indiqué l'archéologue.

L'endroit en question était une grande villa palladienne bâtie au sommet d'un tertre, à la sortie du hameau de San Paolo Bel Sito, un kilomètre ou deux au sud de Nola. Cette propriété – nommée Villa Montesano – était l'héritière d'un long et prestigieux passé qui remontait à l'ordre cistercien des Chevaliers de Calatrava, proches alliés de leurs frères cisterciens les Templiers.

Après être passée successivement d'une famille à une autre au cours des siècles, la villa, dont l'architecture évoquait davantage une abbaye qu'une résidence privée, appartenait à une signora Luisa Santamaria Nicolini, veuve d'Henry Contieri, dont l'oncle Nicola avait été archevêque de Gaeta. Les rapports de cette propriété avec l'Église et les Templiers étaient évidents, mais, chose plus importante encore, c'était là qu'avait été mise à l'abri l'intégralité des archives de la ville de Naples : huit cent soixante-six caisses contenant plus de trente mille volumes précieux et cinquante mille documents sur parchemin datant du XIIe siècle et de l'époque des croisades.

Or, d'après Amedeo Maiuri, ces documents comprenaient, entre autres, les archives des templiers angevins ainsi qu'un ouvrage ayant appartenu au célèbre templier navigateur Roger de Flor, le marin chevalier quasi mythique qui avait réussi, pensait-on, à mettre le trésor de l'ordre à l'abri loin de la Terre sainte.

Maiuri avait eu l'occasion de voir ce livre et de lire la phrase latine inscrite sur sa couverture, indiquant que son contenu ne pouvait être compris que par le possesseur de la véritable Épée de Pèlerin. Le volume était une copie du *De Laudibus Novae Militiae*, l'épître adressée par Bernard de Clairvaux à Hughes de Payns, premier Grand Maître des Templiers et prieur de Jérusalem.

Selon son journal, donc, Lutz Kellerman était allé à la villa et y avait rencontré la signora Nicolini, la propriétaire, ainsi que le responsable des archives, un certain Antonio Capograssi, qui y résidait. Interrogés par Kellerman, ni l'un ni l'autre n'avait révélé quoi que ce soit, même quand l'Allemand avait menacé de brûler la villa et tout ce qu'elle contenait.

Capograssi avait nié catégoriquement la présence dans les archives de l'ouvrage recherché par Kellerman, montrant à ce dernier l'inventaire complet du fonds pour preuve de sa bonne foi. La liste ne faisait en effet pas davantage mention de Roger de Flor que du *De Laudibus Novae Militiae*. Dépité, Kellerman s'était alors mis à défoncer les caisses avec l'aide de ses hommes, et en particulier celle du jeune Rudy Drabeck.

Ils avaient fouillé en vain pendant plusieurs heures. Dans son journal, Kellerman notait qu'un roulement lointain de canonnade accompagnait en permanence leurs recherches. Le bruit était celui de l'artillerie alliée qui progressait depuis Salerne, ouvrant la voie vers Rome et, comme le confiait le SS dans son journal, vers une victoire inéluctable. L'Italie allait tomber et le Reich suivrait bientôt. Ce n'était qu'une question de temps. Pour finir, frustré dans ses attentes alors que le canon se rapprochait d'heure en heure, il avait donné un ordre à ses hommes : *Alles einaschern!* – « Brûlez tout ! »

Et c'est ce qu'ils avaient fait. Après avoir entassé du papier, de la paille et de la poudre aux quatre coins de chaque pièce, ils avaient mis le feu. Quelques minutes plus tard, les archives partaient en fumée. En moins d'une heure, toute la Villa Montesano flambait. Le lendemain matin, elle n'était plus qu'une ruine fumante que personne n'habiterait jamais plus, et Lutz Kellerman avait disparu.

Suivant les indications que leur avait données le loueur de voitures, à Naples, Holliday roula jusqu'à l'entrée de Nola, puis tourna dans la Via Castel Cicala, qui les ramena en pleine campagne. Après avoir contourné une haute colline circulaire couronnée par les ruines d'un ancien château, ils s'engagèrent dans un vallon boisé et encaissé. Ils tournèrent de nouveau, prenant une route plus étroite, puis rejoignirent la route Nola-Visciano, qui gravissait en lacets le flanc du vallon. Parvenus en haut du coteau, ils ralentirent.

« Ce devrait être par ici, du côté gauche, dit Holliday, scrutant les alentours à travers le pare-brise. Nous devrions voir deux piliers qui marquent l'entrée d'une longue allée.

– Si Lutz Kellerman a brûlé les archives, à quoi cela nous avance-t-il de venir ici ? demanda Peggy.

– C'est la seule piste que nous ayons pour le moment. Arrête un peu de jouer les rabat-joie !

– J'essaie plutôt de jouer les réalistes, Doc. Il faut bien ça pour contrebalancer les tendances romanesques de mon cher oncle », répondit-elle en lui donnant affectueusement un coup de poing dans l'épaule.

Holliday aperçut quelque chose du coin de l'œil et réduisit encore l'allure.

« Là ! » s'exclama-t-il, reconnaissant le repère qu'il cherchait.

Deux piliers délabrés en forme de tours gardaient l'entrée d'une allée défoncée et envahie de végétation, bordée de part et d'autre par des plantations de vieux oliviers noueux. Il engagea la voiture dans le chemin et ils avancèrent en cahotant, les hautes herbes qui poussaient entre les deux ornières frottant contre le dessous de la caisse. Des cailloux projetés par les roues frappaient les côtés de la carrosserie. Au bout d'une centaine de mètres, ils atteignirent les ruines infestées de mauvaises herbes de la Villa Montesano.

Après avoir garé la Fiat, ils s'aventurèrent parmi les pierres éparses de ce qui avait dû être autrefois une propriété orgueilleuse. Même dans cet état, la villa restait impressionnante. Le palazzo avait été orienté à l'est, face à la pente boisée. Depuis le faîte du mamelon, on découvrait Nola, et, plus loin, la ville et la baie de Naples, tel un rêve d'azur sublime qui se fondait à l'horizon dans le bleu éclatant du ciel.

Là où s'étendait jadis un somptueux jardin en terrasse surplombé par une série de loggias, une forêt de plantes adventices régnait à présent sur un amas de pierres brisées. Les superbes mosaïques qui avaient recouvert les planchers du palais gisaient, fracassées et salies par plus de soixante années d'exposition aux éléments. Sur les murs des pièces sans plafond, ouvertes au soleil comme à la pluie, des fresques achevaient de s'effacer, tachées de moisissures.

Des poutres de charpente pourrissaient sur le sol comme des ossements éparpillés. Des roitelets avaient fait leurs nids dans les linteaux des fenêtres vides. Un damier des marais aux ailes délicatement ornées de petits carreaux bruns et dorés butinait les trompettes mauves d'une sauge qui poussait à l'abri d'un chambranle de porte. Quelque part, une cigale faisait entendre ses stridulations lancinantes. Il n'y avait pas un souffle de vent ; l'air était parfaitement immobile. Un paysage de campagne figé par le pinceau de Giorgione.

Par-delà les ruines, sur le sommet aplati de la colline, se devinaient les vestiges de plusieurs dépendances et les traces de jardins d'ornement depuis longtemps oubliés et abandonnés aux broussailles. Le seul édifice apparemment intact et entretenu était une petite resserre de jardinier que côtoyaient des massifs négligés. À l'extrémité la plus éloignée du domaine, un alignement de noyers formait écran. Au-delà, on distinguait d'autres coteaux verdoyants, et, plus loin, les premiers contreforts accidentés des Apennins.

Holliday se tenait au centre de ce qui avait été l'oratoire, ou la chapelle de la villa. Des murs, seules quelques rangées de pierres subsistaient, et une partie du plancher carbonisé s'était affaissée dans la cave en dessous.

Dans des endroits comme celui-ci, Holliday avait souvent l'impression d'entendre des voix l'appeler depuis le passé. Un jour qu'il se trouvait sur le Burnside's Bridge, à Antietam, il avait cru sentir le sol du pont vibrer sous le pas des hommes et le galop des chevaux, dans la bataille la plus sanglante qui ait opposé soldats de l'Union et Confédérés pendant la guerre de Sécession. Une autre fois, alors qu'il descendait la grande avenue des Champs-Élysées, à Paris, c'était le grondement sourd des chars allemands qui était venu le hanter, comme si l'histoire reprenait vie dans son imagination. Mais cette villa était bien morte ; les fantômes eux-mêmes l'avaient fuie.

« Tu avais raison, Peggy, nous avons perdu notre temps. Il n'y a rien ici, dit-il.

– Regarde ! » répondit-elle, pointant son indcx.

Holliday suivit des yeux la direction indiquée. Venant apparemment de la ligne de noyers, un petit bonhomme légèrement voûté approchait. Il tenait un panier d'osier et portait l'habit blanc et le scapulaire noir caractéristiques des moines de Cîteaux, l'ordre fondé par saint Alberic, père spirituel des Chevaliers du Temple et de Bernard de Clairvaux, l'auteur du *De Laudibus Novae Militiae*, le texte servant de clé au message codé inscrit sur l'épée.

17

Sortant des ruines de l'oratoire, ils avancèrent à travers champs à la rencontre du moine. À en juger par les cheveux blancs qui dépassaient sous son large chapeau de paille, par ses lunettes et son visage ridé, l'homme devait avoir dans les soixante-quinze ans, ce qui signifiait que c'était tout au plus un enfant à l'époque où Kellerman avait donné l'ordre de détruire le palais.

Le panier qu'il tenait était rempli de noix.

« *Il mio nome è fratello Timòteo. Posso aiutarvi ?* Je m'appelle frère Timothée, puis-je vous aider ? dit-il d'une voix égale et douce.

– *Parla inglese ?* demanda Holliday, sachant que si lui-même parlait correctement l'italien, Peggy le maîtrisait à peine assez pour commander un repas.

– Bien sûr », répondit frère Timothée.

Son accent trahissait la culture et l'intelligence. Holliday décida d'aller droit au but.

« Nous sommes bien devant la Villa Montesano, où les archives de Naples ont été détruites en 1943 ?

– Oui, acquiesça le moine.

– Par un officier SS du nom de Lutz Kellerman ?
– Il n'a pas laissé sa carte de visite, monsieur... ?
– Holliday. Professeur Holliday, pour tout dire. »

Autant utiliser toutes les armes à disposition.

« Ah, dit le frère. Et madame ?
– Je m'appelle Peggy. Peggy Blackstock.
– Ah, répéta le moine. Un nom intéressant. Blackstock évoque les bas noirs que portaient les gens de qualité dans l'Angleterre du XVIIe siècle, de préférence aux simples bas bleus du commun des mortels. Peut-être est-ce là l'origine de votre nom... J'étais en train de ramasser des noix, ajouta-t-il en désignant le panier qu'il avait posé à ses pieds. Je conduis des expériences afin de déterminer si l'extrait de noix peut servir d'adjuvant dans les traitements de la tension. Peut-être accepterez-vous de m'expliquer ce que vous faites ici ? »

Le ton n'était pas celui d'une question. Le message était clair : frère Timothée, mélange peu banal d'étymologiste et de chercheur en habit monastique, n'était ni un paysan mal dégrossi ni un imbécile. Holliday avait intérêt à procéder avec tact.

« C'est un peu compliqué... » commença-t-il, hésitant.

Le moine reprit son panier.

« Je suis vieux et fatigué, dit-il. Les stations prolongées en plein soleil ne me valent rien et me font gonfler les pieds comme des saucisses. Accepteriez-vous de boire un thé en ma compagnie ? J'ai ce qu'il faut dans l'abri de jardin. »

Ils le suivirent.

La remise consistait en une pièce unique, confortable, éclairée par des fenêtres sur ses quatre côtés. Des étagères chargées de pots de fleurs en terre cuite couraient le long des murs. Le sol, dallé, était recouvert d'un tapis en corde tressée. Sous une des fenêtres, frère Timothée s'était aménagé une oasis, avec un petit bureau, un réchaud de camping, une bouilloire, une vieille théière marron et plusieurs mugs en céramique. Il y avait aussi quelques citrons dans une coupe en bois, un couteau à légumes et un bocal en verre rempli de morceaux de sucre. Au-dessus des ustensiles, quelques livres poussiéreux s'alignaient sur une étagère. Holliday lut le premier titre : *Nova Genera et Species Plantarum*, d'Alexander von Humboldt et Aimé Bonpland. À côté de ce volume, il vit ce qui lui sembla être une édition italienne du *Dictionnaire pratique de jardinage*, de George Nicholson.

Deux vieux fauteuils et une ottomane en cuir rembourré complétaient le mobilier. Il régnait dans cette espèce de cellule monastique une bonne odeur de bois de pin et d'argile cuite. Après avoir consacré un moment à préparer le thé, le moine s'assit dans un des fauteuils et invita d'un signe Peggy et Holliday à l'imiter. Peggy prit place sur l'ottomane, Holliday dans l'autre fauteuil.

« Nous sommes ici à propos de l'épée », dit celui-ci nonchalamment, tout en guettant une éventuelle réaction sur le visage de frère Timothée... qui resta impassible.

– L'épée ? répéta le religieux, sur le ton de l'intérêt poli.

– Je veux parler d'une épée de templier trouvée par Amadeo Maiuri dans les ruines de Pompéi et offerte à Adolf Hitler par le Duce, Benito Mussolini. »

Frère Timothée éclata de rire.

« Que viendrait faire une épée de templier dans les ruines de Pompéi ? dit-il. L'éruption du Vésuve date de l'an 79 de notre ère, ce qui est bien antérieur aux croisades ! Et pourquoi un archéologue italien aussi renommé qu'Amadeo Maiuri serait-il allé donner quoi que ce soit à Mussolini et à ce bandit de Hitler ? J'ai bien l'impression que quelqu'un s'est moqué de vous.

– Comme vous êtes peut-être en train de vous moquer de nous en ce moment même ? D'après les historiens français, l'ordre des Templiers fut fondé par Hughes de Payns, un chevalier champenois, mais il existe de nombreuses preuves que cet Hughes de Payns était en fait un Italien nommé Hugo de Paganis, natif de Nocera dei Pagani, en Campanie, dont la ville principale est Naples. À vol d'oiseau, Nocera est à environ vingt kilomètres de Pompéi, un peu plus par la route côtière que tout le monde empruntait pour se rendre à Naples, à l'époque. Il n'y aurait donc rien d'étonnant à ce que cette épée ait été trouvée à Pompéi.

– Je vois que l'histoire des Templiers ne vous est pas étrangère, dit frère Timothée en versant le thé. Un peu de citron ? Du sucre ? »

Ils prirent les deux.

« Je sais aussi que l'épée trouvée par Maiuri porte une inscription, reprit Holliday. *Alberic in Pelerin fecit*. Fabriquée par, ou pour, Alberic au château Pèlerin – le dernier château fort croisé qu'aient possédé les Templiers en Terre sainte. Autrement dit, par, ou pour, Cîteaux, l'ordre fondé par Alberic... Celui auquel vous appartenez, frère Timothée...

– Vous savez vraiment beaucoup de choses, dirait-on, commenta le moine en dégustant tranquillement son thé.

– Je sais en outre que cette épée recelait un message codé dont la clé se trouve dans un exemplaire particulier du *De Laudibus Novae Militiae*, une épître écrite par...

– Par saint Bernard de Clairvaux à Hughes de Payns, ou Hugo de Paganis, selon les points de vue, dit frère Timothée en l'interrompant. Et l'exemplaire dont vous parlez avait été dissimulé parmi les dizaines de milliers de livres et de documents des archives d'État de Naples. Comme le disaient les hippies du temps de ma jeunesse, monsieur Holliday, la vie est un éternel recommencement, ajouta-t-il avec un sourire facétieux.

– Donc, vous avez entendu parler de cette épée ?

– Bien sûr. Il y a des années que j'en entends parler. On la nomme tantôt “Épée de Pèlerin”, tantôt “Épée unique et véritable”, ou encore, “véritable Épée de Pèlerin”. Un mythe du temps des croisades.

– Il ne s'agit pas d'un mythe. Cette épée existe bel et bien, vous pouvez me croire.

– Comment connaissez-vous l'existence de l'exemplaire particulier de l'épître ? intervint Peggy.

– À cause de l'avertissement qui figure dessus : “Le contenu du présent ouvrage ne pourra être compris que par le possesseur de la véritable Épée de Pèlerin.” La couverture est en argent massif, le titre en incrustations d'or.

– Vous l'avez donc vu ? » demanda Holliday, sentant soudain son espoir renaître.

Si frère Timothée avait eu sous les yeux la fameuse copie de l'épître, cela signifiait en effet que le volume avait survécu à l'incendie des archives.

« Oui, répondit le moine. C'est une lecture édifiante. Un saint faisant l'apologie de ceux qui versent le sang au nom du Christ. Une philosophie qu'ont depuis adoptée des hommes moins pétris de sainteté, comme plusieurs de vos présidents, par exemple.

– Mais vous n'avez pas pu connaître l'existence de ce livre pendant la guerre, vous étiez trop jeune, objecta Peggy, ignorant l'allusion à la politique américaine et prenant Holliday de vitesse.

– J'avais neuf ans, à l'époque, et j'étais un enfant trouvé. Notre abbaye, l'abbazia di San Martino di Camaldoli, se trouve sur la butte voisine, à moins d'un kilomètre d'ici. J'ai regardé brûler le palais depuis la fenêtre de ma chambre. Il a brûlé tout un jour et toute une nuit. Frère Albano, notre abbé – l'homme qui m'a élevé – en pleurait.

– Je ne comprends pas bien, dit Holliday. Quel rapport y avait-il entre votre abbaye et les archives ?

– La Villa Montesano était à l'origine le prieuré de San Martino. Puis l'abbaye a vendu la propriété, mais en conservant la gestion des terres. Cette disposition est toujours en vigueur, d'ailleurs, ce qui explique que je puisse venir ici ramasser des noix. »

Le moine but une gorgée de thé, ajouta une rondelle de citron dans sa tasse, puis poursuivit :

« Frère Albano n'était pas seulement notre abbé. Il occupait également les fonctions de sacristain et était à ce titre personnellement responsable du *scriptorium* et de la bibliothèque, qui faisaient la réputation de notre abbaye. Or il savait, pour l'avoir eu comme élève lorsqu'il enseignait au pensionnat des pères salésiens de Faenza, que Mussolini nourrissait depuis l'enfance un profond mépris pour la religion catholique, et il craignait que le Duce, à l'image d'Henry VIII en Angleterre, n'exerce sa vengeance sur les monastères. En prévision d'une telle éventualité, il cacha donc les ouvrages les plus précieux de l'abbaye dans la Villa Montesano, et, avant de mourir, il m'en confia la garde, en attirant particulièrement mon attention sur l'exemplaire du *De Laudibus Novae Militiae*.

– Comment se fait-il qu'il n'ait pas été détruit dans l'incendie, ou que Lutz Kellerman ne l'ait pas trouvé ? demanda Peggy.

– Connaissez-vous le sens du mot *crypsis* ?

– Cryptage ? Encodage ? hasarda Holliday.

– "Subterfuge", plutôt. La *crypsis* est la capacité d'un organisme à échapper à la détection.

– Le camouflage ? suggéra Peggy.

– Tout à fait, acquiesça frère Timothée. Songez à la mante feuille-morte, qui a exactement l'aspect que son nom suggère. Ou au podarge gris d'Australie, dont le plumage imite parfaitement l'écorce d'un arbre. Ou encore à la vipère du Gabon, dont les couleurs se confondent avec celles du sol de la jungle. Tous ces animaux sont dits "cryptiques". »

Il s'interrompit, retira la rondelle de citron de son thé, la mit dans sa bouche, mâcha pensivement la pulpe quelques instants, posa le zeste nu sur la table, puis reprit son récit, de sa voix docte et apaisante.

« Frère Albano s'intéressait en amateur aux sciences naturelles ; c'était un disciple du célèbre naturaliste italien Francisco Minà Columbo. Son sujet de prédilection était le lézard des murailles, *Podarcis muralis*, un reptile cryptique très commun par ici. Albano était fasciné par la capacité de cet animal à se camoufler dans son environnement.

– Je ne vois pas vraiment le rapport avec le livre, intervint Peggy, manifestement désappointée.

– Moi si, dit Holliday. Cela signifie que le livre était à la fois caché et en évidence.

– Et où cacheriez-vous un livre de sorte qu'il soit en évidence ? demanda frère Timothée en souriant.

– Dans une bibliothèque, répondit Peggy.

– Exactement ! s'exclama gaiement le moine, frappant ses mains l'une contre l'autre. Dans la bibliothèque de la Villa Montesano.

– Mais cette bibliothèque n'a-t-elle pas brûlé en même temps que les archives ? objecta Holliday.

– Vous allez comprendre. Depuis plusieurs jours, des patrouilles de soldats à moto écumaient le pays à la recherche de nourriture – veaux, volailles, ce genre de chose. La veille de l'incendie, une de ces patrouilles est passée à la villa... »

Le vieil homme s'interrompit de nouveau pour rajouter un sucre dans son thé.

« Les soldats n'ont rien pris, mais ils ont bousculé la propriétaire, signora Nicolini, ainsi que le directeur des archives, qui résidait sur place, un certain Antonio Capograssi, si mes souvenirs sont exacts. Dès la patrouille repartie, signora Nicolini a couru à l'abbaye avertir frère Albano, dont les craintes se sont trouvées confirmées. Ne pouvant rapporter les précieux manuscrits à l'abbaye, où ils auraient pu être découverts, il leur a trouvé une nouvelle cachette.

– Où ça ? s'enquit Peggy.

– Ici même, répondit frère Timothée en tapotant le dallage du bout de sa sandale. Sous le sol de cette humble cabane de jardinier.

– Mais ils n'y sont plus, je suppose ? » demanda la jeune femme, qui regarda d'un œil ébahi les dalles lisses sous ses pieds.

Le moine s'esclaffa.

« Bien sûr que non ! Le *De Laudibus* est rédigé sur du *gvil*, de la peau de daim mort-né ou de fœtus de daim. C'était le support d'écriture le plus commun au temps des croisades. L'ironie veut d'ailleurs que ce soit sur ce même matériau qu'étaient transcrits les textes sacrés des Juifs, comme les Sifrei Torah. Il se serait décomposé s'il était resté sous ce plancher. Mais il a été de nouveau mis en lieu sûr.

– Où ? » demanda à son tour Holliday.

Sans répondre, frère Timothée se laissa aller en arrière dans son fauteuil. Dehors, la cigale avait cessé de chanter. Un nuage passa devant le soleil, obscurcissant un instant l'intérieur de la resserre. Holliday crut entendre au loin le grondement sourd d'un orage d'été. Quand le moine reprit enfin la parole, ce fut pour déclarer :

« Vous avez posé assez de questions. À mon tour, maintenant.

– Que désirez-vous savoir ?

– De quelle manière vous avez été amenés à connaître l'existence de l'Épée de Pèlerin.

– Elle appartenait à mon oncle. Il l'avait trouvée à la fin de la guerre, dans le Berghof.

– La résidence de vacances de Hitler, compléta frère Timothée en hochant la tête.

– C'est cela.

– Qui est votre oncle ?

– Était, précisa Holliday. Il nous a quittés depuis peu. Il s'appelait Henry Granger. Il était médiéviste.

– C'était aussi mon grand-père, ajouta Peggy.

– Henry Granger, oui... l'auteur de *Gardiens de la Ville sainte*, une somme définitive sur la question des Templiers à Jérusalem. Une excellente étude. Je l'ai lue. »

Le vieil ecclésiastique se tut, esquissa une moue, puis :

« Où se trouve l'épée, à présent ?

– En sûreté, comme votre exemplaire de l'épître d'Alberic.

– Ce nazi auquel vous faisiez allusion, Kellerman, quel rôle joue-t-il dans tout cela, mis à part le fait qu'il a brûlé les archives ?

– C'est une longue histoire.

– J'ai tout mon temps », répondit le moine, flegmatique.

Alors Holliday et Peggy lui révélèrent tout ce qu'ils savaient. Cela leur prit un peu plus d'une heure.

Quand ils eurent terminé leur exposé, le vieil homme chenu ôta ses lunettes, les essuya sur la large manche de son habit, puis les rajusta sur son nez et jaugea ses hôtes du regard.

« Comment puis-je être sûr que ce que vous me racontez là est la vérité ? dit-il enfin.

– Pourquoi mentirions-nous ? s'exclama Peggy, s'emportant légèrement. D'ailleurs, nous avons l'épée.

– Prouvez-le !

– Montre-lui, Doc ! »

Holliday se leva et ôta sa ceinture de voyage Tilley Endurables, qui datait de sa première mission dans le Golfe et montrait la patine rassurante des accessoires auxquels on tient. Retournant la ceinture, il défit la fermeture Éclair de la poche qu'elle dissimulait, puis tira de celle-ci avec précaution le long filigrane d'or qui avait entouré la soie de l'épée. Il avait plié le fil en trois pour qu'il entre dans la poche, et il le portait caché sur lui depuis leur départ de Fredonia. Il le présenta à frère Timothée, qui le prit.

« Si vous observez attentivement, dit-il, vous constaterez que le fil comporte des encoches à intervalles réguliers et irréguliers. La matière n'est pas de l'or pur, mais un alliage – probablement de l'électrum, un mélange d'or et d'argent. L'électrum est beaucoup plus dur que l'or, ce qui explique que ces marques ne se soient pas estompées.

« Comme je vous l'indiquais, certaines des encoches sont parfaitement équidistantes. Et je suis prêt à parier que les intervalles entre elles correspondent exactement à la largeur des pages de votre *De Laudibus*. En regardant de très près, vous verrez aussi qu'il y a des chiffres romains gravés dans le métal entre les plus petites encoches.

« À mon avis, ces chiffres renvoient à des numéros de pages, et les petites encoches doivent marquer l'emplacement de certaines lettres du texte. Un procédé simple mais très ingénieux. Pour que le système fonctionne, il fallait que les copies du manuscrit soient tout à fait identiques à l'original. J'ignore qui était le scribe, mais il devait être extrêmement appliqué.

– Le scribe en question était une femme, en réalité, rectifia frère Timothée, pieusement penché sur le filigrane. Sœur Diemut von Wessobrunn, une bénédictine célèbre en son temps. Les copies sont effectivement identiques. L'une était destinée à l'abbaye de Clairvaux, l'autre, pour l'usage de Roger de Flor et des Templiers, au château Pèlerin, à l'autre extrémité de la voie de communication entre Occident et Terre sainte.

– Je me demande qui la portait, cette épée, dit Peggy, songeuse.

– Cela aussi, nous le savons, répondit le moine. Il s'appelait Sir Robert de Sales. C'était un chevalier anglais inféodé à Guillaume de Rochefort, Vice-Maître du temple de Jérusalem et évêque d'Acre. Robert de Sales prit le chemin de la France par voie terrestre, tandis que Roger de Flor voyageait par mer. De cette façon, ils s'assuraient que le message parviendrait bien à Clairvaux. Malheureusement, Sir Robert mourut en route, peu avant d'arriver à Naples.

– Et perdit son épée, ajouta Peggy.

– Comme je le disais, la vie est un éternel recommencement, rappela frère Timothée en souriant.

– Bien, dit Holliday. Maintenant que nous avons étalé nos cartes, que diriez-vous d'un échange de bons procédés ? »

Le vieux moine lui rendit le filigrane et le dévisagea longuement.

« Croyez-vous en Dieu, monsieur Holliday ? demanda-t-il enfin.

– C'est une question dont j'ai passé la plus grande partie de ma vie à chercher la réponse. Pourquoi me la posez-vous ?

– Parce que si vous croyez en Dieu, vous devez croire au paradis, et si le paradis existe, il doit aussi y avoir un enfer, selon le raisonnement de mes amis jésuites, et c'est dans cet enfer que je vous enverrai croupir si vous m'avez menti. »

Holliday éclata de rire.

« C'est bien la menace la plus tarabiscotée que j'aie jamais entendue, dit-il. Mais soyez sans crainte, tout ce que nous vous avons raconté est vrai, du moins à notre connaissance.

– Bon. Je veux bien vous croire sur parole. »

Se levant, il se pencha au-dessus de la table et prit sur l'étagère le *Nova genera et species plantarum*, relié en cuir, qu'il tendit à Holliday.

« Alexander von Humboldt, l'homme qui a donné son nom au courant de Humboldt. Il est né au milieu du XVIIe siècle, si je ne me trompe pas. Un peu tardif, par rapport à l'époque qui nous intéresse, vous ne trouvez pas ? commenta Holliday.

– Un autre exemple de *crypsis*. Ouvrez-le ! »

Holliday obéit. L'ouvrage n'était pas un traité de botanique du XIXe siècle. Ce que recelait la vieille reliure de cuir n'était autre qu'une superbe photocopie en couleur d'un manuscrit médiéval enluminé, dont il lut tout haut les premières lignes en latin :

« *"In principio creavit Deus caelum et terram terra autem erat inanis et vacua et tenebrae super faciem abyssi et spiritus Dei ferebatur super aquas dixitque Deus fiat lux et facta est lux."* »

Il fit une pause, puis traduisit sans mal les versets familiers :

« "Au commencement Dieu créa les cieux et la terre. La terre était déserte et vide. Il y avait des ténèbres au-dessus de l'abîme et l'esprit de Dieu planait au-dessus des eaux. Dieu dit : 'Qu'il y ait de la lumière !' et il y eut de la lumière." »

Holliday regarda le vieux moine.

« Ce sont les premiers versets de la Genèse tels qu'ils apparaissent dans la Vulgate, traduits directement de l'hébreu, et non du grec, dit-il.

– Bravo ! s'exclama frère Timothée. Comme vous le savez, la plupart des écrits religieux du Moyen Âge commençaient par une prière ou une citation des

Écritures. Essayez le fil d'or et dites-moi ce que vous trouvez ! »

Il ouvrit un petit tiroir, d'où il sortit un bloc-notes et un crayon. Holliday rapprocha son fauteuil de la table et se mit à l'ouvrage sous l'œil attentif de Peggy. Il ne lui fallut pas longtemps pour déchiffrer les premiers mots d'un message resté ignoré depuis plus de huit cents ans.

« "À notre Révérend Père dans le Christ, ainsi qu'à tous nos amis des royaumes de France qui recevront la présente épître : Les mots qui suivent sont ceux de l'Évêque Guillaume de Rochefort, Vice-Maître du Temple. Prêtez-y attention !"

– Ça marche ! s'écria Peggy. Continue, Doc ! »

La nuit était presque tombée quand Holliday acheva la traduction complète du message secret, et sa transcription sur le bloc-notes. Le texte, conçu à l'évidence pour être lu comme un poème, était le suivant :

En l'eau noire de Pèlerin la forteresse
Est un rouleau d'argent précieux,
Grande source de sagesse
Ceinte d'augustes murs silencieux.
Par la voix du défunt Saladin qui résonne,
De combattre à nouveau il nous somme.

« La forteresse du Pèlerin était une autre façon de nommer le château Pèlerin, indiqua frère Timothée.

– Tout cela est très poétique, mais qu'est-ce que ça signifie au juste ? demanda Peggy.

– Ça signifie que nous allons faire un petit voyage en Terre sainte, répondit Holliday. En Israël, pour être précis. »

18

« Une histoire intéressante », déclara Raffi Wanounou.

Âgé d'une petite cinquantaine, le professeur d'archéologie médiévale à l'Université hébraïque de Jérusalem était bel homme, dans le genre rugueux, avec son menton carré et allongé de Juif marocain, ses cheveux poivre et sel et les deux rides profondes qui encadraient sa bouche généreuse. Sa peau, si bronzée qu'elle en était presque cuite, appartenait à quelqu'un qui passe beaucoup de temps en plein soleil dans le désert.

Assis en face de lui dans le bureau confortable que l'université mettait à sa disposition, Peggy et Holliday venaient de lui narrer à grands traits leurs péripéties depuis leur départ des États-Unis, tout en évitant de parler des cadavres laissés sur leur route.

« Rappelez-moi ce qui vous a amenés à venir frapper à ma porte plutôt qu'à une autre ? poursuivit le professeur.

– Votre nom était mentionné dans un e-mail envoyé à mon oncle par Steven Braintree, de l'université de Toronto, répondit Holliday.

– Je connais très bien Steven, naturellement. Le Musée royal de l'Ontario fait partie des plus grands. En revanche, je ne connaissais votre oncle que de réputation.

– Le Pr Braintree vous a présenté comme un spécialiste des forteresses croisées, intervint Peggy.

– Spécialiste est un bien grand mot. »

Wanounou sourit, à l'évidence pour le seul profit de la jeune femme, et cette marque d'intérêt pour Peggy de la part d'un homme qui aurait pu être son père agaça passablement Holliday.

« Braintree vous a présenté comme un spécialiste du château Pèlerin, pour être plus précis, dit-il avec une certaine brusquerie.

– La forteresse du Pèlerin, oui. C'était mon sujet de thèse. Un château encore plus grand que le Krak des Chevaliers, en Syrie. Jamais pris pendant près d'un siècle, malgré les sièges. Le dernier bastion des Chevaliers du Temple en Terre sainte.

– Il faudrait que nous allions là-bas, dit Peggy.

– Je crains que cela ne soit impossible, mademoiselle Blackstock.

– Peggy, rectifia-t-elle avec un sourire aussi chaleureux que celui de Wanounou.

– Peggy, répéta le professeur, visiblement aux anges.

– Impossible ? Pour quelle raison ? demanda Holliday.

– Il vous faudrait une autorisation spéciale. L'endroit est classé “zone militaire” et l'accès en est interdit. C'est un terrain d'entraînement pour Shayetet 13.

– Shayetet 13 ? répéta Peggy.

– Le calque israélien des Navy Seals américains, les commandos de marine, expliqua Holliday.

– En réalité, ce serait plutôt l'inverse, corrigea Wanounou. Le S'13 existe depuis bien plus longtemps que les Seals. Sa création remonte à 1949 ; celle des Seals au début des années soixante, si j'ai bonne mémoire.

– Vous en avez fait partie ? s'enquit Holliday.

– Je nage comme un fer à repasser, répondit le professeur avec un sourire bien différent de celui dont il avait gratifié Peggy.

– Où avez-vous fait vos trois ans ?

– Trois ans ? demanda Peggy, déroutée par ce feu roulant de questions-réponses.

– Le service militaire obligatoire israélien », précisa Holliday.

C'était contre sa propre attitude qu'il s'agaçait, maintenant. La conversation tournait à un ridicule combat des chefs, et tout ça pour un sourire !

« Huit ans, plutôt, dit Wanounou. J'étais dans l'Agaf HaModi'in – l'Aman, en abrégé.

– Le renseignement militaire », traduisit Holliday, impressionné malgré lui.

Le professeur sonda un instant Holliday du regard.

« Vous savez beaucoup de choses sur l'armée, monsieur Holliday, commenta-t-il tout en se calant dans son fauteuil.

– Je suis lieutenant-colonel. Et professeur. J'enseigne l'histoire militaire à West Point.

– Dans ce cas, vous avez la préséance sur moi, dit l'Israélien en souriant de nouveau. Je n'ai atteint que le grade de commandant. »

Il se mit à rire avant d'ajouter :

« Nous devrions peut-être comparer nos diplômes,

voir lequel de nous deux a décroché le premier son doctorat.

– Je vous prie de m'excuser, dit Holliday. Je suis un peu à cran depuis notre aventure en Allemagne. Mais, si vous avez fait partie de l'Aman, peut-être pourriez-vous faire jouer vos relations pour nous obtenir l'autorisation d'entrer dans le château ?

– Il ne me déplairait pas de m'évader un peu de ce bureau, mais quel motif pourrais-je invoquer pour solliciter une visite du site ? Que deux touristes américains veulent y mener une chasse au trésor ? Non, vraiment, professeur, ça ne me paraît pas envisageable, répondit Wanounou avec une grimace qui déforma son visage séduisant.

– Il ne s'agit pas d'une chasse au trésor, objecta Peggy.

– Des templiers, un message codé caché sur une épée, des moines cisterciens, des nazis en vadrouille et un poème obscur qui tient lieu de carte au trésor. À qui pensez-vous confier le premier rôle ? Nicolas Cage, ou Harrison Ford ? Ne rêvons pas, mes amis ! »

Holliday soupira.

« Je me rends bien compte que tout cela semble un peu farfelu, mais...

– Non, il faudrait que je remue ciel et terre pour nous obtenir cette permission. Et je ne suis pas certain d'avoir envie de le faire. »

Pour *nous* obtenir cette permission ? Holliday sourit intérieurement. Il connaissait bien le changement de ton qu'il percevait dans la voix de l'autre homme. C'était le signe que sa curiosité était en train de prendre le pas sur sa sagesse, qu'il sentait frémir en lui le besoin de sensations fortes.

« S'il vous plaît ! » plaida Peggy en lui décochant un sourire à faire fondre le pôle Nord.

Il n'en fallait pas plus.

« Bon... dit Wanounou. Je vais voir ce que je peux faire. »

Deux jours plus tard, sous un soleil de plomb, ils quittèrent l'antique Jérusalem par l'autoroute de Tel-Aviv. L'autoroute numéro 1, selon la désignation officielle, était une voie de circulation moderne qui filait droit vers le nord-ouest et permettait de réduire à une heure le temps de parcours entre les deux villes, à condition de ne pas se laisser tromper par les innombrables sorties non signalisées qui émaillaient le trajet.

Wanounou pilotait son Land Cruiser Toyota tout rouillé comme un avion de chasse, enchaînant immelmanns et tonneaux pour se faufiler au milieu du trafic, sans cesser un instant de discourir, surtout à l'adresse de Peggy, assise à l'étroit sur le siège arrière. Holliday commençait à regretter d'avoir délibérément choisi la « place du mort » dans l'espoir qu'une distance physique entre le professeur et la jeune femme refroidirait leurs ardeurs croissantes. Après cinq ou six quasi-collisions, il se surprit à méditer la question de frère Timothée sur sa croyance en une puissance supérieure. Croyait-il ou non en Dieu ? Il n'en savait toujours rien, mais force était de constater qu'il était bel et bien en train de prier. Restait toutefois à savoir, étant donné l'endroit où il se trouvait, qui, de Jésus, de Jéhovah ou d'Allah lui offrirait le meilleur service pour le prix de ses dévotions.

Dans la périphérie de Tel-Aviv, le professeur engagea sans ralentir le vieux 4 × 4 cabossé sur l'autoroute

Ayalon, en direction du nord et de Haïfa. Et ce fut un nouveau cauchemar à quatre voies, au milieu des véhicules lancés à toute allure le long du vieil axe côtier où cheminaient huit siècles plus tôt les pèlerins en route pour Saint-Jean-d'Acre.

Pendant trois quarts d'heure encore, Wanounou mena à un train d'enfer sa vieille guimbarde brinquebalante entre les pentes abruptes du mont Carmel sur la droite et, sur la gauche, l'antique plaine de Phénicie, couverte de champs de coton verdoyants.

Ils atteignirent enfin l'échangeur d'Atlit et prirent la direction de la mer. Quelques kilomètres plus au nord, on distinguait les faubourgs de Haïfa à travers la brume de chaleur qui escaladait les pentes du mont Carmel et s'étalait sur le pourtour en forme de cimeterre de la baie de Haïfa.

En un clin d'œil, la réalité du XXIe siècle et des embouteillages s'évanouit, et Holliday fut transporté dans le temps. Montés sur leurs coursiers ou leurs destriers, des chevaliers passaient au galop sur la vieille route dans un bruit de tonnerre, armures scintillant au soleil, tandis que des pèlerins suivaient à pied la marche laborieuse de leurs chevaux de bât, et que des seigneurs et des dames se prélassaient dans des chariots couverts aux couleurs éclatantes. La poussière stagnait comme un brouillard dans l'air chaud et immobile.

Après avoir franchi en cahotant une voie ferrée, ils virèrent dans un large chemin de terre bordé d'un côté par une longue plage incurvée, et de l'autre par une zone marécageuse où quelques flamants rose pâle cherchaient leur nourriture.

Au-delà du marais, à droite, s'étendaient les bassins d'un salin industriel, alimentés par une longue conduite surélevée dont l'extrémité plongeait dans la baie sur leur gauche. Et, soudain, les ruines désolées du château Pèlerin se dressèrent devant eux tel un sombre rêve surgi de la nuit des temps. Les vestiges du château des Kellerman-Pinzgau, à Friedrichshafen, semblaient bien modestes en comparaison.

Wanounou se gara sur le bord de la piste et ils sortirent de la voiture dans la clarté brûlante du soleil. L'Israélien portait un pantalon de treillis délavé et un tee-shirt décoré du slogan LES ARCHÉOLOGUES FONT ÇA DANS LA POUSSIÈRE. Quant à Holliday et Peggy, ils étaient en jean, et leurs tee-shirts, achetés la veille dans le quartier arabe de Jérusalem, affichaient la phrase détournée de la chanson de Bobby McFerrin DON'T WORRY, BE JEWISH – « Sois juif, t'inquiète pas du reste ». Tous trois avaient coiffé des casquettes de base-ball de l'Université hébraïque pour se protéger du soleil accablant.

Devant eux, au bout d'un éperon rocheux d'environ un kilomètre au pied duquel, côté sud, était blotti un petit port, les ruines de la place forte se détachaient tel un sémaphore massif et rectangulaire sur le scintillement bleu de la Méditerranée.

« Doux Jésus ! s'exclama Peggy.

– Une expression tout à fait de circonstance, dit en riant le professeur. Il y avait un fossé de douze mètres de large, là-bas, coupant le promontoire d'un bord à l'autre, inondable à volonté avec l'eau de la mer. De l'autre côté de cette douve s'élevait une muraille colossale de cinq mètres d'épaisseur sur près de trente de hauteur en blocs de calcaire. Tout a été bâti à la main, essentiellement par des pèlerins volontaires qui se rendaient à Jérusalem, et la construction n'a pas pris plus de six mois.

« Côté glacis, la première enceinte était flanquée de trois grosses tours, une au milieu et une à chaque extrémité. On ne pouvait franchir cette courtine que par une porte étroite orientée de façon à ce qu'il soit impossible de l'enfoncer à l'aide d'un bélier. L'intérieur de la forteresse comprenait de grands bâtiments en pierre de taille, des chapelles, des cryptes, des magasins et tout ce qu'il faut pour abriter une force de quatre mille hommes plus le personnel chargé de leur entretien.

« Le château était imprenable. Il avait son propre port et pouvait être ravitaillé par la mer en cas de siège. Quant à l'eau, ce n'était pas un problème non plus : les occupants disposaient d'une source, d'un bassin et de trois puits profonds qui captaient les infiltrations du mont Carmel à travers le calcaire.

– N'y avait-il pas déjà un ouvrage fortifié, ici, avant les années 1200 ? demanda Holliday comme ils se dirigeaient vers l'ancien fossé en suivant un sentier qui serpentait dans le sable et les herbes raides.

– Il existait effectivement un petit avant-poste appelé « Le Destriot » sur la route du littoral, mais il était déjà surclassé bien avant l'édification de Pèlerin, répondit le professeur. Les Romains aussi ont eu un port, à cet endroit, il y a deux mille ans, et les Phéniciens fréquentaient les lieux deux mille ans avant eux. Quand les Templiers ont creusé les fondations de leur château, ils ont trouvé un trésor en pièces d'or phéniciennes presque suffisant pour financer l'ensemble du chantier.

– Nous ne serions donc pas les premiers à chercher

un trésor par ici ? » dit Peggy, coulant vers Wanounou un regard espiègle.

Il la regarda de la même façon, puis se retourna pour désigner du doigt les escarpements du mont Carmel, qui culminait au-dessus de la plaine côtière, trois kilomètres à l'ouest.

« Nous effectuons des fouilles là-haut depuis 1951, dans les grottes de Wadi el Mugharah, indiqua-t-il. Les British et vous autres Yankees aviez d'ailleurs commencé avant nous. L'endroit où nous nous trouvons est la plaine de Sharon, dont parle la Bible. Nous avons exhumé sur ce site des objets datant de l'époque néandertalienne, et même du paléolithique.

« La région connaît l'occupation humaine sous toutes ses formes depuis deux millions d'années. Selon les anciens prophètes, il existerait même des preuves certaines que le jardin d'Éden se soit trouvé là. La mer, la plaine, la montagne ! s'exclama-t-il, tournant sur lui-même en écartant les bras. Adam et Ève auraient-ils pu rêver mieux ? »

Il sourit à Peggy. Peggy lui sourit.

Holliday fronça les sourcils et soupira. Devait-il prendre la jeune femme à part pour lui expliquer les dangers de la situation ? Non, décida-t-il, la sagesse commandait qu'il se taise pour le moment.

Ils étaient arrivés devant une haute clôture en barbelés rouillés qui coupait l'étroite péninsule dans toute sa largeur. Tous les cinq ou six mètres, des écriteaux rouges pâlis fixés aux fils de fer avertissaient en hébreu, arabe et anglais : DANGER DE MORT – TERRAIN MILITAIRE VOUS FRANCHISSEZ OU ENDOMMAGEZ CETTE CLÔTURE À VOS RISQUES ET PÉRILS.

Pas même un point d'exclamation ; un simple exposé des faits, sans équivoque.

« Ça fait chaud au cœur », commenta Peggy.

Par-delà la clôture, une légère dépression dans le sol marquait l'emplacement de l'ancienne douve, et quelques mètres plus loin surgissaient de la terre fine et sablonneuse les vestiges de l'imposant mur d'enceinte, envahis de buissons et d'herbes rêches.

Ils suivirent encore le chemin sur une courte distance, longeant la clôture, puis s'arrêtèrent devant une barrière fermée par un gros cadenas. Sur cette dernière était accroché un autre écriteau, au message encore plus clair : CHAMP DE MINES.

« Vous êtes bien sûr d'avoir la permission d'entrer ? demanda Holliday.

– Non seulement ça, mais j'ai aussi la clé ! répondit Wanounou tout en fouillant dans la poche de son large pantalon de treillis.

– Et... Euh... Pour ce qui est des mines ? dit Peggy.

– Il n'y en a pas, assura le professeur avec un grand sourire. Les écriteaux ne sont là que pour impressionner les touristes et dissuader les gamins d'entrer.

– Comme disait le manchot à l'unijambiste aveugle, marmonna la jeune femme.

– Il faut croire que vous avez des relations mieux placées que je ne le pensais », dit Holliday.

Ils franchirent la barrière que Wanounou referma au cadenas avant de remettre la clé dans sa poche, puis ils poursuivirent leur chemin le long d'un sentier qui traversait le fossé et remontait de l'autre côté, escaladant la butte formée par les ruines de la courtine.

« En fait, la marine n'a pas utilisé ce terrain depuis longtemps, expliqua l'Israélien pendant qu'ils gravissaient le talus. Au départ, ils s'entraînaient dans la baie de Haïfa. Puis l'eau est devenue trop polluée, là-bas, alors ils sont venus ici. Ensuite, la baie a été nettoyée, et ils y sont retournés. Il est possible qu'ils aient oublié un peu de matériel, mais en principe tout est vide. Ils ont laissé en place la clôture et les écriteaux en attendant de décider à qui abandonner le domaine – aux archéologues ou aux touristes. »

Un vol de marmaronettes marbrées au plumage beige pâle sans grand attrait passa au-dessus de leurs têtes en un V irrégulier, se dirigeant vers le marais où ils avaient vu les flamants roses. Une légère brise de mer atténuait la chaleur de la mi-journée et donnait à l'air une saveur de sel iodé. Deux cents kilomètres au large, Chypre, invisible, était tapie derrière l'horizon bleu. Parvenus au point le plus haut du sentier, ils s'arrêtèrent pour contempler les ruines qui s'étendaient en contrebas.

Celles-ci, assez nombreuses, permettaient de se représenter sans trop de mal le château tel qu'il avait été. De la base du rempart jusqu'à l'extrémité de la pointe, celui-ci occupait la longueur de trois terrains de football, pour une largeur équivalant à environ la moitié de cette dimension. L'enceinte interne était défendue par deux tours, une au nord, l'autre au sud. Derrière cette protection, au centre d'une haute cour bâtie sur des cryptes en sous-sol, se dressait le donjon massif.

D'autres murailles fermaient les trois côtés faisant face à la mer. Une digue et un brise-lames encore intact délimitaient le petit port naturel peu profond qui s'ouvrait au sud, où caravelles à voiles latines et cogues à gréement carré pouvaient décharger leurs marchandises bien à l'abri et hors de portée d'éventuelles attaques venues de la terre ferme.

Cinq grands bâtiments, chacun d'à peu près trente mètres de long, entouraient le donjon. De ces constructions, seuls subsistaient des alignements de pierres à demi ensevelis, de vagues affaissements et des traces géométriques à fleur de terre. Des touffes de plantes littorales poussaient çà et là, laissant par endroits paraître entre elles de grandes dalles, vestiges d'anciennes allées qui balafraient le terrain nu.

« Autant chercher une aiguille dans une meule de foin, dit Peggy en parcourant du regard l'énorme champ de ruines. Jamais nous ne pourrons couvrir une telle surface ! »

Raffi Wanounou fourragea de nouveau dans sa poche, et en sortit cette fois un plan plié. Il s'agissait d'un relevé dressé par lui à l'époque où il avait passé trois étés à fouiller la forteresse dans le cadre de son doctorat. Il déplia le plan et l'orienta.

« Que dit votre petit poème, déjà ? s'enquit-il.

– "En l'eau noire de Pèlerin la forteresse/Est un rouleau d'argent précieux,/Grande source de sagesse/Ceinte d'augustes murs silencieux./Par la voix du défunt Saladin qui résonne,/De combattre à nouveau il nous somme", récita Holliday, qui avait mémorisé le texte.

– L'"eau noire" pourrait bien désigner les réserves d'eau du château, dit le professeur, examinant tour à tour son plan et la vaste étendue de terrain bosselé qui s'offrait à leur vue.

– Vous avez parlé d'une source et d'un bassin, tout à l'heure, rappela Peggy. C'est peut-être de cela qu'il s'agit.

– Je les imagine mal enterrer un trésor au fond d'un bassin, objecta Wanounou. Il est plus vraisemblable qu'ils l'aient caché près d'un des puits.

– Et où se trouvaient les puits ? demanda-t-elle, s'approchant suffisamment du professeur pour lui frôler le bras en regardant par-dessus son épaule. Montrez-moi !

– Ils ont disparu depuis longtemps. Nous n'avons rien trouvé qui puisse ressembler à un puits pendant nos fouilles... D'un autre côté, nous avions à peine eu le temps d'égratigner la surface du sol quand l'armée nous a mis dehors pour installer Shayetet 13.

– J'ai peut-être une meilleure idée, intervint Holliday, qui vint se placer entre Peggy et Wanounou pour étudier le plan. Le poème fait allusion à d'"augustes murs". Cela me fait penser à une église. Cette forme ovale, là, qui se termine en carré, près de la mer, qu'est-ce que c'est ?

– Les soubassements de ce qui devait être la chapelle, répondit le professeur. Nous l'avions baptisée l'"église ronde".

– Construite sur le modèle du Saint-Sépulcre de Jérusalem, n'est-ce pas, comme toutes les églises templières ?

– En effet.

– "D'augustes murs"... répéta Holliday. Essayons la chapelle ! »

Ils descendirent prudemment le talus, puis s'avancèrent au milieu des débris qui jonchaient la cour centrale.

« Si j'en juge par votre façon de parler d'eux, vous n'avez pas une opinion très orthodoxe sur les Templiers, remarqua Wanounou.

– Doc n'a pas d'opinion orthodoxe sur grand-chose, dit en riant Peggy, qui marchait entre les deux hommes. Ça doit tenir de famille.

– Vous ne croyez donc pas à la sincérité de leur foi chrétienne ? demanda le professeur d'un air sceptique en haussant un sourcil.

– Il y avait certainement parmi eux des religieux fanatiques, mais la plupart n'étaient que des mercenaires, répondit Holliday. Beaucoup de chevaliers étaient désœuvrés, à l'époque. Je veux bien croire que quelques-uns étaient fidèles à la cause, mais ils n'étaient sûrement pas nombreux. Vous savez, professeur, j'ai combattu dans pas mal de guerres, en mon temps, et toutes, d'une façon ou d'une autre, avaient l'argent pour origine. Il n'en allait pas autrement au temps des croisades.

« Des forteresses comme celle-ci n'ont pas été construites pour protéger les pèlerins, mais pour assurer à l'Europe d'alors des points d'appui au Proche-Orient. Comme les postes de trappeurs de la Hudson's Bay Company au Canada, ou les forts de la cavalerie US dans l'Ouest américain. Ce qui motivait les croisés n'était pas de libérer Jérusalem des infidèles, c'était tout simplement de s'emparer de la ville.

« Les Templiers se désignaient eux-mêmes comme "Pauvres Chevaliers du Christ". *Pauvres*... Quand leur ordre a été dissous, en 1312, leur richesse égalait presque celle de l'Église de Rome et surpassait celle de plusieurs pays, y compris la France, dont pratiquement tout le territoire leur appartenait. La forteresse du

Temple, à Paris, mesurait plus de deux cents mètres de côté. Je ne vois là aucune piété, professeur. Je vois plutôt de la cupidité, de l'avarice, et une soif de pouvoir.

– Pourtant cela ne vous empêche pas de chercher leur trésor... »

Holliday s'arrêta et fit face à Wanounou.

« Ce n'est pas le trésor qui m'intéresse, affirma-t-il avec une colère contenue. Ça n'a jamais été le cas. Ce qui m'intéresse, c'est de comprendre ce qui a poussé mon oncle à parcourir la moitié de l'Europe à l'âge de quatre-vingt-six ans alors qu'il détestait s'éloigner de sa maison et de sa bibliothèque. Ce qui m'intéresse, c'est de percer ce mystère qui semble en intéresser plus d'un, et depuis longtemps, au point que des gens sont prêts à tout pour l'élucider. Y compris à mentir, à mettre le feu à des maisons, et même à tuer !

– Dans ce cas, nous ferions mieux de trouver ce que nous cherchons, dit le professeur d'un ton dégagé, feignant de ne pas remarquer l'irritation de Holliday. Vous êtes bien d'accord, Peggy ?

– Tout à fait. Et plus de leçons de morale, Doc, vu ? dit-elle à Holliday en lui serrant le bras. Maintenant fais ami-ami avec le professeur ! ordonna-t-elle avec une petite pression supplémentaire.

– Je ne suis pas votre ennemi, colonel, ajouta Wanounou. Si je l'étais, croyez-vous que je vous aurais conduits jusqu'ici ? *Shalu shalom yerushalayim*, d'accord ? » conclut-il.

Il tendit la main à Holliday, qui la lui serra.

« Appelez-moi "Doc" ! »

Et ils repartirent en direction des ruines de la chapelle.

19

Arrivés à l'extrémité de l'esplanade, ils s'arrêtèrent devant l'ovale de pierre étiré que dessinait la base de l'ancienne chapelle. Wanounou consulta de nouveau son croquis.

« Cinquante mètres de long sur quinze de large, dit-il. Une rotonde à chaque bout, le chœur orienté au nord, la nef au sud. Il y avait un passage claustral entre la chapelle et le bâtiment principal, là-bas. »

Il désignait une longue rangée isolée de blocs calcaires encore plus énormes que ceux de la courtine.

« Les bâtisseurs ont réutilisé beaucoup d'éléments de structure phéniciens qu'ils ont trouvés sur place, expliqua-t-il. Tout va par huit, ou par multiples de huit : huit travées dans la nef, huit arcades dans le passage...

– Pourquoi huit ? demanda Peggy.

– C'était le chiffre magique des Templiers, dit Holliday. Si tu regardes leur croix, par exemple, tu verras que leurs bras bifurquent à l'extrémité, ce qui forme huit pointes.

– Quel sens cela avait-il ?

– Un sens essentiellement mystique, répondit Wanounou. Sept plus un font huit, le jour de la Résurrection. Dieu a créé le monde en six jours, s'est reposé le septième, et a placé l'homme dans le jardin d'Éden le huitième. L'homme possède vingt-quatre côtes ; vingt-quatre divisé par huit donne trois, comme la sainte Trinité. Noé fut le huitième être humain à sortir de l'arche. L'arche elle-même mesurait trois cents coudées sur cinquante : trois plus cinq font huit. Lazare a été ramené à la vie après être resté mort huit jours. Le premier nombre cube est huit... La liste est interminable.

– Et en quoi est-ce important pour ce qui nous concerne ? s'enquit Peggy en regardant les vestiges de la chapelle à ses pieds.

– Parce que ce que nous cherchons aura probablement un rapport avec le chiffre huit, ou un de ses multiples », dit Holliday.

Il se mit à mesurer la longueur de l'église en comptant ses pas tandis que Wanounou partait dans la direction opposée.

« Mais qu'est-ce que nous cherchons, au juste ? demanda Peggy.

– "En l'eau noire de Pèlerin la forteresse/Est un rouleau d'argent précieux", cita Holliday. "Eau noire" évoque un lieu sombre, peut-être souterrain, comme la crypte qui doit se trouver sous la chapelle.

– C'est sans doute une espèce de grotte, lui cria Wanounou depuis l'endroit où il se trouvait. Le terrain est calcaire, par ici. Les eaux qui ruissellent de la montagne finissent par creuser des cavités. Le sous-sol de Pèlerin est probablement un vrai gruyère.

– Je vous préviens que je suis claustrophobe, dit Peggy. J'ai dû faire un reportage photo sur le Parc national des grottes de Carlsbad pour le *National Geographic*, et j'avais hâte que ça se termine. Les cavernes me fichent la frousse.

– Nous sommes là pour vous protéger, lança Wanounou en riant.

– Je crois que j'ai trouvé quelque chose, annonça Holliday.

– Eh bien, vous n'avez pas perdu de temps ! » s'exclama le professeur.

Abandonnant sa propre inspection, il rejoignit Peggy et tous deux se dirigèrent vers Holliday, qui se tenait tout au bout du chœur.

« Vous avez l'air sceptique, lui dit Peggy.

– C'est que les recherches aboutissent rarement aussi vite, en archéologie. La plupart ne donnent même jamais rien.

– Je croyais que Troie avait été découverte par un amateur, et les manuscrits de la mer Morte par un berger.

– D'où tenez-vous tout ça ?

– C'est Doc qui me l'a dit, hier, pendant que nous déjeunions dans un café du souk. D'après lui, la plupart des grandes découvertes archéologiques sont le fruit du hasard.

– J'ai l'impression que Doc ne m'apprécie guère. »

Peggy éclata de rire.

« Ce n'est pas vous qui êtes en cause. Doc prend en grippe tous ceux qui s'entendent un peu trop bien avec moi. Il est très protecteur.

– C'est le moins qu'on puisse dire.

– Le moins qu'on puisse dire de quoi ? demanda Holliday comme ils arrivaient à sa hauteur.

– Qu'avez-vous trouvé ? demanda Wanounou, ignorant la question.
– Cette dalle, répondit Holliday, qui montra le sol.
– Ah oui ! Super ! Exactement ce que nous cherchions, s'exclama Peggy, sarcastique. Et qu'a-t-elle de particulier, cette pierre ? »
Wanounou s'était accroupi, l'air soudain intéressé.
« Elle est octogonale », dit-il.
Balayant la terre de la main, il mit au jour le contour complet de la dalle. Celle-ci mesurait environ un mètre de large. Elle semblait avoir été ornée d'un motif gravé que l'usure avait pratiquement effacé.
« Elle faisait partie du pavement de l'église. Elle est à peu de chose près au même endroit que le rocher du Golgotha dans la basilique du Saint-Sépulcre.
– Bon, d'accord, elle est octogonale, et après ? demanda Peggy. Pourquoi est-ce important ?
– Parce que toutes les autres dalles sont carrées, et rayonnent à partir de celle-ci. Elle marquait sûrement le centre de quelque chose », répondit Holliday après s'être agenouillé près de Wanounou pour déblayer le sol sur une plus grande surface.
L'Israélien se remit debout et s'essuya les mains.
« Je retourne au 4 × 4, dit-il. Il nous faut des outils.
– Je vous accompagne », déclara aussitôt Peggy.
Holliday faillit élever une objection mais il se retint, s'efforçant de rester impassible.
« Faites vite ! recommanda-t-il seulement.
– D'accord », promit Wanounou.
Holliday les regarda s'éloigner côte à côte comme de vieux amis sur le chemin qui traversait la cour, têtes penchées l'une vers l'autre, se heurtant parfois de l'épaule comme par inadvertance.

Quand ils eurent disparu derrière le talus de la courtine, il se remit à dégager le dallage de la terre qui le recouvrait. Celui-ci s'inscrivait dans un décrochement extérieur de ce qui avait été le mur – sans doute l'emplacement d'une chapelle secondaire, ou peut-être même celui de l'autel du Stabat Mater, une particularité commune à presque toutes les églises templières. Holliday se souvenait encore de l'hymne latin qu'il chantait à l'époque lointaine où il officiait comme enfant de chœur :

Stabat mater dolorosa
Iuxta crucem lacrimosa
Dum pendebat filius

Cuius animam gementem
Contristatam et dolentem
Pertransivit gladius.

Debout, la Mère des douleurs
Près de la Croix était en pleurs
Quand son Fils pendait au bois.

Alors, Son âme gémissante,
Toute triste et toute dolente,
Un glaive la transperça.

Pertransivit gladius... Encore une épée... Dans l'église du Saint-Sépulcre, l'autel du Stabat Mater était une niche taillée dans la pierre contenant une statue de la Vierge Marie en larmes, et précédée de « mensas » où l'on faisait brûler des cierges. Il avait presque certainement existé un autel analogue à Pèlerin, auquel cas la dalle octogonale avait dû se trouver juste devant.

Pendant que Holliday s'affairait, les pierres autour de lui cuisaient littéralement sous le soleil implacable. Des goélands tournaient et viraient au-dessus de sa tête, s'interpellant bruyamment tout en se laissant entraîner sur les montagnes russes des courants thermiques. À cent mètres de lui, la mer portait avec un grondement sourd ses coups de boutoir contre les falaises basses de la pointe.

Quand Peggy et Wanounou reparurent, il avait grossièrement dégagé une zone d'environ trois mètres sur trois, révélant un motif compliqué de carrés imbriqués qui se développait à partir de l'octogone central. Celui qui avait posé ce pavement devait être féru de géométrie.

Peggy et le professeur avaient rapporté du Land Cruiser tout un assortiment d'outils, parmi lesquels une petite pioche, un marteau de géologue, une pelle, une boîte de rangement remplie d'instruments de dentisterie et de pinceaux, trois truelles et deux lampes torches. Ils avaient également pris une glacière contenant des bouteilles d'eau minérale Neviot, des sandwiches variés et une thermos de thé glacé et sucré.

« Vous avez travaillé dur, remarqua Wanounou.

– Assez, oui », acquiesça Holliday.

L'Israélien tendit à Peggy un sandwich enveloppé dans du papier paraffiné, en lança un à Holliday et en choisit un pour lui-même. Holliday s'assit sur une pierre, déballa son sandwich, écarta les tranches de pain et se mit à rire.

« Comment avez-vous fait pour trouver un jambon-fromage en Israël ?

– J'ai mes sources d'approvisionnement », répondit Wanounou avec un clin d'œil.

Ils avalèrent rapidement leurs sandwiches, puis le professeur leur donna des bouteilles d'eau fraîches.

« Qu'est-ce qu'on fait, maintenant ? demanda Peggy après s'être désaltérée.

– J'ai une idée », annonça Holliday.

Sa bouteille à la main, il se leva et alla jusqu'à la dalle octogonale. Là, après s'être accroupi, il fit couler un filet d'eau sur la pierre, qui prit une couleur plus foncée. Wanounou et Peggy le rejoignirent, puis se penchèrent au-dessus de lui chacun de son côté pour regarder ce qu'il faisait.

« Ça alors ! » s'exclama l'archéologue entre ses dents.

Sur la pierre humide, un vague dessin estompé était maintenant visible : deux carrés superposés et décalés selon un angle de quarante-cinq degrés de façon à former une étoile à huit branches. Au centre de cette étoile, très distinctes, apparaissaient les deux lettres P G.

« Qu'est-ce que c'est ?

– Une étoile de Lakshmi, expliqua Holliday. Un symbole hindouiste censé représenter les huit aspects de l'abondance. Alexandre le Grand l'a ramené d'Inde, et les francs-maçons l'ont repris.

– C'est également un symbole arabe, ajouta Wanounou. Dans le Coran, il marque la fin de chaque sourate – de chaque groupe de versets. Une grande controverse a éclaté voici quelques années, parce que l'astérisque qui figure sur la plupart des claviers occidentaux est une étoile à six branches, que les musulmans assimilent à l'étoile de David. Il a donc fallu changer tous les claviers en y mettant des étoiles à huit branches.

– C'est complètement fou ! commenta Peggy en s'esclaffant.

– Les musulmans n'ont pas l'exclusivité dans ce domaine, dit Wanounou avec une mimique résignée. Ici, en Israël, par exemple, les livres de maths n'utilisent pas le signe plus, au prétexte que c'est un symbole chrétien ; on supprime la branche inférieure. Quant à vous autres, vous ne mettez jamais une étoile de David au sommet d'un sapin de Noël, alors que le Christ est né juif.

– Le monde entier est fou, soupira Holliday. Ce n'est pas pour rien que nous avons des guerres.

– Mais que signifie "PG" ? demanda Peggy. Prisonnier de guerre ?

– Je n'en sais rien du tout, avoua Wanounou.

– Moi si, déclara Holliday tout en versant un peu plus d'eau pour faire reparaître le dessin sur la pierre qui avait séché au soleil.

– Alors qu'est-ce que tu attends pour nous éclairer ?

– *Pertransivit gladius*. Littéralement : "l'épée traversait". »

Wanounou s'agenouilla près de la dalle après s'être muni d'un petit pinceau et d'une truelle. Il entreprit de nettoyer soigneusement les huit côtés de l'octogone, grattant d'abord la terre accumulée, puis l'époussetant. Hasard, volonté délibérée ou usure due au passage de huit cents années, aucun mortier ni joint d'aucune sorte ne soudait la dalle à ses voisines. Holliday mouilla les jointures décrassées. L'eau disparut dans les interstices.

« Intéressant, murmura-t-il.

– Passez-moi la pince-monseigneur, Peggy », dit Wanounou.

Quand la jeune femme lui eut donné l'outil, il en introduisit l'extrémité biseautée dans la fente étroite entre les dalles et pesa sur la barre en acier trempé. La pierre se souleva de deux centimètres. Il poussa la barre plus profondément, puis fit de nouveau levier. La pierre se souleva de quelques centimètres supplémentaires et Holliday glissa dessous un fragment de calcaire pour maintenir l'écartement.

«*Le Rituel des Musgrave*, murmura Peggy, qui suivait l'opération.

– Pardon ?

– C'est une aventure de Sherlock Holmes, expliqua Holliday. Un type déchiffre un vieux code de famille, il trouve une dalle comme celle-ci et l'ouvre avec l'aide de sa petite amie. La fille, sachant que son amant la trompe, laisse retomber la dalle sur lui et l'enferme.

– Allez faire confiance à un Anglais ! s'exclama l'archéologue. J'espère que vous ne me feriez pas une chose pareille, Peggy ?

– Non. Sauf si vous essayiez de me tromper, répondit-elle en souriant.

– Bon, on continue ? » intervint Holliday.

Les deux hommes allèrent se placer du côté opposé de la dalle.

« À trois ! dit Holliday. Une ! deux ! et trois ! »

Ils soulevèrent la pierre, la tirèrent en arrière, puis la reposèrent doucement, ne la laissant retomber qu'après l'avoir abaissée à quelques centimètres du sol. Ils se redressèrent et reprirent leur souffle, mains appuyées sur les genoux. Peggy scruta l'ouverture que la dalle avait masquée.

« Qu'est-ce que tu vois ? s'enquit Holliday.

– Un escalier de pierre. En colimaçon. »

20

« J'ai horreur de ça, j'ai horreur de ça, j'ai horreur de ça », marmonnait Peggy tout en avançant un pied après l'autre avec mille précautions.

Les marches étaient dangereusement glissantes et l'escalier si incroyablement étroit que les épaules frottaient contre les parois lisses. Le petit rond de lumière provenant de la lampe torche de Wanounou constituait le seul éclairage. Une odeur âcre de moisissure et de salpêtre saturait l'atmosphère, oppressante.

Plus ils s'enfonçaient sous terre, plus l'escalier semblait se rétrécir. Il semblait à Peggy que la pierre pesait sur elle de tout son poids comme pour l'écraser. Elle respirait vite, essayant en vain de remplir à fond ses poumons pour lutter contre son impression de suffocation.

« Quelle idée idiote de se risquer là-dedans ! protesta-t-elle.

– Tu peux toujours faire demi-tour », dit Holliday, derrière elle, en lui adressant un sourire narquois dans le noir presque complet.

Lampe dans une main, pince-monseigneur dans

l'autre, Wanounou ouvrait la voie tandis que Holliday, armé du marteau de géologue et de la deuxième lampe, fermait la marche. Coincée entre eux deux, Peggy se sentait encore plus à l'étroit.

« Faire demi-tour ? Comment ? Il n'y a pas la place de se retourner, et de toute façon tu bouches le passage. Sans compter que si j'étais là-haut je me ferais un sang d'encre de vous savoir là-dessous. »

Wanounou s'esclaffa.

« C'est si agréable de se sentir apprécié ! lança-t-il.

– Quelle distance avons-nous parcourue ? demanda Peggy d'une voix qui s'étranglait.

– J'ai compté cent cinquante et une marches, répondit Holliday. Mettons que chaque marche mesure environ vingt-cinq centimètres... Je dirais une quarantaine de mètres.

– Seulement trente-huit, si ça peut vous rassurer, dit le professeur en adressant à Peggy un sourire pardessus son épaule.

– Oh, taisez-vous, tous les deux ! ordonna-t-elle, hargneuse. Sans ça, je hurle !

– Elle a tendance à devenir agressive quand elle a peur, commenta Holliday à l'intention de Wanounou.

– Ah ! C'est bien ce qu'il me semblait.

– Taisez-vous ! aboya la jeune femme.

– Calme-toi ! dit Holliday, apaisant. Ça ne doit plus être très loin.

– Qu'est-ce que tu en sais ? Si ça se trouve, on peut aller jusqu'en enfer, comme ça ! »

Elle haletait littéralement, à présent, la gorge nouée, gagnée par le sentiment que les murs humides se rapprochaient encore, l'enfermant comme dans une tombe. Encore une seconde et elle allait se mettre à hurler pour de bon.

« Je vois le fond », annonça Wanounou.

Il disparut soudain à la vue de Peggy, et, au bruit de ses pas, elle conclut qu'il marchait à présent sur du gravier mouillé. Un instant plus tard, elle atteignit à son tour la dernière marche puis s'engagea dans un tunnel maçonné, voûté en berceau et à peine plus large que l'escalier. Une épaisse couche de calcaire en décomposition couvrait le sol, qui craquait sous le pied comme un lit d'ossements. Elle frissonna. D'une certaine manière, elle se sentait encore plus mal ici que dans l'escalier.

Holliday toujours derrière et Wanounou devant, éclairant le chemin, ils continuèrent à progresser en silence le long du boyau en pente douce.

« Nous descendons toujours, signala Holliday.

– Merci de nous le faire remarquer ! répliqua Peggy.

– Je me demande à quoi servait cet endroit, dit Holliday. De "trou à curé" médiéval ?

– C'est quoi, un "trou à curé" ? s'enquit Peggy. Si je puis me permettre cette question.

– C'étaient des cachettes que les catholiques anglais construisaient dans leurs maisons et leurs églises, à l'époque élisabéthaine, pour pouvoir se mettre en sûreté ou s'enfuir si des chasseurs de papistes les pourchassaient, expliqua Wanounou. Un peu comme faisaient les Juifs pour échapper aux nazis.

– C'est fou la quantité de savoir qu'un cerveau d'historien peut emmagasiner, dit Peggy. C'en est inquiétant. »

Le faisceau de la lampe s'élargit soudain : ils venaient de pénétrer dans une vaste salle taillée à même le roc. Du plafond, qui culminait au moins six mètres au-dessus d'eux, pendaient des festons délicats de stalactites qui semblaient faites de glace. Le sol, ici, était dallé, contrairement à celui du tunnel. Au pied des murs s'entassaient des débris ressemblant à des tessons de pots de fleurs qu'on aurait poussés là avec un balai. À son extrémité, la salle était fermée par une imposante porte en fer cloutée, tout incrustée de rouille et de concrétions calcaires, et renforcée par une barre de fer transversale maintenue par des pattes de fer. Wanounou se baissa et ramassa un tesson qu'il examina à la lumière de sa lampe.

« De la terre cuite, déclara-t-il. Une jarre de cinq litres, à en juger par la courbure. Pour conserver du vin ou de l'huile d'olive. Peut-être même de l'eau, bien que cinq litres soient une quantité un peu juste. La terre cuite gardait la fraîcheur... Je ne vois rien d'autre, ajouta-t-il après avoir promené le faisceau de sa torche autour de lui.

– Pas besoin de terre cuite pour garder quelque chose au frais ici, il fait bien assez froid comme ça », remarqua Peggy tout en parcourant la salle d'un regard inquiet.

Elle n'avait pas tort : la température était inférieure de dix à quinze degrés à celle de la surface.

« Quelque chose ne colle pas, murmura Holliday.

– Quoi donc ? s'enquit Wanounou en ramassant un autre fragment de poterie.

– Il est impossible d'emprunter l'escalier par où nous sommes venus en transportant des jarres de vin, d'huile ou de quoi que ce soit : il est trop étroit.

– Donc ? demanda Peggy.

– Donc les marchandises entreposées dans cette cave ne pouvaient ni entrer ni sortir par l'escalier et la chapelle, dit Wanounou. Ce qui signifie qu'elles arrivaient ici par un autre chemin.

– Et qu'il y a une autre entrée, ajouta Holliday.

– Ce qui veut dire aussi qu'il va falloir passer de l'autre côté de la grande porte, là-bas ?

– Je le crains.

– Je me doutais que tu allais répondre ça », soupira Peggy. Ils allèrent jusqu'à la porte. Large de deux mètres, haute de cinq, elle était impressionnante. Aucun gond n'était visible.

« Il y a des tourillons en haut et en bas, dit Holliday. Elle pivote.

– Commençons par ôter la barre ! » suggéra Wanounou.

Il se mit à marteler les pattes de soutien avec le bout recourbé de sa pince-monseigneur, détachant une grande partie de la rouille qui les maintenait collées à la barre. Il acheva la besogne à l'aide de l'extrémité biseautée de l'outil. Quand il eut terminé, ils soulevèrent tous les trois en même temps la lourde pièce de fer, la dégagèrent de ses supports et la posèrent sur le sol. Leurs vêtements et leurs mains étaient tachés de rouille.

Wanounou tira sur l'énorme loquet, mais le vantail ne bougea pas. Il introduisit alors le bout aplati de la pince-monseigneur entre le mur et la porte, et pesa sur le levier avec l'aide de Holliday. Rien ne se produisit dans un premier temps, puis il y eut un grincement et la porte s'écarta de quelques centimètres en crissant sur les dalles.

« Vous n'auriez pas un peu de dégrippant, par hasard ? » lança Peggy.

Après s'être reposés un instant, Holliday et le professeur réitérèrent leur manœuvre. En s'y reprenant à trois fois, ils parvinrent à entrebâiller la porte d'une cinquantaine de centimètres, ce qui était suffisant pour se glisser dans l'ouverture.

« Personne n'a franchi cette porte depuis près de mille ans, dit Holliday. Qui passe le premier ?

– À vous l'honneur, répondit Wanounou avec un geste théâtral. Après tout, c'est vous qui avez eu l'idée de venir.

– J'espère qu'on ne va pas tomber sur des serpents, dit Peggy. Il y en a dans la région ?

– Bien sûr. Rappelez-vous Cléopâtre et l'aspic !

– Il y en a même sous terre ?

– Seulement une espèce : le serpent ver de terre aveugle.

– À quoi ressemblent-ils ?

– À des serpents aveugles qui ont l'air de vers de terre.

– Très drôle !

– Ils mesurent jusqu'à vingt-cinq centimètres. Ils sont d'un noir luisant, et ils ne mordent pas.

– Autre chose ?

– Des scorpions albinos.

– Des serpents aveugles et des scorpions albinos... Génial !

– J'y vais, annonça Holliday. Qui m'aime me suive ! »

Il alluma la deuxième lampe puis, s'aplatissant le plus possible, il s'introduisit de biais dans l'ouverture et disparut dans le noir. Peggy l'imita. Wanounou passa le dernier.

Le passage qu'ils découvrirent de l'autre côté de la porte se révéla très différent du tunnel qui les avait menés de l'escalier à la grande salle. Ici, pas de murs en pierres appareillées, mais la roche d'origine, simplement taillée. Le sol lui-même était de calcaire brut, et, au-dessus de leurs têtes, au lieu d'un plafond voûté, s'ouvrait une faille dont les faces escarpées se perdaient dans l'obscurité. Ils se trouvaient en fait dans une gigantesque crevasse plusieurs fois millénaire, souvenir de quelque séisme cataclysmique. Leurs voix résonnaient quand ils parlaient, renvoyées en écho par les parois raboteuses.

« "Par la voix du défunt Saladin qui résonne,/De combattre à nouveau il nous somme" », dit Holliday.

Tout en citant le message chiffré de l'épée, il balayait les alentours avec le faisceau de sa lampe, faisant surgir des ombres mouvantes et fugitives évoquant le vol de chauves-souris.

« Doc, tu recommences à me fiche la frousse, avertit Peggy.

– Excuse-moi !

– Il y a une bifurcation ! » s'écria Wanounou, qui marchait en tête.

Holliday et Peggy rejoignirent le professeur. Le souterrain se divisait effectivement en deux branches. Celle de gauche, la plus étroite, était plafonnée par une dalle de roche plate à environ trois mètres de hauteur ; celle de droite était le prolongement élargi de la crevasse sans toit visible où ils se trouvaient.

« De quel côté allons-nous ? demanda Holliday.

– C'est pile ou face, répondit Wanounou. Ils n'ont pas pensé à mettre des panneaux.

– Comme sur vos autoroutes !

– Je suis pour prendre à droite, intervint Peggy d'un ton décidé. Pour tout dire, ce qui me plairait vraiment, ce serait de sortir d'ici séance tenante, mais pour ça il faudrait reprendre ce maudit escalier et je ne m'en sens pas la force. Donc, à droite ! Qui sait, il y a peut-être un Starbucks au bout de la galerie ? »

Wanounou regarda Holliday.

« Alors ?

– Va pour la droite ! » dit Holliday en haussant les épaules.

Ils prirent donc la branche de droite, assez large pour qu'ils puissent marcher à trois de front. Au bout de cent mètres, le passage s'élargit soudain de nouveau, et la faille au-dessus d'eux parut s'ouvrir vers des lointains vertigineux. Un vacarme assourdissant de chute d'eau remplissait l'air.

« Incroyable ! s'exclama Peggy dans un souffle en découvrant le spectacle qu'éclairaient d'une lumière incertaine les lampes de ses deux compagnons. Je n'ai jamais rien vu de pareil... »

21

Ils avaient devant eux un immense lac souterrain dans lequel s'écrasait une cascade d'une quinzaine de mètres jaillie de la roche. Sauf à l'endroit de la chute, tout au bout du lac, l'eau était d'un noir de jais.

Cette fois, ce fut le professeur israélien qui cita le poème :

« "En l'eau noire de Pèlerin la forteresse/Est un rouleau d'argent précieux", murmura-t-il. Ça ne peut être que ça.

– Mais où chercher ? demanda Peggy. Tout ce que je vois, c'est un grand bassin. Vous croyez qu'une main va sortir de l'eau, comme dans *La Dame du lac* ?

– Peut-être bien », dit Holliday, d'une voix qui trahissait son excitation.

Il dirigea le faisceau de sa lampe vers le centre du lac. Là, goutte après goutte, siècle après siècle, en peut-être un million d'années, le calcaire dissous qui tombait dans l'eau depuis le plafond de la grotte avait formé une petite île.

Ce monticule et la longue chandelle qui pendait de la voûte au-dessus de lui semblaient s'étirer l'un vers l'autre. Dans cent mille ans, peut-être se rejoindraient-ils pour constituer une colonne de pierre d'un seul tenant.

« Qu'est-ce que tu racontes ? Il y a une stalac-truc qui sort de l'eau. Et alors ?

– Une stalag-truc, rectifia Wanounou. Les stalagmites montent ; les stalactites descendent.

– Peu importe ! s'exclama Peggy, exaspérée. C'est sinistre, ici, il fait froid, et je ne vois pas de rouleau, que ce soit d'argent ou d'autre chose. Alors, on peut rentrer chez nous, maintenant ?

– Regardez la base de la stalagmite ! dit Holliday en stabilisant le faisceau de sa torche.

– Vous avez raison, ce n'est pas une formation naturelle », observa Wanounou.

Un saillant de pierre à angle droit semblait émerger de la concrétion et l'encadrer, tel l'angle d'un cube.

« Le socle d'une colonne ?

– Un autel ?

– Peut-être...

– Vous pensez qu'il pourrait y avoir quelque chose dessous ? demanda Peggy, comprenant soudain où les deux hommes voulaient en venir.

– C'est possible, répondit Wanounou, sans cesser de scruter l'îlot.

– Alors, allons voir ce qu'il en est, proposa la jeune femme.

– Comment ça ? demanda le professeur.

– Eh bien, à la nage ! Vous allez là-bas avec le marteau de Doc et vous tapez sur ce truc jusqu'à ce qu'il se casse. Comme pour ouvrir une *piñata*.

– Pas très raffiné, comme méthode de fouille...
– Quelle importance ? Il n'y a pas à hésiter !
– Comme je vous l'ai dit, je ne suis pas très bon nageur.
– C'est à une soixantaine de mètres à peine ! Même un hamster pourrait nager jusque-là.
– À dire vrai, je ne sais pas nager du tout, avoua Wanounou, rougissant d'embarras. Je n'ai jamais appris.
– Doc ?
– L'idée est de toi... Pour ma part, je nous verrais bien revenir un peu plus tard avec un canot pneumatique et des outils adéquats pour faire les choses proprement.
– Ce qui implique de reprendre l'escalier ! Hors de question ! »

Sur ces mots, Peggy ôta ses baskets et défit la fermeture de son jean.

« Qu'est-ce que vous faites ? s'exclama Wanounou, l'air alarmé.
– Je vais me baigner. »

Elle s'assit sur le bord du bassin, enleva son jean en se tortillant, retira son tee-shirt, puis tendit sa main ouverte.

« Le marteau ! » ordonna-t-elle.

Avec un sourire en coin, Holliday lui passa l'outil, qu'elle glissa dans l'élastique de sa culotte. Wanounou la regardait faire comme si elle était folle.

« Qu'est-ce qui ne va pas ? lui demanda-t-elle, sourcils froncés. Il faudrait que je me fasse épiler le maillot ? »

Le professeur devint cramoisi.

Peggy trempa le bout d'un pied dans l'eau.

« Elle est froide, dit-elle en frissonnant.

– Pas de chichis, mon petit ! Quand on est capable de faire trempette en mai dans le ruisseau derrière chez oncle Henry, on n'a pas peur d'en faire autant en août dans une grotte israélienne ! » déclara Holliday.

Lui jetant un regard noir, elle s'enveloppa de ses bras et descendit prudemment dans l'eau.

« Je ne risque pas de faire de mauvaises rencontres, là-dedans, au moins ? demanda-t-elle, sa voix se répercutant dans la caverne aux allures de cathédrale. C'est tout visqueux, au fond.

– Un tapis microbien dû à des suintements, c'est tout. Rien qui morde, assura Wanounou.

– Pas de serpents aveugles ?

– Pas de serpents aveugles. »

Elle avait de l'eau à la taille, à présent. Elle remplit d'air ses poumons, bloqua sa respiration, puis s'immergea d'un coup pour refaire surface un instant plus tard.

« Brr ! Elle est glacée, et salée, avec ça ! » bredouilla-t-elle.

Se courbant en avant avec grâce, elle se laissa glisser dans l'eau et se mit à fendre la surface presque sans la rider dans un crawl parfait.

« Stupéfiant ! s'exclama Wanounou, manifestement impressionné. Que c'est beau !

– Oui, Peggy a toujours été le marsouin de la famille, dit Holliday, tout fier, touché par le commentaire admiratif de l'Israélien. À ma connaissance, c'est la première fois qu'elle nage dans un endroit pareil. »

Il fallut moins d'une minute à la jeune femme pour atteindre l'îlot rocheux. Après s'être hissée dessus, elle écarta d'un geste rapide ses cheveux mouillés de son visage et prit le marteau.

« Je tape n'importe où ? demanda-t-elle aux deux hommes en élevant la voix pour couvrir le bruit de la cascade.

– Ces concrétions sont plus fragiles qu'elles n'en ont l'air, répondit Wanounou. Tapez où vous voudrez, le résultat sera le même ! »

Peggy se détourna et leva le marteau.

« Et voilà comment on réduit à néant mille ans de travail de Mère Nature ! » marmonna le professeur.

Le marteau s'abattit sur la pierre, qui sonna comme une cloche d'église. Rien ne se passa. Peggy frappa de nouveau.

« Ça se fissure ! » cria-t-elle, tout excitée.

Elle continua à marteler la roche, qui commença à voler en éclats.

« On dirait une statue, annonça-t-elle, tout en redoublant d'effort.

– Une statue ! Et elle est en train de la démolir ! » grommela Wanounou, à qui chaque nouveau coup arrachait une grimace.

Soudain, Peggy cessa de cogner.

« Qu'y a-t-il ? » cria Holliday.

Elle recommença à casser la roche, mais à petits coups prudents cette fois.

« Il y a quelque chose à l'intérieur ! cria-t-elle d'un ton triomphal.

– Qu'est-ce que c'est ? » demanda Holliday.

Peggy se retourna tout en glissant de nouveau le manche du marteau dans l'élastique de sa culotte. Elle portait un objet sous son bras replié.

« Qu'a-t-elle trouvé ? demanda Wanounou à Holliday.

– Je ne vois pas bien. Une sorte de pot, je crois. »

Peggy se remit à l'eau et revint vers la rive en nageant à l'indienne. Une minute plus tard, tremblante et la peau hérissée par la chair de poule, elle reprit pied sur la terre ferme et tendit à Holliday l'objet qu'elle tenait. Il s'agissait d'une sorte de vase en albâtre tout simple, long d'environ vingt-cinq centimètres pour un diamètre de sept, avec un bouchon scellé par une substance noire ressemblant à du goudron.

« Je crois que la statue représentait la Vierge Marie, dit Peggy, qui grelottait et claquait des dents, tout en remettant son tee-shirt. Elle était en argile. Je crois avoir vu des mains jointes... Ce machin-là était dedans. Vous croyez que c'est le fameux rouleau ? demanda-t-elle en s'asseyant pour enfiler son jean.

– En tout cas, quelqu'un s'est donné beaucoup de mal pour cacher ce truc ! remarqua Holliday.

– Ouvrons-le.

– Pas ici, intervint Wanounou d'un ton ferme. Nous n'avons pas les outils qu'il faut.

– Des outils ? répéta Peggy. Nous n'en avons pas besoin, nous avons un marteau !

– Désolé, Peggy, Raffi a raison, déclara Holliday. Nous n'avons aucune idée du contenu de ce vase, ni de son état de conservation. Il doit être ouvert dans un environnement contrôlé.

– Comme mon labo, à l'université, ajouta Wanounou.

– Bon, si vous le dites... Donc, nous pouvons sortir de ce trou, maintenant ? »

Soudain, au loin, ils entendirent le son étouffé mais très reconnaissable d'un éternuement. Ils se figèrent. Peggy jura entre ses dents.

« On dirait que nous ne sommes pas seuls, commenta Holliday.

– Qui cela peut-il être ? demanda Wanounou, l'air inquiet.

– Personne ne sait que nous sommes là, observa Peggy.

– Les sbires de Kellerman, dit Holliday d'une voix sourde. Ils ont dû nous suivre. »

Un deuxième éternuement se fit entendre, plus proche, puis ce fut un grincement de métal rouillé. Quelqu'un manœuvrait la porte de fer.

« *Benzona*, murmura Wanounou en hébreu.

– Qu'est-ce qu'on fait ? demanda Peggy.

– On file ! décida Holliday.

– De quel côté ? objecta le professeur. Nous ne pouvons pas rebrousser chemin, nous tomberions droit sur eux.

– L'autre tunnel ? suggéra Peggy.

– Et si c'est un cul-de-sac ? dit Holliday. Nous nous retrouverions littéralement coincés dos au mur.

– Nous le sommes déjà, remarqua la jeune femme, qui brandit le marteau avant d'ajouter : Nous devrions peut-être les attendre et nous battre.

– Avec un marteau de géologue ? Tu plaisantes ! La dernière fois que nous avons affronté ces types, ils étaient armés d'automatiques. Non. La victoire va à celui qui sait quand il faut se battre, et quand il ne faut pas.

– Sun Tse ? » avança Wanounou.

Holliday fit oui de la tête.

« Sage philosophie, messieurs, mais, concrètement, on fait quoi, là ? demanda Peggy.

– Tu as bien dit que l'eau était salée ?

– Oui.

– Regardez les bords du lac ! dit Wanounou. Cette ligne sombre sur le calcaire...

– La limite de la haute mer ! s'exclama Holliday, soudain ragaillardi. C'est un bassin de marée.

– Ce qui signifie qu'il doit y avoir un écoulement quelque part, ajouta Wanounou. Il faut bien que l'eau de la cascade s'évacue d'une façon ou d'une autre.

– Regardez ! » souffla Peggy, pointant son doigt.

Derrière eux, au débouché du passage qui les avait menés au lac, les halos de plusieurs torches électriques jouaient sur les parois rocheuses.

« Allons-y ! » chuchota Holliday.

S'engageant sur l'étroite corniche entre le mur et l'eau, ils suivirent le bord du lac, cherchant le déversoir. Ils le trouvèrent à mi-chemin du fond de la caverne : un conduit large de quelques dizaines de centimètres, à peine visible dans l'ombre des avancées de roc lisse qui l'encadraient. La marée était à l'évidence basse, et, si l'on prenait comme repère le liseré noir sur les parois, l'eau ne devait pas être très profonde dans le boyau.

« Vite ! » dit Holliday d'une voix pressante en jetant un coup d'œil par-dessus son épaule.

La lueur des lampes électriques était de plus en plus vive. Leurs poursuivants se rapprochaient. Il fallait absolument se réfugier dans le tunnel d'évacuation avant que les hommes de Kellerman n'atteignent la grotte.

« Et si ça devient plus profond ? protesta Wanounou. Je vous l'ai dit, je ne sais pas nager.

– Je vous protégerai », assura Peggy.

Avec un grand sourire, elle passa son bras autour de la taille du professeur et ils descendirent dans l'eau. Holliday les suivit, le vase d'albâtre entre les mains.

La puissance du courant les prit tous les trois par surprise, les culbutant pêle-mêle dans le boyau. Wanounou poussa un cri tout de suite étouffé par la tasse d'eau glacée qui manqua de l'étrangler. Il commença à se débattre, mais Peggy parvint à lui sortir la tête de l'eau et à la lui maintenir au-dessus de la surface avec son coude replié, tandis que la rivière souterraine les entraînait à toute vitesse.

« Ça va aller ! Ça va aller ! » répétait-elle.

Tournant la tête vers l'amont dans le noir presque absolu, elle aperçut, quelques mètres derrière elle, non pas Holliday, mais le faisceau de la lampe qu'il tenait, agité dans tous les sens au gré du flot qui l'emportait.

Tout à coup, elle ressentit un choc contre son dos et comprit qu'elle avait heurté le fond du torrent, qui devenait de moins en moins profond. Elle voulut crier pour avertir Holliday, mais, avant qu'elle ait pu ouvrir la bouche, elle eut l'impression qu'un abîme s'ouvrait sous elle, et, serrant toujours Wanounou dans ses bras, elle fut aspirée à une vitesse folle le long d'un tube tout en courbes dont la paroi, très glissante, devait être tapissée du même genre de mucus que le fond du lac.

Accrochés désespérément l'un à l'autre, Wanounou et elle descendaient en trombe, violemment ballottés de-ci de-là à chaque tournant d'un trajet vertigineux que l'eau s'était frayé à travers la roche au fil des millénaires. Puis, subitement, la lumière du jour les éblouit, en même temps qu'ils étaient expulsés tout aussi brusquement dans le vide par le flot qui se déversait en cataracte dans une grotte ouverte sur la mer.

Ils tombèrent dans l'eau d'une hauteur de deux ou trois mètres. Une fois de plus, Wanounou but la tasse, et Peggy dut de nouveau le ramener à la surface, tandis qu'il toussait et battait des bras. Regardant autour d'elle, elle aperçut à quelques mètres une plage étroite et la désigna au professeur qui se mit à frapper frénétiquement l'eau pour avancer, à la manière d'un petit chien.

Ils eurent très vite pied. Comme Wanounou se laissait tomber sur le sable après être sorti de l'eau, Doc, éjecté à son tour par le torrent qui jaillissait de la paroi, effectua un vol plané pour retomber avec un grand plouf dans le bassin derrière Peggy. Il refit surface quelques secondes plus tard, le vase d'albâtre serré sous son bras. Peggy le soutint pour gagner la rive, où ils montèrent en titubant avant de s'effondrer eux aussi sur le sable.

Ils disposaient enfin d'un moment de répit.

« J'ai perdu le marteau, dit Peggy au bout d'un moment, tout en écartant ses cheveux de ses yeux et en se remettant debout, imitée par Holliday. Je me demande bien où nous sommes. »

À côté d'elle, éructant et suffoquant, Wanounou finissait de recracher l'eau qui avait pénétré dans ses poumons.

Holliday jeta un regard circulaire. Ils se trouvaient dans une grotte marine typique qui mesurait au plus trente mètres sur quinze, avec, au fond, une plage en pente douce parsemée de galets de silex plus foncés que le sable. Les parois à pic, tachées çà et là de dépôts de sel laissés par les marées, se rejoignaient pour former une voûte de pierre en voie de désagrégation. À l'entrée de la caverne, la Méditerranée brillait comme un saphir dans le soleil du début d'après-midi.

Les traces d'une occupation récente étaient visibles partout : des fûts métalliques rouillés de deux cents litres, alignés sur la grève du fond, au-dessus de la ligne de marée haute, un rouleau de cordage, plusieurs caisses éventrées et un appareil qui ressemblait à un compresseur portatif.

Au bout d'une jetée grossièrement taillée dans la pierre primitive était amarré un Zodiac qui semblait tout à fait en état de naviguer. Le bateau, un modèle militaire, peint en brun et gris terne et mesurant un peu plus de quatre mètres de long, était décoré à la proue d'un emblème représentant un bouclier encadré par des ailes de chauve-souris. Il était équipé d'une console de pilotage central et d'un moteur in-bord.

« Notre planche de salut ? demanda Peggy.

– À condition que j'arrive à le faire démarrer. »

Holliday confia le vase d'albâtre à la jeune femme puis, suivant l'étroite bande de sable, il gagna la jetée. L'amarre de l'embarcation était solidement attachée à un vieil anneau de fer par un tour mort et deux demi-clés, un nœud de marin que même un ouragan ne pouvait pas défaire.

Holliday sauta dans le bateau et alla examiner la console. Elle ne paraissait pas d'un maniement très compliqué : cinq cadrans, tous en hébreu, une serrure de contact d'allumage, un bouton de démarreur, une commande des gaz et un volant en plastique rembourré.

Il y avait une petite trappe sous le volant. Holliday l'ouvrit et en sortit une poignée de fils électriques : un vert, un jaune, un rouge. Le rouge devait correspondre à la batterie et le vert au démarreur.

Il dénuda les deux et les mit en contact. Les instruments s'allumèrent. Maintenant les fils connectés, il pressa le bouton du démarreur. Le moteur se mit aussitôt en route.

« Le carrosse de Leurs Seigneuries est avancé ! » annonça-t-il.

Peggy détacha le Zodiac, Wanounou et elle descendirent dans le bateau, puis Holliday éloigna doucement l'engin du quai et, d'un coup de volant, lui fit exécuter un virage serré qui amena la proue face à la sortie de la grotte et au grand large.

« Lequel des cadrans indique le niveau de carburant ? demanda-t-il au professeur.

– Celui-ci, répondit Wanounou en pointant son doigt. Si la jauge est fiable, le réservoir est à moitié plein.

– À quelle distance sommes-nous de Haïfa ?

– Bat Galim est à environ dix kilomètres, le port un peu plus loin, de l'autre côté de la pointe.

– Bon. On s'accroche ! » dit Holliday en tirant la manette des gaz.

22

Le Zodiac effectua le trajet le long de la côte en un peu moins de trente minutes, pendant lesquelles Wanounou, manifestement aussi piètre marin que nageur, eut le temps de passer par plusieurs nuances de vert.

Plutôt que de se fourrer dans un imbroglio administratif en rapportant le canot pneumatique à ses propriétaires légitimes, Holliday se contenta de l'échouer sur la plage devant l'hôtel Méridien et de l'abandonner là.

Le retour à Jérusalem avec le vase d'albâtre se déroula sans plus de difficultés. Au Méridien, ils négocièrent le prix de leur course avec un chauffeur de taxi nommé Bashir, qui accepta de les conduire pour deux cents shekels jusqu'au Land Cruiser de Wanounou. Ils retrouvèrent la voiture à l'endroit même où ils l'avaient laissée, apparemment intacte. Aucun autre véhicule n'était visible. Seules des traces de pneus sur le sol mou, au bord de la piste, témoignaient qu'une voiture avait stationné là récemment – un gros 4 × 4, si l'on en croyait la largeur de la bande de roulement.

Pour autant que Holliday puisse en juger, personne ne les prit en filature sur le chemin du retour, et, après un voyage sans encombre sur l'autoroute toujours aussi chargée, ils arrivèrent à Jérusalem et à l'université peu après 17 heures. Ils se rendirent directement au laboratoire de Wanounou, au sous-sol du pavillon d'archéologie.

Le laboratoire se présentait comme une longue pièce étroite et sans fenêtres, équivalente en surface à deux ou trois couloirs de piscine olympique. Un des murs était occupé sur toute sa longueur, du sol au plafond, par des rayonnages métalliques, l'autre par des paillasses encombrées de terminaux d'ordinateurs et de divers équipements, depuis des spectroscopes et des microscopes de comparaison jusqu'à des machines de découpe laser en passant par des scanners à rayons X portatifs et des cuves de nettoyage mégasonique.

Au milieu, d'un bout à l'autre du local, s'alignaient des tables lumineuses destinées au tri préliminaire et à l'examen des pièces archéologiques. Sur chacune étaient posés des plateaux contenant des outils, du ruban adhésif et des flacons d'acides ou de solvants nécessaires à la conservation, l'entretien ou la reconstitution des objets.

Peggy, Holliday et Wanounou étaient les seules personnes présentes, les autres professeurs, comme les doctorants, étant soit sur le terrain, soit partis pour les vacances d'été.

Après avoir allumé une des tables lumineuses, qui s'éclaira d'un rayonnement blanc brillant, Wanounou posa le vase dessus et s'assit sur un tabouret, encadré par Peggy et Holliday. Il prit une paire de gants jetables dans une boîte, puis un long cutter X-Acto dans un des plateaux. Il pesa ensuite le vase sur une petite balance à affichage numérique avant d'en noter le poids dans un carnet qu'il avait sorti d'un tiroir. Cela fait, il amena à lui une lampe-loupe fluorescente pour examiner l'objet de plus près.

« Le bouchon est scellé avec une sorte de mastic, déclara-t-il.

– Du mastic ? répéta Peggy.

– Une résine. On en faisait un usage médicinal, au Moyen Âge, mais on s'en servait aussi comme joint d'étanchéité. Ça colle, un peu comme du vernis, et ça devient jaune et cassant en séchant.

– Il n'existe pas de solvants pour faire ce genre de chose ? demanda Holliday, regardant l'X-Acto avec suspicion.

– Il y en a, bien sûr, dont certains sont même assez inoffensifs, mais il est préférable de casser le joint en petits morceaux pour ne pas risquer d'abîmer ce qui se trouve à l'intérieur. »

À l'aide du cutter à lame de bistouri, le professeur commença par strier en surface la pâte sèche qui recouvrait le bouchon de céramique du vase, puis il approfondit les entailles. Enfin, au bout de dix minutes d'un travail méticuleux, il parvint à glisser la lame dans l'interstice entre le bouchon et la paroi en albâtre.

Sous les yeux attentifs de Peggy et Holliday, il posa le cutter, prit une pince chirurgicale à longues branches, et ôta délicatement le bouchon, qu'il laissa de côté. Puis il orienta le vase de sorte que la lampe-loupe en éclaire l'intérieur.

« Il y a quelque chose dedans ? s'enquit Peggy.

– On dirait...

– Quoi ?

– Attendez... »

Reprenant la pince, Wanounou en introduisit doucement les branches dans le col du vase. Très concentré, il manœuvra l'instrument de-ci de-là pendant un moment, puis il le ressortit.

« Ce n'est pas ça qu'il me faut », murmura-t-il.

Il fouilla dans le plateau et en sortit un autre outil, qu'il montra à Holliday et Peggy. Avec ses branches terminées par des espèces de cuillers préhensiles, l'engin ressemblait à une pince pour barbecue revue et corrigée pour un usage chirurgical.

« Ça me rappelle un truc que j'ai vu chez mon gynécologue, commenta la jeune femme, mal à l'aise.

– Pas étonnant, dit Wanounou. C'est un forceps d'obstétricien. »

Maintenant le pot d'une main, il mit de l'autre l'instrument en place à l'intérieur, puis il fit signe à Holliday d'approcher.

« Tenez-le bien, qu'il ne bouge pas ! » ordonna-t-il.

Se penchant en avant, Holliday empoigna le vase à deux mains. Lentement, avec d'infinies précautions, le professeur tira alors du récipient le forceps, avec sa proie en remorque.

« C'est un garçon ! lança Peggy. À moins que ce ne soit un morceau de pot d'échappement de ma vieille Ford Escort.

– Un rouleau de parchemin ! s'exclama Wanounou d'une voix enfiévrée.

– Pour ma part, je préfère ne pas préciser ce que ça me rappelle, dit Holliday.

– Il veut dire que ça a l'air d'une grosse crotte », expliqua Peggy sans ambages.

C'était effectivement cela qu'évoquait l'espèce de cylindre bosselé, brun de couleur et granuleux d'aspect, pris entre les mâchoires arrondies du forceps.

« L'effet de la corrosion, expliqua Wanounou. C'est à ça que finit par ressembler l'argent quand il ternit longtemps.

– Comment peut-on nettoyer ça ? demanda Peggy.

– Avec ménagement. D'abord, on plonge la pièce dans un bac à électrolyse et on met le courant. Ensuite, quelques minutes de nettoyage mégasonique pour éliminer les dernières impuretés...

– Et après ça, vous pourrez le dérouler ?

– J'en doute. Il tomberait sûrement en poussière. Non, une fois nettoyé, il faudra que je découpe le rouleau en bandes, au laser, et si l'intérieur est corrodé, je repasserai chaque bande séparément dans le bain électrolytique. Ensuite, je radiographierai les bandes, je les photographierai, et je les placerai entre des feuilles de plastique inerte. Alors seulement vous pourrez les lire – s'il y a quelque chose d'écrit dessus.

– Bien, intervint Holliday. Et dans l'immédiat, que faisons-nous ?

– Retournez à votre hôtel et allez dîner dans la vieille ville ! Vous n'avez qu'à essayer l'Amigo Emil, c'est un petit restaurant sans prétention dans le bazar de la rue El-Khanka. Dites à Emil que vous venez de ma part. Rappelez-moi demain matin et j'aurai peut-être quelque chose à vous montrer. J'en ai probablement pour la nuit.

– Nous pourrions rester, proposa Peggy.

– Non, dit fermement Holliday. Laisse le monsieur faire tranquillement son travail.

– Vous ne voulez vraiment pas que nous vous tenions compagnie ? insista la jeune femme.

– Non, allez-y. Laissez-moi travailler. Vous seriez morts d'ennui d'ici une demi-heure si vous restiez. En sortant, achetez-vous donc un livre sur le rouleau de cuivre de Qumrân, à la librairie de l'université, ajouta-t-il en souriant. Il y en a plein les rayons. Cultivez-vous !

– D'accord, dit Peggy.

– Allez, viens », ordonna Holliday en se dirigeant vers la porte.

Peggy obtempéra, mais non sans s'être d'abord penchée sur le professeur abasourdi pour lui poser un petit baiser sur la joue.

La vieille ville de Jérusalem est un ancien quartier ceint de murs qui s'étend sur un peu moins d'un kilomètre carré dans le secteur sud-ouest de la ville moderne. Elle est divisée depuis les années 1800 en quatre zones distinctes : le quartier chrétien au nord-ouest, le quartier musulman au nord-est, le quartier juif au sud-est, et le quartier arménien, le plus petit, dont le territoire occupe une étroite bande de territoire dans l'angle sud-ouest.

Pendant la période du mandat britannique, dans les années 1920, le nouveau gouverneur de la ville, Sir Ronald Storrs, un homme aussi visionnaire que Walt Disney, décréta que tous les bâtiments des quartiers anciens et nouveaux devaient être revêtus de pierre de Jérusalem, extraite des carrières locales. Non seulement cette initiative permit de créer des emplois bien nécessaires dans une cité au bord du dépôt de bilan, mais elle donna à celle-ci une unité esthétique et empêcha que l'aspect des vieux quartiers ne se dégrade au fil des ans. Le nom de Storrs est encore aujourd'hui unanimement loué, que ce soit par les défenseurs de l'environnement, les urbanistes ou les guides touristiques.

Les murs de la vieille ville enserrent un réseau compliqué de rues tortueuses qu'un géant semble avoir pressé entre ses mains pour le réduire à des dimensions lilliputiennes. Moins d'une vingtaine de ces rues sont assez larges pour qu'on puisse y circuler en voiture, et, parmi les ruelles, nombreuses sont celles dont une personne de taille moyenne peut mesurer la largeur en écartant les bras.

L'Amigo Emil était en tout point conforme à la description qu'en avait faite Wanounou : un petit bistro sans prétention dans une rue étroite du quartier chrétien, à quelques pas de la porte de Damas. Seule une enseigne ovale rudimentaire au-dessus de la porte, représentant une tasse, un couteau, une fourchette et un bol de soupe fumant, signalait la présence du restaurant.

La salle semblait avoir été creusée à même la roche. Le plateau des tables de bois blond s'ornait de carreaux de faïence bleus formant des motifs, des coussins confortables recouvraient les chaises au dossier droit. La cuisine y était succulente. Peggy, qui avait jadis effectué un reportage d'un mois dans Beyrouth ravagé par la guerre, déchiffra le menu et commanda un assortiment de plats arabes qui leur furent servis dans des raviers carrés en céramique, accompagnés d'une pile de pain pita tout juste sorti du four.

Ils dégustèrent toute une gamme de tapas orientales en petites portions, comprenant houmous, *baba ghanoush*, *kibbeh* à base de viande épicée, *tahini*, *muhammara* – une purée de poivron relevée – et *carabage halab*, une pâtisserie arabe. Le tout accompagné de *pilsner* Maccabee glacée.

Leur repas terminé, Emil, le patron, les mena dans l'arrière-salle, à laquelle on accédait en descendant quelques marches, et là, vautrés sur d'énormes coussins, ils burent le café tout en savourant des morceaux de baklava au miel qui fondaient littéralement sous la dent.

« Fuir le piège d'un château de templiers et défier toutes les règles de l'hygiène dentaire dans la foulée, voilà ce que j'appelle "vivre" ! déclara Peggy en se léchant les doigts.

– Vivre, comme tu y vas. N'oublie pas que nous en sommes à cinq morts, protesta Holliday. Nous ne sommes pas en train de jouer à *La Poursuite de Carmen Electra* sur une console vidéo... Ou de Carmen je ne sais plus quoi ! ajouta-t-il avant de boire une gorgée de café.

– Carmen Sandiego, rectifia Peggy. Ne monte pas sur tes grands chevaux, Doc. J'essayais juste de prendre les choses un peu moins au tragique.

– Excuse-moi. C'est que je tourne et retourne toute cette histoire dans ma tête depuis un moment. Et tout ça ne tient pas debout.

– Qu'est-ce qui ne tient pas debout ?

– Beaucoup de choses. Le fait que le père de Broadbent ait trouvé l'épée avec oncle Henry, par exemple. Il est évident que c'est un mensonge. Carr-Harris ne connaissait même pas le nom de Broadbent, alors comment se fait-il que Broadbent fils ait entendu parler de cette épée ?

– Quoi d'autre ?

– Comment les hommes de Kellerman savaient-ils que nous allions nous rendre en Angleterre ? Comment ont-ils su que nous étions à Friedrichshafen à la minute même où nous avons débarqué du ferry ? Et ce moine...

– Frère Timothée ?

– Oui. Comment frère Timothée était-il au courant que nous serions à la Villa Montesano le jour où nous y sommes allés ? On aurait juré qu'il nous attendait. Et puis, il y a notre ami le professeur... »

Peggy se rembrunit.

« Raffi ? Qu'est-ce que tu lui reproches ?

– Je le trouve presque trop parfait.

– C'est son collègue de Toronto, Braintree, qui nous a suggéré de nous adresser à lui ! Tu insinues que lui aussi est impliqué dans je ne sais quelle conspiration internationale ?

– Je n'en sais rien, Peggy. Mais je te le répète, il n'y a aucune logique dans tout ça.

– Ce que je pense, c'est que tu deviens parano.

– Écoute, Carr-Harris est mort. Un des types qui lui tiraient dessus est mort. Deux des gardes de Kellerman sont morts. Le vieux bonhomme, Drabeck, est mort. Moi, je n'appelle pas ça de la paranoïa, j'appelle ça des faits.

– Des faits qui ne concernent en rien Raffi !

– Peut-être, mais ton Raffi fait un peu trop "homme providentiel" pour mon goût, grommela Holliday.

– Qu'est-ce que ça veut dire, ça, "homme providentiel" ? Où veux-tu en venir ?

– Le code sur le filigrane de l'épée nous conduit au château Pèlerin. Il se trouve que le château en question est situé sur un terrain militaire. Et là, miracle, Raffi

Wanounou a justement un copain qui lui obtient le droit d'y entrer. Nous sommes coincés sous terre avec des types à nos trousses, et, deuxième miracle, nous tombons sur un bateau qui nous permet de filer. Je ne crois pas au Père Noël.

– Mais enfin, le type qu'a appelé Raffi du Méridien pour expliquer où était le Zodiac a expliqué pourquoi ce bateau était dans la grotte. Il devait servir pour un entraînement prévu ce week-end, ou un truc comme ça !

– Un truc comme ça, oui... railla Holliday.

– Tu veux que je te dise ? Ce qui te chagrine, c'est de voir que Raffi m'apprécie, et que je le lui rends bien.

– Ça, et le reste, marmonna Holliday.

– Tu n'as pas bientôt fini de jouer les vieux schnocks ? s'exclama Peggy en riant. Tiens, reprends une part de baklava ! »

Emil apparut en haut des marches, arborant le sourire figé du restaurateur qui aimerait bien baisser son rideau. Holliday regarda sa montre. Il était 23 heures passées.

« Il est temps de rentrer à l'hôtel », dit-il.

Ils étaient descendus à l'American Colony – un endroit prestigieux – qui se trouvait à dix minutes à pied de la porte de Damas. Ils réglèrent l'addition, remercièrent Emil pour l'excellent dîner, puis sortirent dans la rue El-Khanka. Le temps s'était rafraîchi. Peggy frissonna.

Le quartier restait animé malgré l'heure tardive et une foule de touristes se pressait dans la petite rue, côtoyant des livreurs qui portaient d'énormes paniers de fruits ou de pain en équilibre sur leur tête. Une odeur de pierre chaude mêlée à des parfums d'épices flottait dans l'air, où les accents d'une douzaine de musiques différentes se superposaient au brouhaha des conversations échangées dans toutes sortes de langues.

Le rock and roll en moins, et quelques ânes en plus, la rue devait offrir le même spectacle deux mille ans plus tôt. À mi-chemin de la porte de Damas, Holliday sentit soudain ses cheveux se hérisser. Il empoigna Peggy par le coude.

« Qu'est-ce qui se passe ?

– Un type nous suit. »

23

« Tu es sûr ? demanda Peggy.

– Sûr et certain. Il attendait devant le restaurant en fumant une cigarette. Un brun, en jean et baskets, avec un sweatshirt à fermeture Éclair et capuche bleu foncé.

– Peut-être un étudiant ?

– Plutôt un flic. En tout cas, il en a l'allure.

– Pourquoi des policiers nous suivraient-ils ?

– Je n'en ai pas la moindre idée, mais j'ai bien l'intention de le savoir. »

Au coin de la rue El-Khanka, ils tournèrent vers le sud, à droite, dans Bab Khan El-Zeit, une rue commerçante bien éclairée où de nombreuses boutiques et échoppes étaient encore ouvertes.

« L'hôtel n'est pas par là, dit Peggy. Il aurait fallu prendre à gauche, pour retourner à la porte de Damas.

– Je sais.

– Alors pourquoi avons-nous pris par ici ?

– Pour comprendre ce qui se passe une bonne fois pour toutes. »

Holliday tourna de nouveau dans une ruelle adjacente appelée El-Khayat, dont seule l'entrée était éclairée. Après avoir descendu quelques marches de pierre, ils poursuivirent leur chemin dans la pénombre. Quelques secondes plus tard, l'homme à la capuche apparut et entra à son tour dans la venelle.

« Il est toujours derrière nous ? demanda Peggy, nerveuse.

– Oui. Maintenant, au moins, nous sommes sûrs qu'il nous file.

– Qu'est-ce qu'on fait ?

– Je ne sais pas trop.

– Nous devrions peut-être rentrer tout simplement à l'hôtel, et demander demain à Raffi ce qu'il pense de tout ça ?

– Tu pourras le lui demander si tu veux. Moi, c'est tout de suite que je veux une réponse.

– Tu crois vraiment que c'est un flic ?

– Je ne suis sûr de rien. Ça pourrait être juste une petite frappe qui cherche à détrousser le touriste, mais je ne le crois pas.

– Parce qu'on détrousse les gens à Jérusalem ?

– Pourquoi pas ? On y commet bien des attentats suicides !

– C'est effrayant ! Comme d'imaginer des pickpockets à Bethléem... On ne respecte vraiment plus rien. »

À l'extrémité de la ruelle, ils prirent une nouvelle fois vers le sud, empruntant la rue du quartier chrétien, une voie un peu plus large, bordée de boutiques et de restaurants, où ils retrouvèrent la cohue des badauds. Beaucoup de magasins avaient fermé leurs volets de bois pliants, et le ciel était à demi masqué par les auvents qui faisaient saillie au-dessus de la chaussée comme des étagères. De loin en loin s'ouvrait l'entrée aux ombres inquiétantes d'une étroite ruelle.

Comme ils atteignaient l'angle de la rue du quartier chrétien et de la rue David, Holliday aperçut la silhouette d'un autre homme qui fumait une cigarette appuyé contre un mur. Celui-ci portait un tee-shirt souvenir de la tournée *Tattoo You* des Rolling Stones, en 1981. Le tee-shirt était si vieux que la langue du logo avait viré au rose pâle.

Holliday s'arrêta devant une boutique de potier où une énorme dondon affublée d'un chapeau de paille et d'un pantalon de survêtement tendu à craquer avec le mot JUICY écrit en grosses lettres sur les fesses négociait un achat d'une voix tonitruante avec l'accent du New Jersey. Les musulmans n'avaient peut-être pas tort, songea-t-il en s'efforçant de ne pas regarder la touriste avec trop d'insistance : l'exhibition de certains corps féminins était vraiment une offense à Dieu.

Du coin de l'œil, il observait Tattoo You qui échangeait quelques mots avec Capuche Bleue. Ce dernier acquiesça de la tête puis, rebroussant chemin, il s'éloigna dans la rue du quartier chrétien.

« Nous avons changé de mains, dit Holliday.

– Que veux-tu dire ?

– Capuche Bleue vient de passer le témoin à un collègue. Celui qui nous file maintenant porte un tee-shirt des Rolling Stones.

– C'est important ?

– Ça prouve qu'ils sont organisés. »

Cela prouvait aussi qu'ils étaient assez nombreux pour couvrir l'ensemble de la vieille ville, et qu'ils communiquaient entre eux – probablement au moyen de radios à oreillettes. Des policiers, pour le moins. Il était en effet douteux que la bande de Kellerman ait les moyens de mettre en place aussi rapidement une surveillance aussi sophistiquée, surtout en Israël.

Tournant le dos à la boutique de poterie, Holliday et Peggy prirent à droite. Loin devant eux, splendidement illuminé, se dressait le dôme du Rocher, la mosquée construite sur le site historique du temple du roi Salomon, source quasi mythique de la fortune des Templiers. Le dôme proprement dit était couvert d'un revêtement de cent soixante-seize tonnes d'or, offertes par le roi Hussein de Jordanie peu avant sa mort.

Ils traversèrent la rue El-Lahamin et gagnèrent Bab al-Silsileh. En face d'eux, le dôme du Rocher s'élevait tel un phare grandiose surgi du dédale de pierre calcaire des bâtiments alentour. Encore plus nombreux ici qu'ailleurs, les touristes se dirigeaient en masse vers le dôme, ou vers le mur des Lamentations, construit par Hérode pour ceinturer et consolider le mont du Temple.

Même à plusieurs rues de distance, Holliday distinguait les flashes des JUICY du New Jersey qui mitraillaient le célèbre lieu saint, histoire de faire crever de jalousie leurs copines de Bergen County en leur montrant les photos.

Parmi la foule, Holliday vit au moins une demi-douzaine de prêtres catholiques, un *papas* orthodoxe grec en soutane noire, toute une compagnie de nonnes portant l'habit bleu et blanc de mère Teresa, et plusieurs rabbins à barbe longue et grand chapeau.

S'écartant du flot des visiteurs, Holliday et Peggy plongèrent de nouveau dans une venelle tortueuse orientée vers le sud. Derrière eux, Tattoo You suivait à bonne distance. Sous son tee-shirt trop grand, qu'il n'avait pas rentré dans son pantalon, il portait probablement une arme à la ceinture. Musclé, athlétique, il ne paraissait pas avoir plus de trente ans et, même sans arme, il aurait fait largement le poids face à Holliday dans un affrontement. L'attaquer était donc hors de question.

La ruelle les menait à présent vers l'ouest et le quartier arménien. Comme partout dans la vieille ville, les plaques de rue, boulonnées ou scellées dans les murs à chaque carrefour, étaient en trois langues : hébreu, arabe et anglais. Il était plus facile de trouver son chemin ici que sur les autoroutes !

Si Holliday n'avait toujours pas arrêté une ligne de conduite bien définie, il excluait pourtant une chose : filer se réfugier à l'hôtel et faire le mort. Même s'il n'était pas assez fou pour engager une lutte perdue d'avance, il n'était pas dans sa nature de fuir le combat. Mais quoi qu'il en soit, l'énigme demeurait entière : en quoi leurs activités pouvaient-elles intéresser la police israélienne, qu'elle soit municipale ou nationale ?

Ils tournèrent de nouveau dans une rue étroite, baptisée Tiferet-Yisrael. Celle-ci les conduisait encore plus loin vers l'ouest. Ils avaient à présent le dôme du Rocher derrière eux. Les touristes ne fréquentaient pas ce secteur, et les seuls pas audibles étaient ceux de leur suiveur.

« Nous allons lui fausser compagnie », décida Holliday, lassé de ce petit jeu exaspérant du chat et de la souris.

Quittant Tiferet-Yisrael, ils se faufilèrent entre deux rangées d'immeubles anonymes, dans un passage trop étroit pour porter même un nom.

Au bout de cette traverse, ils repartirent vers le nord, suivant une rue aménagée de loin en loin en escaliers à longues et larges marches. Une plaque leur apprit qu'ils se trouvaient dans Hakraim-Gilaad. Cette voie finit par les ramener dans Tiferet-Yisrael, où ils firent une pause. Tattoo You avait disparu.

« Tu crois que nous l'avons semé ? demanda Peggy.

– Ça en a l'air. »

Holliday scruta les alentours. La fraîcheur du soir s'était accentuée et tous les volets étaient fermés dans la petite rue déserte.

« Qu'est-ce que c'est que cette histoire ? reprit Peggy. Si tu as repéré ces types si facilement, ils ne doivent pas être très professionnels.

– Je crois qu'ils voulaient nous intimider. Nous faire comprendre que nous sommes sous surveillance.

– Tu penses qu'ils ont un rapport avec les gens qui étaient dans le souterrain, ce matin ?

– Je l'ignore. Nous devrions peut-être poser la question demain à ton ami Raffi, comme tu le suggérais.

– Tu ne vas pas recommencer ! »

Comme ils reprenaient Tiferet-Yisrael en sens inverse, vers la rue El-Lahamin et la porte de Damas, un homme entièrement vêtu de noir sortit d'une embrasure et vint dans leur direction d'un pas nonchalant. Holliday aperçut un reflet blanc au niveau de son col. Un prêtre catholique. Roux, le teint rubicond, la cinquantaine, il portait une veste noire ample sur une chemise noire à plastron réglementaire et des lunettes à monture demi-cerclée.

Il leur adressa en passant un salut de la tête, qu'ils lui rendirent. Dans la fraction de seconde que dura cet échange, un éclat dans le regard du prêtre retint l'attention de Holliday. Un éclat glacial. Comme il poursuivait sa route, secouant un vague sentiment de malaise, il entendit derrière lui un bref claquement métallique qui lui était familier : le déclic d'un pistolet qu'on arme. Il se retourna.

Le prêtre se tenait face à eux, à moins de trois mètres, un pan de sa veste écarté révélant un holster. Il serrait dans sa main un automatique tchèque Skorpion dont le canon court était équipé d'un gros silencieux noir en forme de saucisse. Pas le temps de réagir. L'homme leva son arme à hauteur de poitrine, le doigt sur la détente. Aucune échappatoire possible; ils étaient morts.

Il y eut un grand bruit, comme si un géant frappait une porte du plat de la main. Un bref instant, Holliday eut l'impression de voir onduler la veste du prêtre comme sous l'effet d'un fort coup de vent. Puis l'homme s'affaissa en avant sur le sol, lâchant le pistolet, qui tomba avec fracas sur les pavés.

Tattoo You surgit de la ruelle sombre d'où eux-mêmes venaient de sortir, portant un pistolet automatique Jéricho en polymère noir, celui que les Américains surnomment "l'Aiglon". Il jeta un bref regard à Holliday et Peggy, puis rengaina son arme sous son tee-shirt.

« Fichez le camp d'ici, vite ! » dit-il.

Sur ces mots, il tourna les talons et s'évanouit dans l'ombre de la ruelle.

Holliday alla jusqu'à la dépouille et s'accroupit. Du sang coulait sous le bras gauche du prêtre : la balle de Tattoo You lui avait traversé la poitrine latéralement de part en part. Un tir parfaitement ciblé qui avait anéanti d'un seul coup le cœur et les poumons.

Holliday fouilla dans la poche intérieure de la veste du mort, où il trouva un portefeuille et un passeport. Le passeport, de couleur rouge, était frappé de la mitre dorée et des clés entrecroisées qui constituent l'emblème du Saint-Siège. Il ouvrit le document à la page des renseignements d'identité.

L'homme était un certain Brendan Jameson, né le 22 octobre 1951 à Mount Kisco, dans l'État de New York, résidant temporairement à Rome, Italie. La rubrique « Profession » indiquait seulement « prêtre ». Un prêtre armé d'un équivalent tchèque de pistolet Uzi ? Holliday glissa le passeport dans la poche où il l'avait pris et s'intéressa au portefeuille. Les pièces d'identité que contenait celui-ci étaient au même nom que le passeport. Il remit le portefeuille en place et se releva. Au loin, il entendit la plainte de plusieurs sirènes qui se rapprochaient.

« Allons-nous-en, dit-il.

– Tu ne crois pas que nous ferions mieux d'appeler la police ? demanda Peggy.

– La police ? Elle arrive. Quelqu'un a dû entendre la détonation.

– Il vaudrait peut-être mieux rester pour leur expliquer ce qui s'est passé, non ?

– Leur expliquer quoi ? Ce que nous faisons là avec le cadavre d'un prêtre ? J'ai déjà du mal à me l'expliquer à moi-même. De plus, je te rappelle que j'ai tué des gens en Angleterre et en Allemagne. Dans la plupart des pays, on appelle ça des meurtres. Et ne me parle pas de présomption d'innocence ! La justice ne connaît que deux choses : la loi et l'ordre. Allez, viens ! »

Empoignant Peggy par le bras, il la détourna du cadavre. Vingt minutes plus tard, la vieille ville loin derrière eux, ils arrivèrent à l'American Colony Hotel, route de Naplouse. Comme ils pénétraient dans le petit vestibule décoré d'arcades, un homme corpulent avec une couronne de cheveux noirs frisés se leva d'un des canapés en brocart rouge et vint à leur rencontre. Il était vêtu d'un costume gris froissé, sous lequel se devinait le holster qu'il portait à la poitrine. Holliday se crispa.

« Monsieur Holliday ? Mademoiselle Blackstock ? C'est bien ça ? s'enquit l'homme avec un sourire affable en leur tendant la main.

– À qui avons-nous l'honneur ? » répliqua Holliday.

Le sourire de l'inconnu perdit un peu de sa cordialité.

« Inspecteur principal Isidor Landsman, de la police israélienne.

– Que nous voulez-vous ?

– Vous êtes le colonel Holliday ?

– Oui.

– Il s'est produit un accident. Votre ami le Dr Wanounou, de l'université...

– Un accident ?

– Que lui est-il arrivé ? demanda Peggy. Il est blessé ?

– Le Dr Wanounou a été roué de coups. Il est au centre hospitalier universitaire. Je peux vous conduire à son chevet, si vous le souhaitez. »

24

Ils ne furent autorisés à voir le professeur que le lendemain matin de bonne heure. D'après le médecin qui le suivait au CHU Hadassah, un quinquagénaire du nom de Menzer, l'archéologue avait eu le crâne fracturé, ainsi que le nez, un bras et plusieurs côtes. Il souffrait en outre de diverses plaies et contusions. Si la fracture du crâne avait été plus grave, il n'aurait pas survécu.

« En un mot comme en cent, on lui a fait sa fête », conclut Menzer en les dévisageant d'un air vaguement dubitatif, comme s'il les soupçonnait de savoir pour quelle raison une chose pareille avait pu arriver à un professeur d'archéologie sans histoire qui travaillait tard dans son laboratoire.

Isidor Landsman les avait regardés de la même façon quand il les avait interrogés pendant le trajet en voiture vers le campus et l'hôpital du Mont-Scopus par l'avenue Cheil-Handasa. Il avait voulu savoir pourquoi leurs noms étaient les seuls mentionnés à côté de celui de Wanounou sur le registre de sécurité du pavillon d'archéologie, quels étaient leurs liens avec le professeur, pourquoi ils étaient avec lui dans le laboratoire, ce qu'ils avaient fait avant d'arriver à l'université, ce qu'ils avaient fait après avoir quitté l'archéologue – en bonne forme d'après eux. Puis il leur avait demandé à de multiples reprises pourquoi et par qui, à leur avis, le Pr Wanounou avait bien pu être brutalisé au point d'être laissé pour mort sur le sol de son laboratoire.

Holliday et Peggy s'en étaient tenus à l'essentiel : ils étaient venus en Israël sur les conseils du professeur Steven Braintree, du département d'études médiévales de l'université de Toronto, pour y consulter Wanounou à propos d'une pièce archéologique ayant appartenu à leur parent décédé, Henry Granger. Le statut de militaire d'active décoré et d'enseignant à West Point dont se prévalait Holliday avait quelque peu amadoué l'inspecteur grassouillet, mais pas au point de le faire renoncer à poser des questions. Il avait toutefois fini par les lâcher en les priant de « ne pas quitter la ville », selon la formule consacrée.

À 7 h 30 du matin, ils purent enfin entrer dans la chambre de Wanounou, au cinquième étage – une chambre d'hôpital des plus banales, avec un revêtement de sol en plaques de vinyle noir, des murs couleur crème et une porte assez large pour laisser passer un brancard.

Il y avait dans le mur un sinistre bouton d'alarme bleu, sur lequel se détachait le mot CODE en lettres blanches. La pièce contenait deux lits. Le plus proche de la porte était vide, mais quelqu'un y avait manifestement dormi. Wanounou occupait l'autre, près de la fenêtre, avec vue sur le ciel bleu lumineux. Il flottait dans l'air une odeur d'encaustique et d'alcool dénaturé.

Des gens circulaient à pas feutrés dans le couloir, portant des bouquets de fleurs et jetant en passant un coup d'œil par les portes ouvertes.

Le professeur n'était pas beau à voir. Les deux yeux au beurre noir, aux trois quarts fermés, les lèvres enflées, couleur aubergine, il avait le crâne ainsi que le bras gauche plâtrés et le nez bandé. Il était hérissé de fils et de tuyaux.

Des machines cliquetaient et ronronnaient tout autour de lui. Des fluides lui entraient goutte à goutte dans le corps, d'autres en sortaient. L'infirmier, prénommé Joseph, un grand maigre au visage émacié avec un accent slave et une cicatrice qui lui bourrelait le menton, les informa qu'ils ne devaient pas rester plus d'une demi-heure. Et il n'avait pas l'air de plaisanter.

Wanounou était conscient, bien que légèrement étourdi par le cocktail de médicaments qu'on lui avait administré. Quand il les vit approcher de son lit, il leur sourit de ses lèvres boursouflées. Deux de ses dents de devant étaient ébréchées et il zézayait en parlant.

« Je vous ferais bien la bise, mais ça risquerait d'être trop douloureux », dit Peggy en s'asseyant dans un fauteuil qu'elle avait tiré près du lit.

Elle posa une main sur la jambe de Wanounou, cachée sous le drap. Le sourire du professeur s'élargit, au risque de lui faire éclater les lèvres. Holliday fit une grimace.

« Je me sens mieux, assura l'Israélien. J'ai un peu faim.

– C'est bon signe, remarqua Peggy.

– Que s'est-il passé ? demanda Holliday.

– Je travaillais sur le rouleau. Il devait être 22 h 30. Trois types sont entrés dans le labo. L'un d'eux avait une mallette. Il a pris les bandes de métal que j'avais découpées et les deux autres se sont mis à me tabasser. L'un avec un morceau de tuyau enroulé dans du chatterton, l'autre avec ses poings. »

Ce fut au tour de Peggy de faire une grimace.

« De quoi avaient-ils l'air, ces types ? s'enquit Holliday.

– De gars qui fréquentent assidûment les salles de sport. À part ça, rien de notable.

– Des militaires ?

– Peut-être. Mais ils n'avaient pas les cheveux particulièrement courts, sauf celui qui tenait la mallette. Il était chauve.

– Des tatouages ? demanda Holliday, songeant à celui que portait le tueur chez Carr-Harris.

– Je n'en ai pas vu.

– Un accent quelconque ?

– Ils parlaient peu.

– Vraiment rien ? »

Wanounou réfléchit un moment. Les appareils cliquetaient et chuintaient dans le silence.

« Le type à la mallette... dit-il enfin.

– Eh bien ?

– C'était un chrétien.

– Comment le savez-vous ?

– Il portait un petit crucifix pendu autour de son cou par une chaînette. En or. »

Ce qui ne signifiait pas grand-chose à l'époque actuelle...

« Rien d'autre ? »

Wanounou réfléchit de nouveau.

« Si, un truc. C'est idiot...

– Dites toujours !

– Un des deux qui me donnaient des coups de pied, juste avant que je perde connaissance...

– Oui ?

– Ses bottes. Des bottes de moto. Vous savez, avec une boucle...

– Oui.

– J'ai reconnu la marque. C'étaient des Rogani Bruno e Franco. Un bottier de luxe qui fait aussi de belles chaussures de ville. J'ai toujours rêvé d'en avoir une paire.

– Et alors ?

– C'est une marque italienne. Le seul endroit où on puisse en acheter est une ville qui s'appelle Macerata, près de la côte Adriatique.

– Comment se fait-il qu'un homme comme vous soit au courant de ce genre de chose ? demanda Peggy.

– *Fanum Voltumnae*, répondit Wanounou, comme s'il allait de soi que Peggy et Holliday savaient de quoi il parlait.

– *Fanum* signifie "temple", ou "sanctuaire", n'est-ce pas ? dit Holliday, se rappelant les cours de latin de Mary-Lou Gemmill, qui menaçait de priver de bal de fin d'année quiconque n'arrivait pas à décliner les noms neutres à radical en *i* à la fin de l'heure.

– C'est exact. Il y a un site archéologique majeur, là-bas. Étrusque. Ce n'est pas très loin d'Orvieto, qui était un important centre de regroupement pour les croisés en route pour Jérusalem. J'ai visité le site je ne sais combien de fois.

– Où en étiez vous du travail sur le rouleau quand vous avez été attaqué ? Êtes-vous parvenu à le lire ?

– Je n'ai même pas eu le temps de nettoyer les morceaux.

– En combien de tranches l'aviez-vous découpé ?
– Neuf.
– Quelle longueur faisait-il en entier ?
– Trente centimètres. J'ai mesuré chaque bande.
– Et le chauve a tout embarqué ?
– Je ne peux que le supposer. J'avais l'esprit ailleurs... »

Peggy adressa à Holliday un regard sans aménité.

« Vous voulez un peu d'eau ? » proposa-t-elle au professeur, qui acquiesça.

Il y avait une carafe et un gobelet en plastique avec une paille souple sur la table de chevet à roulettes. Peggy versa un peu d'eau dans le gobelet et approcha la paille des lèvres de Wanounou. Il but, puis laissa retomber sa tête sur la taie bien repassée de son oreiller, comme si l'exercice l'avait épuisé.

Holliday soupira. Peut-être la perte du rouleau et du secret qu'il recelait était-elle un signe. La mort du prêtre dans la ruelle de la vieille ville arrondissait à une demi-douzaine le nombre des victimes dont il avait connaissance, mais combien d'autres personnes avaient perdu la vie à cause de l'épée et de son message caché ? Quoi qu'il en soit, sans le rouleau, leur quête ne pouvait pas continuer. Ils avaient atteint le bout de la route. Il ne leur restait plus qu'à rentrer chez eux.

« Bon, j'imagine que nous avons fait le tour de la question, dit-il. C'est l'impasse. Nous n'avons plus qu'à faire nos valises.

– Quoi ? Vous voulez laisser tomber ? demanda Wanounou. Après toutes les épreuves que vous et Peggy avez traversées ? Après tous les sacrifices que j'ai consentis pour vous ?

– Vous feriez une excellente mère juive ! lança Holliday avec un sourire sans joie.

– Il se trouve que j'*ai* une mère juive : elle a dû déteindre sur moi », répliqua le professeur.

Il essaya de sourire à son tour, mais il grimaça aussitôt de douleur.

« Que voulez-vous que je fasse sans savoir ce qui était écrit sur ce rouleau ? s'exclama Holliday en haussant les épaules. À moins que des douaniers particulièrement soupçonneux n'arrêtent vos voleurs italiens à l'aéroport, il est perdu à jamais.

– Le rouleau lui-même est peut-être perdu, mais il se pourrait que nous ayons encore le message...

– Expliquez-moi ça !

– La spectrométrie de fluorescence X, ça vous dit quelque chose ?

– Ça a un rapport avec les rayons X ? risqua Peggy.

– Des rayons X fluorescents ? avança Holliday.

– Peu importe, dit Wanounou. Il s'agit d'un procédé relativement nouveau qui sert à analyser toutes sortes de choses, y compris les artefacts archéologiques. Il a été utilisé récemment pour révéler un texte du palimpseste d'Archimède – une copie datant des années 300 avant Jésus-Christ qui contenait quelques-unes de ses théories mathématiques, et qui avait été en partie badigeonnée de peinture.

– Et alors ?

– L'argent du rouleau étant fin, cassant, et très fragile, je me suis dit que l'opération de nettoyage risquait d'endommager les images ou le texte éventuellement inscrits sur la feuille de métal... »

Sa voix devenait rauque. Il fit une pause et Peggy lui redonna un peu à boire.

«Donc, reprit-il, avant de mettre les morceaux dans le bain électrolytique, je les ai portés à l'étage, dans le département d'imagerie scientifique, et je les ai passés un à un dans le gros spectromètre Philips qu'ils ont là-haut. J'ai ensuite transféré les données obtenues sur mon ordinateur du labo, et je m'apprêtais à les étudier quand les gros bras sont entrés.

– Donc, les données sont toujours dans votre ordinateur?

– Elles devraient y être.»

Un peu plus tard dans la matinée, munis d'un papier portant le code d'accès à l'ordinateur de Wanounou, Peggy et Holliday s'introduisirent dans le laboratoire d'archéologie au moyen de la clé que le professeur leur avait confiée. À l'exception d'une tache sombre sur le sol, rien ne laissait deviner qu'un incident fâcheux s'était produit là. Aucun objet brisé. Tout semblait en place.

Le vase d'albâtre était posé sur un statif de reproduction, attendant d'être photographié et répertorié. De petits fragments de couleur rouille jonchaient le plateau en plastique blanc où Wanounou avait dû déposer les tranches du rouleau découpées au laser. Mais celles-ci n'y étaient plus.

Peggy s'assit devant le terminal d'ordinateur, le démarra, puis tapa le mot de passe du professeur. Elle entra ensuite le nom qu'avait attribué Wanounou aux données fournies par le scanner de fluorescence et ouvrit le fichier. Une série d'images vivement colorées mais un peu floues apparut sur l'écran.

« D'après ton ami Raffi, les rayons X réagissent aux particules de fer contenues dans l'encre métallogallique qu'on utilisait au Moyen Âge, dit Holliday en scrutant l'écran par-dessus l'épaule de la jeune femme.

– Pourquoi avoir écrit à l'encre sur de l'argent ?

– Pour pouvoir guider l'outil avec lequel le texte a été gravé ensuite dans le métal.

– Les images sont floues. Il manque des mots et des lettres. Et c'est en latin... Tu arrives à lire ce qui est écrit ? »

Holliday se pencha un peu plus.

« "*Innocent III, Episcopus, Servus Servorum Dei. Sancti Apostoli Petrus et Paulus : de... potestate et auctoritate confidimus ipsi intercedant pro... ad Dominum. Precibus et meritis... Mariae semper Virgi... beati Michaelis Archangeli, beati Ioannis Bapti... et sanctorum Apostolorum Petri et Pauli et Sanstorum misreatur vestri omnipotens Deus ; et dimissis omni... peccatis vestris, perducat vos Iesus Christus ad vitam aeternam.*"

– Tu m'en diras tant ! gouailla Peggy. Tu peux traduire ?

– C'est une bénédiction apostolique du pape Innocent III. De celles qu'on appelle *Urbi et orbi* – à la ville et au monde. "Puissent les saints Apôtres Pierre et Paul en la puissance et l'autorité desquels nous plaçons notre confiance, intercéder pour nous auprès du Seigneur..." *Et cætera.* Innocent était un pape de l'époque des croisades. C'est lui qui a fini par donner l'ordre d'arrêter et d'éliminer les templiers.

Ce n'est que ça ? Une bénédiction ?

– Non, il y a autre chose, dit Holliday en observant le texte. Il serait possible d'imprimer ça ?

– Sans doute... »

Après avoir tâtonné un instant avec la souris et le clavier, Peggy trouva comment procéder. À côté d'eux, une imprimante se mit à bourdonner.

« Blablabla... "Que Jésus-Christ vous guide vers la vie éternelle..." lut Holliday. Blablabla... "Descende sur vous et soit en vous à tout instant..." Ah, nous y sommes ! "Par le présent acte, nous vous donnons, Rutger von Blum, dit Roger de Flor, Grand Amiral de Naples et du saint ordre du Temple, pleine autorité pour transporter ces trésors en lieu sûr au-delà des mers, hors de portée de l'infidèle Saladin."

– Il y a des précisions sur l'emplacement de ce "lieu sûr" ?

– Pas vraiment. Le texte dit seulement... *fanum cavernam petrosus quies*.

– Ce qui signifie ?

– En gros : "une grotte sanctuaire tranquille dans le roc". Enfin, quelque chose comme ça.

– Il faut que nous retournions parler à Raffi. »

Quand ils arrivèrent à l'hôpital, à l'autre bout du campus, Raffi était assis dans son lit, débarrassé d'une bonne partie de ses fils et de ses tuyaux. Il était en train de manger de la gélatine verte, qu'il aspirait prudemment entre ses lèvres saccagées. Ils lui montrèrent les photos imprimées, les mettant l'une après l'autre devant ses yeux tuméfiés. Holliday lui donna la traduction approximative du texte latin.

« C'est une bulle pontificale, confirma le professeur. Une proclamation. Une autorisation officielle, comme les lettres patentes que l'on donnait aux corsaires.

– Je me suis toujours demandé pourquoi on appelait ça une bulle. Quel est le rapport ? demanda Peggy.

– *Bulla* est le nom du sceau en plomb que l'on apposait au bas des documents, expliqua Raffi.

– Et cette “grotte sanctuaire dans le roc”? Ça vous dit quelque chose? demanda Holliday.

– À moi, non. Mais je sais à qui vous pourriez poser la question.

– À qui?

– À un ami à moi, Maurice Bernheim. Il est conservateur au Musée national de la marine, à Paris. Il a écrit un ouvrage sur l'histoire des échanges maritimes en Méditerranée. Si quelqu'un peut savoir quelque chose de ce Roger de Flor, c'est bien Maurice.»

25

Logé dans une aile du palais de Chaillot, construit dans les années trente, le Musée national de la marine domine le Champ de Mars. C'est sur la terrasse de ce musée que se tient Hitler, dos à la tour Eiffel, sur la photo de lui prise lors de sa visite éclair de Paris occupé. Âgé d'à peine plus de quarante ans, direct et chaleureux, Maurice Bernheim était du genre boute-en-train. Sa première réaction, en voyant le bandeau sur l'œil de Holliday, fut de lui dire qu'il pourrait facilement se reconvertir dans la piraterie. Châtain, bien en chair, il portait un élégant costume Pierre Cardin, des chaussures de prix, et fumait des Boyard papier maïs, une variété de cigarettes particulièrement malodorantes. Des Boyard. Holliday ignorait qu'il fût encore possible de s'en procurer. S'il se souvenait de ces cigarettes, outre le fait qu'il avait failli étouffer un jour en tentant d'en fumer une, c'était grâce au film *Blade Runner*, où les personnages ne fumaient rien d'autre. Elles dégageaient une odeur de vieilles baskets qui auraient pris feu.

Le bureau de Bernheim, somptueux, s'ouvrait par des portes-fenêtres sur la terrasse même où s'était tenu Hitler, et commandait la même vue qu'avait découverte le Führer. Des marines ornaient les espaces vides entre les corps de bibliothèque qui couvraient les murs, et sur les rares étagères dépourvues de livres étaient exposés des bateaux dans des bouteilles. Les sièges en cuir, luxueux et confortables, l'immense bureau ancien en bois sculpté, les magnifiques tapis persans, tout respirait la richesse. Soit Bernheim jouissait d'une fortune personnelle, soit il touchait un salaire mirobolant.

« Si je connais l'ignoble Roger de Flor ? s'exclama Bernheim en se renversant dans son fauteuil, laissant sa cigarette se consumer en volutes torsadées dans un lourd cendrier en cristal déjà rempli de mégots rescapés de précédents feux de brousse. Je ne connais que lui !

– Pourquoi "ignoble" ? demanda Holliday.

– Ce n'était pas un personnage très recommandable, vous savez. Un aventurier. Un mercenaire... Il n'hésitait pas à se dresser contre ses employeurs, à l'occasion, et à prendre leur place. Il réussissait trop bien, comme ses amis templiers. Mais tout le monde s'accorde à dire que c'était un grand marin.

– Pourquoi est-il appelé Rutger von Blum sur le rouleau que nous avons trouvé ?

– C'était son nom », répondit Bernheim avec un haussement d'épaules bien français.

Il reprit sa cigarette, se la planta au coin des lèvres, puis aspira une bouffée et souffla un gros nuage de fumée vers le plafond.

« Il était né en Italie, reprit-il. Son père était Grand Fauconnier, à Brindisi. "Blum" signifie "fleur" en allemand. Il se faisait appeler "de Flor" par pure convenance politique. Il faut hurler avec les loups, comme on dit.

– Comment est-il entré en relation avec les Templiers ?

– C'était un cadet, ce qui signifiait que son père ne savait pas quoi faire de lui. En ce temps-là, un cadet devenait prêtre, ou marin. À sa majorité, le jeune Roger s'est embarqué sous contrat à bord d'une galère templière, dont il a fini par devenir le capitaine. Pas plus compliqué que ça. »

Bernheim aspira une nouvelle bouffée de sa Boyard avant dc poursuivre :

« Au fil du temps, il a constitué une flotte de guerre et une flotte marchande qu'il louait. Son navire amiral s'appelait le *Wanderfalke* – le *Faucon Pèlerin*, une caravelle. Deux cents tonneaux, un gros bateau pour l'époque.

– Je vous ai lu la traduction du texte latin de notre rouleau, au téléphone. Elle évoque quelque chose, pour vous ? »

Bernheim sourit de toutes ses dents et tira sur sa cigarette.

« Elle ne m'a rien rappelé au premier abord. Le latin n'a jamais été mon fort, pour ne pas dire davantage, même quand j'étais plus jeune, et j'ai l'impression que votre traduction est peut-être aussi... approximative que pouvaient l'être les miennes.

– Je vous concède que je ne suis pas un grand latiniste.

– Donc, elle n'a pas... "sonné une cloche", comme vous dites en anglais, je crois... Elle n'a réveillé aucun souvenir. Alors, j'ai réfléchi. Puis j'ai fumé quelques cigarettes, et j'ai réfléchi un peu plus. *Fanum cavernam petrosus quies*... Comme je n'arrivais à rien, j'ai fait ce que m'avait appris mon vieux professeur, M. Forain. J'ai décomposé la phrase.

– Vous en avez fait l'analyse grammaticale ?

– C'est ça, l'analyse grammaticale. *Fanum :* temple, lieu saint. *Cavernam :* grotte, creux. *Petrosus :* roc, pierre. *Quies :* repos, endroit sûr.

– Et alors ? Une cloche a sonné ? demanda Peggy.

– Oui, et elle a même sonné fort ! M. Forain nous serinait que l'important, en latin, était souvent la façon de regrouper les mots. Or, quels groupes de mots avons-nous ici ?

– D'abord *Fanum cavernam* puis *petrosus quies*, répondit Holliday.

– Tout à fait. Nous avons d'une part une "sainte grotte", et de l'autre un "roc de tranquillité". Et là, j'ai compris. Il s'agit en fait d'un jeu de mots, ou d'un code. *Quies*, l'endroit tranquille, peut signifier un port. Le port du rocher. Vous voyez ?

– Et il existe un endroit de ce nom ? s'enquit Peggy.

– Absolument ! acquiesça Bernheim en écrasant son mégot fumant d'un geste triomphant. Le port d'attache de Roger de Flor : La Rochelle.

– Et la sainte grotte ? demanda Holliday.

– Saint-Émilion.

– Saint-Émilion ? répéta Peggy. Je croyais que c'était un vin.

– C'en est un, mais c'est aussi un village situé à moins de deux cents kilomètres de La Rochelle. Un village avec une église monolithe creusée dans le calcaire, où l'ermite saint Émilion avait élu domicile, dans une grotte sous le sanctuaire actuel. Le port du Rocher, la Sainte Grotte... Qu'en dites-vous ?

– C'est une interprétation plausible, admit Holliday.

– Plus que plausible : certaine. Allez voir cette personne à La Rochelle... »

Bernheim griffonna quelque chose sur un bloc-notes, arracha la feuille et la tendit à Holliday, qui lut : « Docteur Valérie Duroc, université de La Rochelle, 23, avenue Albert-Einstein, La Rochelle, France. »

« Elle vous servira de guide », dit Bernheim.

En sortant du musée, Holliday et Peggy traversèrent la Seine par le pont d'Iéna, près duquel se trouve un embarcadère de bateaux-mouches, puis ils longèrent les quais, ravis de respirer de nouveau l'air de Paris. Peggy y était venue plusieurs fois en mission, et Holliday y avait passé le plus clair de son temps libre à l'époque où il était affecté au quartier général de l'Otan, en Belgique.

Paris. Avec son arrogance, sa prétention confinant au grotesque, et l'égocentrisme de ses deux millions d'autochtones snobs et élitistes qui affichaient leur mépris pour les autres habitants de la planète, y compris pour leurs concitoyens français, Paris n'en restait pas moins sans conteste la plus belle ville du monde, et l'une des plus fascinantes. On pouvait haïr Paris pour tous ses défauts, mais comment ne pas prendre plaisir à relever les défis que cette garce lançait au visiteur à chaque coin de rue ?

Au bout du quai d'Orsay, ils prirent le boulevard Saint-Germain en direction de leur hôtel. Saint-Germain-des-Prés, équipé de pied en cap pour le combat estival, vendait ses costumes Armani et ses boutons de manchettes à mille dollars tout en refaisant le monde autour de cafés et de sandwiches jambon-beurre dans les innombrables brasseries qui jalonnaient sa grande artère bordée d'arbres.

La moitié des boutiques annonçaient une « grande vente » pour attirer le touriste, tandis que l'autre affichaient en vitrine la pancarte redoutée proclamant la « fermeture annuelle » pour les vacances d'été – la rituelle transhumance de juillet-août vers les campagnes ou les plages, que tous les Parisiens affectent d'adorer.

Tout en cheminant vers leur hôtel de la rue de Latran, Holliday et Peggy entendaient parler autour d'eux une douzaine de langues différentes, et les autocars de touristes qui passaient sur le boulevard venaient d'un nombre de pays équivalent. Ce n'était plus la « rive gauche » de Hemingway, mais le spectacle de Paris, avec ses rues animées et ses jolies filles à talons hauts, valait encore le détour. Ils achetèrent dans une baraque à frites des hot-dogs copieusement badigeonnés de moutarde et poursuivirent leur chemin jusqu'à l'hôtel, un établissement banal de six étages dont le seul avantage était le prix, relativement bas pour une ville comme Paris. Après être montés au dernier étage par l'escalier étroit, ils se séparèrent dans le couloir pour gagner chacun sa chambre. Ils n'avaient pas dormi depuis Jérusalem.

La chambre de Holliday était typique des hôtels parisiens de troisième ordre : un lit de fer avec un matelas si mou qu'il touchait presque le sol, une commode qui avait dû survivre aux deux guerres mondiales à en juger par ses cicatrices, et, dans la salle de bains, un bidet ridiculement coincé entre la porte et une fenêtre donnant sur une ruelle. La vue était tout aussi classique : des toits et des cheminées s'étageant jusqu'à la Seine, et, si l'on se penchait comme un acrobate au-delà de l'escalier de secours, un angle de Notre-Dame.

Holliday entra et resta bouche bée. La pièce avait été entièrement mise à sac. On aurait dit que quelqu'un s'était acharné sur le matelas avec un couteau de boucher ; il y avait des plumes et des lambeaux de coutil partout. Les tiroirs de la commode pendaient hors de leur logement, telles des langues tirées, et des vêtements épars jonchaient le sol. Son sac de voyage avait été lacéré, la doublure arrachée.

Croyant entendre un bruit, il s'immobilisa, le cœur cognant à grands coups. La sagesse lui commandait de prendre ses jambes à son cou, mais au lieu de cela il s'avança jusqu'à la porte fermée de la salle de bains, réprimant une grimace quand le plancher craqua sous son pied comme une détonation, puis il s'arrêta de nouveau, aux aguets.

Était-ce une respiration qu'il entendait, ou une petite brise qui soufflait dans la ruelle ? De l'eau tombait goutte à goutte dans le bidet. Songeant au couteau qui avait servi à dévaster la pièce, il ôta sa veste et se l'enroula autour du bras avant d'ouvrir la porte d'une poussée. La salle de bains était vide.

Il retourna vers la chambre, mais quelque chose le tarabustait. Et, soudain, cela lui revint : le rideau de douche était fermé ; or il était sûr de l'avoir laissé ouvert en partant ! Il fit brusquement volte-face, juste à temps pour éviter la lame qui lui rasa l'épaule. Il eut le temps d'apercevoir un homme au visage émacié qui se jetait sur lui, les pans de sa chemise blanche flottant hors de son pantalon. Sa tête heurta le montant de la porte et il recula en chancelant.

Comme il franchissait le seuil, son assaillant essaya de le poignarder en remontant sous ses côtes, mais il se détourna d'un coup de reins et la longue lame ne fit que déchirer sa manche de chemise. Il parvint à décocher un coup de pied qui atteignit son but : le type poussa un hurlement en portant sa main libre à son entrejambe.

Holliday trébucha sur les débris du matelas et tomba sur le dos. Avant qu'il ait pu réagir, son agresseur était à califourchon sur sa poitrine, et, d'une main placée sous son menton, il lui renversait la tête en arrière, exposant sa gorge.

D'une ruade désespérée, Holliday se dégagea alors que la lame plongeait déjà vers lui, puis il plaqua violemment contre le lit son adversaire désarçonné, dont la main armée se prit dans les ressorts métalliques. Il lui mit ensuite son genou sur la joue, pesant de tout son poids.

Il y eut un craquement mouillé et le type émit un cri étouffé. Lui empoignant le bras, Holliday lui plia presque complètement le poignet à l'envers contre le bord du sommier jusqu'à ce qu'il lâche le couteau dans un grognement de rage. L'arme rebondit bruyamment sur le sol.

L'homme réussit pourtant à échapper à la prise de Holliday et se remit debout en titubant. Outre qu'il était physiquement beaucoup plus impressionnant qu'au premier abord, il avait une expression de bête féroce qui faisait peur. C'était un chien d'attaque : même avec sa pommette fracturée et le sang qui lui coulait du nez, il semblait tout à fait dans son élément.

Un bref coup d'œil informa Holliday que le couteau se trouvait à présent derrière lui. S'il voulait s'en emparer, il lui faudrait tourner le dos à son agresseur. Il remarqua également que l'homme avait le tranchant des mains calleux. Il savait ce que cela signifiait. Les mains de Turner, l'un des instructeurs d'arts martiaux, à l'académie, présentaient la même particularité. Quand on disposait d'une telle arme, qui pouvait briser d'un coup une planche de huit centimètres d'épaisseur, fendre un bloc de ciment ou broyer un œsophage, on n'avait pas besoin d'un couteau.

La situation empira brusquement. Le type se mit à sourire, ses dents apparaissant comme des petites perles jaunes malpropres au milieu du masque sanglant qui lui couvrait le bas du visage.

« Connard ! » murmura-t-il.

D'un geste rapide, il sortit de sous sa chemise un Beretta Tomcat, un pistolet de poche des années soixante-dix. La détonation d'un Tomcat faisait penser à l'éternuement d'un rat, et ce n'était qu'un 7,65, mais un trou de sept millimètres soixante-cinq au milieu du front était toujours un trou. Le sourire de l'homme s'accentua. Il fit un pas en avant en levant le Beretta, index contracté sur la détente.

Holliday vit soudain Peggy surgir sur sa droite, le poignard bien assuré dans son poing, lame vers le haut. Lançant son bras comme pour un uppercut, elle atteignit le type sous le menton. La lame d'acier lui perça la gorge, la langue, le voile du palais pour finir sa course profondément fichée dans son cerveau.

Peggy lâcha le manche. L'homme s'affala comme un store vénitien. Il acheva sa chute la joue posée sur les chaussures de Holliday. Peggy tremblait comme une feuille, les yeux exorbités.

« Il... Il est mort ? balbutia-t-elle.

– Difficile de faire plus mort, répondit Holliday. »

Il retira son pied et la tête du type retomba sur le sol avec un léger choc. Il saignait à peine.

« Oh, mon Dieu ! gémit la jeune femme. Je l'ai tué !

– Un millième de seconde avant qu'il ne me tue, moi ! En fait, tu peux te vanter de m'avoir sauvé la vie, mon petit, dit Holliday en passant son bras autour d'elle pour la serrer fort contre lui.

– C'est bien naturel... »

Ils restaient là, les yeux fixés sur le cadavre.

Holliday s'accroupit enfin et retourna son assaillant sur le dos. Il regarda le poignet du mort. Un dessin y était tatoué : la même épée enrubannée que portait le tueur en Angleterre.

« Encore un nervi de Kellerman... »

Il prit le portefeuille de l'homme. Ses papiers d'identité le présentaient comme Louis Renault, citoyen marocain né à Casablanca. Un autre document, dans un petit porte-cartes en cuir, indiquait qu'il était capitaine du Groupe d'intervention de la gendarmerie nationale.

« C'est un flic, dit Holliday. De la brigade antiterroriste. Je crois que nous nous sommes mis dans de beaux draps, cette fois. »

26

« Un flic ? Comment est-ce possible ? » s'exclama Peggy, les yeux toujours rivés sur le corps.

La pièce commençait à sentir l'abattoir, et, en plein été, les mouches ne tarderaient pas à se mettre de la partie.

« Tu as dit que c'était un type à Kellerman. Il a essayé de te tuer.

– N'empêche que c'est quand même un flic.

– Qu'est-ce qu'on va faire ?

– Débarrasser le plancher le plus vite possible. Le réceptionniste a nos numéros de passeport, et il sait qui occupe cette chambre.

– Et en plus il reste toujours derrière son comptoir à guetter comme un vautour les gens qui vont et viennent.

– Il a probablement parlé à notre ami, or il ne nous a pas prévenus qu'il était dans ma chambre. Quelqu'un lui a graissé la patte. Il ne faut pas qu'il nous voie sortir.

– Comment l'en empêcher ?

– Va chercher tes affaires et retrouve-moi ici ! J'ai une idée. »

Une fois seul, Holliday empocha le pistolet du mort, son portefeuille et sa carte de police. Si l'homme n'avait aucun papier sur lui, il faudrait plus de temps pour l'identifier, et ce serait toujours autant de gagné. Peggy revint, son sac sur l'épaule. Holliday l'entraîna dans le couloir, puis dans l'escalier.

Pour éviter la réception, il prit le couloir du premier étage, au bout duquel une fenêtre ouvrait sur la ruelle. À l'aplomb de cette ouverture, trois mètres plus bas, se trouvait un appentis qui servait de local à poubelles. Holliday aida Peggy à grimper sur l'appui, d'où elle se laissa tomber sur le toit de la remise, avant de sauter sur le sol. Holliday la rejoignit quelques secondes plus tard.

« Et maintenant ?

– On lève le camp. »

Après avoir frotté leurs vêtements pour les dépoussiérer, ils marchèrent tranquillement jusqu'au bout de la ruelle et sortirent dans la rue de Latran. Personne ne leur prêta la moindre attention. Comme si rien ne s'était passé... ce qui était d'ailleurs le cas aux yeux des promeneurs.

Ils descendirent la rue Saint-Jacques, puis tournèrent à droite, vers la Seine et le Petit Pont, qu'ils atteignirent après avoir traversé la rue de la Huchette. De l'autre côté du fleuve se dressait l'énorme masse de la préfecture de police et, lui faisant face, la silhouette familière de Notre-Dame.

Au milieu du pont, Holliday s'arrêta et regarda vers l'aval. À sa gauche, les boîtes des bouquinistes s'alignaient le long des quais, adossées au parapet de pierre. En contrebas, sur la berge, quelques clochards se blottissaient. Un bateau-mouche à verrière panoramique passa sous le pont en direction de l'ouest. Quelques nuages floconneux circulaient paisiblement dans le ciel de l'après-midi estival. Une journée idéale pour visiter Paris, songea-t-il, à condition d'oublier le cadavre qui se décomposait dans sa chambre d'hôtel.

« On nous suit, dit-il.

– Qui ? demanda Peggy en étreignant nerveusement son sac.

– Ils sont deux. Sûrement des copains de Renault. Il y en a un là-bas, avec un blouson d'aviateur en cuir alors qu'il fait trente à l'ombre. L'autre essaie de se faire passer pour un touriste, mais il a l'air louche.

– La plupart des touristes ont l'air louche, remarqua Peggy. J'en ai pris suffisamment en photo pour le savoir.

– Ceux qui portent une chemise hawaïenne, une casquette militaire de camouflage et un appareil photo en bandoulière se promènent rarement seuls. Ils se déplacent en groupe, ou au moins par deux. Et celui-ci est trop jeune pour porter l'uniforme de l'affreux touriste yankee.

– Encore des flics, alors ?

– Flics ou pas, M. Renault travaillait pour Kellerman, et nous devons partir du principe que les deux troudues qui nous filent font aussi partie de la bande.

– Comment se débarrasser d'eux ?

– Tu connais Paris mieux que moi. Jusqu'où peut-on aller en prenant une ligne de métro est-ouest ?

– Le RER va jusqu'à Cergy-le-Haut ou Poissy vers l'ouest, et jusqu'à Marne-la-Vallée Chessy vers l'est – c'est la station du parc Disneyland.

– Et le métro normal ?

– La Défense à l'ouest ; Château-de-Vincennes et le zoo à l'est.

– Y a-t-il une grande station de correspondance près d'ici ?

– Châtelet. De l'autre côté de la Seine. C'est à deux pas, et toutes les lignes importantes s'y croisent, y compris celles du RER.

– Bien, c'est là que nous allons les semer. »

Construite en 1900, la station Châtelet s'est agrandie en surface comme en profondeur au fil du XXe siècle, de façon à pouvoir accueillir cinq lignes du métro classique, plus trois lignes du réseau express, creusées sous les précédentes.

Elle compte onze points d'accès, par des escaliers normaux, mécaniques ou des ascenseurs, ainsi que deux longs tapis roulants. À partir de ce nœud, il est possible de voyager vers le nord, le sud, l'est ou l'ouest, et d'accéder à l'aéroport ainsi qu'à quatre grandes gares de chemin de fer d'où partent des TGV desservant toute l'Europe, y compris l'Angleterre en passant par le tunnel sous la Manche. La station abrite en outre des points de vente offrant un éventail d'articles qui va du sandwich au cornet de frites en passant par les préservatifs, les croissants et les bijoux de pacotille. On y trouve même un kiosque qui vend journaux et magazines français et étrangers.

Par une journée d'été ordinaire, ce sont près de sept cent cinquante mille personnes qui circulent dans son réseau compliqué de couloirs, de quais et de voies d'accès. Des trains partent, d'autres arrivent, des signaux sonores retentissent, des messages enregistrés résonnent, des mendiants mendient, le tout aux accents du *Canon* de Pachelbel, joué dans sa version complète par des instrumentistes accrédités, ou à ceux de *Tommy*, l'opéra des Who – soixante-quatorze minutes –, interprété par des groupes de rock.

Peggy ouvrait la marche. Ils se faufilèrent dans une des trois bouches de métro de l'avenue Victoria, achetèrent un carnet de tickets près des tourniquets d'entrée, puis se lancèrent dans un parcours étourdissant dans le dédale des couloirs, s'efforçant de semer leurs poursuivants.

Enfin, ils sautèrent dans une rame à destination de La Défense, en descendirent précipitamment à la dernière seconde, passèrent sur le quai opposé, et grimpèrent dans un train pour Château-de-Vincennes au moment même où les portes automatiques se refermaient. Le convoi démarra. À l'autre bout du wagon, une jeune clarinettiste attaqua *One O'Clock Jump*, de Benny Goodman, avec un talent certain.

« Ils sont montés ? demanda Peggy.

– "Casquette", oui, je crois. Dans la troisième ou la quatrième voiture. Mais nous avons semé "Blouson d'Aviateur".

– J'imagine qu'ils ont des portables. Ils doivent être en train de s'appeler.

– À quelle station vaut-il mieux descendre ?

– Pour fausser compagnie à "Casquette" ? À Nation. C'est un autre grand carrefour de lignes, proche du périphérique que nous avons pris pour venir de l'aéroport – tu sais, la rocade... comme le Beltway, à Washington.

– Et à part Nation ?

– Saint-Mandé, de l'autre côté du périphérique.

– Comment est-ce, là-bas ?

– Cossu. De vieux immeubles bourgeois, occupés par des médecins, des avocats... Un marché, aussi, mais je ne sais plus quels jours.

– Des taxis ?

– Il devrait y avoir une station à la sortie du métro. »

Holliday consulta le plan de la ligne, au-dessus de la porte. Saint-Mandé était le septième arrêt après Châtelet.

« Combien de temps faut-il pour arriver à Nation ?

– Dix minutes.

– Et pour Saint-Mandé ?

– Trois de plus. Quelle est ton idée ?

– De faire semblant de descendre à Nation, puis de remonter dans le train. Si le type se laisse berner, tant mieux. Sinon nous prenons un taxi à Saint-Mandé et nous essayons de le semer comme ça.

– D'accord. »

Holliday regarda sa montre. 15 heures. Le wagon était à moitié rempli. Hommes en costume cravate, femmes en robe et talons hauts, les passagers avaient l'air fatigué d'employés de bureau qui rentrent chez eux après une journée de travail.

Une des femmes portait un cabas d'où dépassait une baguette de pain. Cela rappela à Holliday qu'il n'avait rien mangé depuis l'avion, mis à part un hot-dog passablement gras. De plus, ni lui ni Peggy n'avaient dormi depuis leur départ de Jérusalem. S'ils ne dénichaient pas rapidement un endroit où se mettre en sûreté, ils allaient tomber en syncope.

La rame s'engouffra en grondant dans la station Nation et stoppa par à-coups dans un hurlement de freins. Les portes s'ouvrirent avec un chuintement et ils descendirent sur le quai. Presque tous les passagers en firent autant, y compris Casquette, qu'ils aperçurent à trois wagons du leur. Et, soudain, la chance leur sourit. Une main se saisit du Nikon que le faux touriste portait autour du cou et tenta de l'arracher, faisant perdre l'équilibre au propriétaire. Détrousseur et détroussé tombèrent ensemble à l'instant même où le signal sonore se déclenchait. Peggy et Holliday sautèrent dans le wagon, les portières se refermèrent, et ils partirent, abandonnant leur suiveur à ses démêlés.

Ils remontèrent au grand jour à la station Saint-Mandé. Le marché dont avait parlé Peggy, une double rangée d'étals protégés par des parasols, était en train de se mettre en place sur un parking. Une odeur de chou frais et de sang de poulet remplissait l'air. En face de la bouche de métro, en tournant le dos au marché, il y avait un grand carrefour, qu'encadraient d'un côté un fleuriste, de l'autre un café avec un auvent et une enseigne au néon rouge portant les mots « La Tourelle ».

Ils traversèrent, entrèrent dans le café et s'installèrent à une table d'où ils pouvaient surveiller la sortie du métro. Un serveur vint se planter près d'eux sans rien dire, souriant dédaigneusement. Ils commandèrent des Kronenbourg, des sandwiches au jambon et des frites. Le Dédaigneux se retira.

« Nous ne pouvons pas rester exposés comme ça, déclara Holliday. Nous devons nous mettre à couvert.

– Où ? Dans un autre hôtel ?

– Si le capitaine Renault faisait vraiment partie du GIGN, il aura fait mettre les hôtels sous surveillance. Tous les clients inscrits dans les registres sont fichés quelque part. Et les consignes de sécurité ont été encore renforcées depuis le 11-Septembre. Il ne leur faudrait que quelques heures pour retrouver notre trace.

– Alors que faire ? »

Le Dédaigneux leur apporta leur commande puis se retira de nouveau.

« Je vais réfléchir à la question », dit Holliday avant de mordre dans son sandwich.

La passion des Français pour la bonne chère avait toujours fasciné Holliday. La Tourelle n'était que l'équivalent parisien d'un banal snack-bar de New York, mais la nourriture qu'on y servait était digne d'un restaurant quatre étoiles de Greenwich Village. Le pain, croustillant à souhait, était d'une fraîcheur irréprochable, le beurre d'une délicatesse exquise, le jambon de pays, détaillé en tranches fines, bien maigre et fumé à point, les frites maison d'une belle couleur dorée. Le dédain du serveur s'expliquait très bien, tout compte fait : comment aurait-il pu se réjouir de confier ses sandwiches d'anthologie à des béotiens habitués à avaler des choses rosâtres glissées entre deux tranches de pain de mie Wonder Bread et rehaussées d'une pincée de cellulose verte en lanières baptisée « laitue » ?

Holliday parcourut du regard la longue artère bordée d'arbres, sur sa gauche. À en croire la plaque fixée au-dessus de la boutique du fleuriste, en face du café, elle s'appelait avenue Foch. Le nom avait sans doute été choisi par un promoteur, cent ans plus tôt, afin de cultiver la confusion avec la prestigieuse avenue homonyme qui partait de l'Arc de Triomphe, à l'autre bout de Paris.

Cette avenue Foch-ci avait un air bourgeois de bon aloi, avec ses arbres bien taillés et son alignement d'immeubles fin XIXe accolés les uns aux autres et protégés par des grilles en fer forgé soigneusement entretenues. De loin en loin, à côté des portails, des plaques de cuivre luisantes mais discrètes indiquaient la présence de cabinets de médecins, de dentistes ou d'avocats.

Devant le cinquième immeuble se jouait un petit drame familial qui attira l'attention de Holliday. Un homme d'une trentaine d'années était en train de charger une Peugeot Partner bleu ciel qui rappelait les voitures des dessins animés. Après avoir rempli à craquer l'arrière, il installait sur la galerie une pile instable de cartons et de valises.

Le garçon était en pantalon de flanelle grise et chemise blanche, mais sans cravate, manches retroussées, et chaussé de sandales. Il s'apprêtait manifestement à partir en vacances. La porte de l'immeuble s'ouvrit, livrant passage à une jolie brune, suivie de trois fillettes à la queue leu leu. Deux des petites portaient des valises, la plus jeune poussait un landau de poupée dans lequel était fourré un sac de voyage rose.

Une dispute éclata à propos du landau et la cadette se mit à pleurer. Il ne fallut qu'un instant à la deuxième pour imiter sa sœur, tandis que l'aînée, qui devait avoir une douzaine d'années, affichait un air blasé. Comprenant qu'il n'aurait pas le dessus seul contre quatre, le père céda et installa le landau sur la galerie. La cadette, qui larmoyait toujours, prit alors sur elle de prolonger le mélodrame en se mettant à courir vers la porte de l'immeuble avec des cris lamentables. La mère émit aussitôt un aboiement de sergent recruteur qui l'immobilisa sur place.

« Marie-Claire Allard ! Reviens ici im-méd-i-atement ! »

La gamine campa un instant sur ses positions, mais, sa mère ayant tapé une fois du pied, elle comprit que toute résistance était désormais vaine. Tête basse, elle traversa le trottoir d'un pas traînant puis monta dans la voiture, ses deux sœurs à sa suite. La Peugeot démarra et s'éloigna vers la sortie de la ville.

« Ayez des enfants ! » commenta Peggy, qui avait, elle aussi, observé la scène.

Elle croqua sa dernière frite.

« Même pas de ketchup ! dit-elle tristement. À croire qu'ils le font exprès.

– Prête ? demanda Holliday.

– Ouais. Tu as trouvé une solution ?

– Parfaitement ! Mlle Marie-Claire Allard vient de me donner une idée. »

Leur addition réglée, ils traversèrent l'avenue Foch, qu'ils suivirent jusqu'au numéro 10. Poussant la porte, ils entrèrent dans un hall au sol de marbre. Sur l'un des murs était fixée une plaque de cuivre avec les sonnettes des différents appartements. Ils parcoururent la liste des noms. Allard n'y figurait pas.

Un petit grincement se fit entendre derrière Holliday, qui se retourna. Au fond du hall, une porte battait doucement, poussée par un courant d'air. Elle comportait une vitre en verre dépoli à travers laquelle il crut discerner un carré de lumière extérieure. Une cour ? Ils allèrent jusqu'à la porte et Holliday la poussa.

De l'autre côté, ils découvrirent un minuscule jardin traversé par une allée dallée qui menait à une maison d'un étage couverte d'un toit de tuiles rouges. C'était sans doute cette maison qui avait jadis occupé le numéro 10 de l'avenue, avant de se retrouver peu à peu enclavée entre les immeubles qui la dominaient.

Holliday et Peggy s'avancèrent jusqu'à la maison, dont la porte d'entrée en chêne, sculptée en pointes de diamant, était dotée d'une vieille serrure au trou assez large pour qu'on puisse y glisser l'index. Un clou tordu aurait suffi pour forcer le mécanisme. Holliday passa la main au-dessus du linteau. Il en retira une grosse clé de fer, qu'il introduisit dans la serrure. Il la tourna. La porte s'ouvrit. Ils entrèrent.

La maison était bien différente de l'hôtel de la rue de Latran. À gauche s'ouvrait une grande bibliothèque lambrissée, avec une cheminée, une énorme mappemonde ancienne montée sur roulettes, et un téléviseur à écran plasma géant niché dans un mur de livres. Un canapé et quelques fauteuils en cuir, ainsi qu'un lourd bureau de chêne achevaient de donner à la pièce un aspect confortable.

Une rangée de fenêtres aux volets fermés donnait sur le jardinet et sur un vieux mur de pierre. Le soleil déclinant filtrait entre les lattes des persiennes, dessinant sur le tapis persan des raies de lumière couleur d'étain. Un rapide examen des papiers posés sur le bureau révéla à Holliday que M. Pierre Allard était professeur de philosophie à l'université de Vincennes, et Mme Allard orthodontiste.

À droite de l'entrée se trouvait une salle à manger de bonne taille, attenante à une cuisine ultramoderne qui occupait l'arrière de la maison. L'étage comprenait quatre chambres, trois petites pour les filles, une plus grande pour les parents. Holliday choisit celle avec les Barbie, Peggy celle avec les affiches du groupe de rock Coldplay. Ils ne prirent même pas le temps de se souhaiter une bonne nuit. Deux minutes plus tard, tous deux dormaient à poings fermés.

27

Ils se réveillèrent le lendemain matin vers 8 heures frais et dispos, mais quelque peu désorientés. La première chose que vit Holliday en ouvrant les yeux fut une rangée de superbes poupées Barbie à forte poitrine et cheveux permanentés qui le toisaient du haut d'une étagère. Quant à Peggy, elle dut se faufiler dans son jean sous l'œil torve de Chris Martin, le mari de Gwyneth Paltrow aux faux airs de James Dean. Une fois habillée, elle rejoignit Holliday dans la bibliothèque, où il regardait la télévision en buvant un café.

« Il y a du café dans la cafetière, sur le comptoir, mais pas de lait, prévint-il. Mme Allard a vidé le frigo avant le départ.

– On parle de nous aux informations ?

– Rien sur TF1, ni sur Canal Plus. Rien non plus sur Sky News ou CNN.

– Le corps n'a peut-être pas encore été trouvé.

– Possible... À moins que la Sûreté n'ait muselé les médias. »

Peggy alla se verser une tasse de café, puis revint s'installer dans un des fauteuils de cuir, l'œil sur l'écran, où passait une bande-annonce pour *Les Disparus*.

« Nous aurions peut-être mieux fait de filer loin de Paris dès hier, dit-elle. Si ça se trouve, nous nous sommes fourrés dans un piège. Les Allard vont bien finir par rentrer de vacances. J'ai un peu l'impression de jouer à Boucle d'Or, ici, ajouta-t-elle en riant jaune.

– Sois sans crainte, la famille Ours n'est pas près de revenir manger son porridge ! assura Holliday avec un sourire. Vu la quantité d'affaires qu'ils ont chargée dans leur voiture, ils sont partis pour un an. Et de toute façon il n'y a pas de porridge dans la maison. Pas plus que de conserves ou de surgelés, d'ailleurs les Français préfèrent les produits frais.

– Je ne serais pas contre un sandwich au jambon comme celui d'hier. Je meurs de faim. »

Ils fermèrent la maison et retournèrent à La Tourelle. Les rues étaient embouteillées à cette heure matinale. Quand ils se furent assis à la même table que la veille, le même serveur dédaigneux apparut et leur tendit des menus. Peggy opta pour une omelette aux fines herbes, Holliday pour des œufs au plat et du jambon. Cette fois encore, la nourriture fut aussi exquise que le serveur était revêche.

« Il faut absolument que nous allions à La Rochelle, dit Holliday. Mais si la police est sur nos traces, les aéroports et les gares auront été mis sous surveillance.

– Nous pourrions louer une voiture.

– S'ils savent qui nous sommes, ils ont aussi un œil sur les loueurs de voitures.

– Il doit bien exister un moyen. Nous ne pouvons pas rester éternellement chez les Allard. »

Ils savourèrent leur petit déjeuner et leur café – une seule tasse, car contrairement à l'usage américain, on ne sert pas de café à volonté dans les bistros français. Tout en mangeant, Peggy observait les voitures en stationnement et la circulation qui s'écoulait lentement dans l'avenue Foch.

« Tu n'aurais pas remarqué à quelle adresse se trouve le cabinet de Mme Allard, par hasard ? demanda-t-elle l'air pensif.

– Si. Avenue Victor-Hugo. Un numéro à un chiffre. Le six, peut-être.

– Juste à côté de l'Arc de Triomphe...

– Et alors ?

– Réfléchis ! Les Allard ont une mini-fourgonnette. Pourquoi, à ton avis ?

– Sans doute parce qu'ils ont trois enfants et une maison à la campagne.

– Je suis prête à parier que les gamines vont à l'école par ici... L'université de Vincennes n'est qu'à quelques kilomètres, à Saint-Denis, et il doit y avoir une crèche, là-bas, pour les enfants du personnel.

– Je répète : et alors ?

– Alors je pense que c'est M. Allard qui s'occupe d'emmener ses filles à l'école ou à la crèche. Avec la fourgonnette. Par ailleurs, je n'imagine pas le Dr Allard, une femme qui a les moyens de s'offrir un cabinet dentaire à deux pas des Champs-Élysées, allant travailler en métro, dans les odeurs de transpiration du bon peuple.

– Donc, tu penses qu'ils ont une deuxième voiture ?

– J'en suis presque sûre. Sa voiture à elle. »

Holliday regarda à son tour l'avenue. Des véhicules étaient stationnés des deux côtés, et il y avait une bonne demi-douzaine d'autres rues dans le voisinage immédiat.

« Si c'est le cas, comment veux-tu que nous la trouvions ? Des voitures, il y en a des centaines, dans le quartier !

– Tu ne regardes pas assez la télévision, Doc. Je te l'ai déjà dit, nous sommes à l'âge du numérique ! »

Leur déjeuner terminé, ils retournèrent à la petite maison cachée au fond de sa cour. Les clés se trouvaient exactement là où Peggy les cherchait : dans une bonbonnière, sur un guéridon près de la porte d'entrée. Elles étaient pourvues d'une commande à distance et le porte-clés portait le sigle Mercedes. Dix minutes plus tard, après avoir parcouru les environs en actionnant la télécommande tous les dix pas, ils dénichèrent la voiture de la dentiste, garée le long du trottoir au début de la rue Cart.

« Waouh ! » s'exclama Peggy en ouvrant de grands yeux.

L'auto était une berline Mercedes Classe S vert foncé flambant neuve, à la carrosserie étincelante – quatre-vingt mille dollars de mécanique incomparable, montés sur quatre roues hors de prix ! Une heure plus tard, lestés d'une glacière en polystyrène remplie de provisions pour un voyage de cinq heures jusqu'à La Rochelle, ils quittaient la ville en direction du sud-ouest et du golfe de Gascogne.

Passant par Versailles et Chartres, ils roulèrent vers le sud jusqu'à Tours, en longeant la Loire. À la sortie de Tours, ils pique-niquèrent au bord des eaux paisibles du Cher, puis poursuivirent leur route, *via* Poitiers, pour arriver dans la cité portuaire à 15 h 30.

La ville de La Rochelle, alors un village de pêcheurs, avait peut-être été fondée en l'an 1000, mais son université était si neuve qu'elle semblait à peine sortie de son emballage. Inauguré en 1993, le campus, comme les étudiants, était on ne peut plus moderne. Le département Communication de masse y occupait la première place, et, par l'intermédiaire d'Internet, l'établissement proposait des formations en partenariat avec plusieurs homologues étrangers, dont l'université d'État de New York. L'université était implantée au sud de la ville, non loin de la mer, à un jet de pierre des Minimes, un immense port de plaisance qui avait remplacé un port de pêche du même nom.

Le bureau du Dr Valérie Duroc se trouvait au dernier étage de l'UFR de lettres et sciences humaines. La pièce était d'une austérité extrême. Un bureau métallique, des bibliothèques métalliques, des classeurs métalliques, et, pour tout décor, la photo encadrée d'un coucher de soleil sur une plage anonyme qui aurait pu être aux Seychelles ou à San Diego. Le Pr Duroc était une sorte de Lauren Bacall sexagénaire un peu amaigrie, avec la même voix de fumeuse que l'actrice, douce et rauque à la fois. Elle avait des yeux immenses qui faisaient penser à ceux de Bette Davis, des pommettes bien modelées et des cheveux gris coupés à la Jeanne d'Arc – une coiffure un peu ébouriffée qui avait l'air négligée mais qui avait dû coûter une fortune. Elle portait un chemisier en soie bordeaux, une jupe plissée et des chaussures Arche à talons découverts. Elle fumait des Gitanes brunes sans filtre pas tout à fait aussi malodorantes que les Boyard de Bernheim, mais presque.

Après s'être présentés en se réclamant de Maurice Bernheim, ils racontèrent une fois de plus leur histoire, omettant toutefois de mentionner les morts en nombre croissant, les meurtres de policiers dans les hôtels parisiens, Axel Kellerman et son père, le squat de la maison des Allard et le vol de leur coûteuse Mercedes. Ainsi édulcorée, l'histoire se parait au moins d'un semblant de normalité.

Valérie Duroc alluma une cigarette à l'aide d'un fin briquet en or qu'elle referma avec un claquement sec. Posant ensuite le briquet sur le paquet de Gitanes bleu et blanc, elle dilata les narines de son nez patricien et souffla lentement deux panaches de fumée ondoyants.

« Je crains qu'Internet n'ait suscité toute une mythologie de pacotille autour de personnages comme Roger de Flor, commença-t-elle. N'importe quel ignare peut jouer de Google comme d'un piano, et composer des symphonies entières sur le thème du complot. »

Elle parlait avec l'accent indéterminé et sans relief caractéristique des gens qui pratiquent depuis longtemps l'anglais comme seconde langue. Holliday aurait juré qu'elle avait enseigné dans une université américaine à un moment quelconque de sa carrière.

« La vérité, poursuivit-elle, c'est que Roger de Flor n'était rien de plus qu'un négociant en vins allemand. Ce n'était ni un chevalier du Temple, ni un héros, ni un guerrier de Dieu qui aurait rapporté le Saint-Graal de Jérusalem. C'était un homme d'affaires comme il y en a tant.

– Mais il a existé ?

– Bien sûr. Les archives du port de La Rochelle font au moins foi de cela. Celles de ma famille aussi, d'ailleurs.

– De votre famille ? répéta Peggy.

– La famille Duroc habite La Rochelle depuis le XIIe siècle, dit l'universitaire, non sans une certaine fierté dans la voix. Nous sommes l'un des plus anciens noms d'Aquitaine », ajouta-t-elle, ponctuant son affirmation d'un nouveau jet de fumée.

À l'écouter parler, et à observer son visage d'aristocrate, Holliday comprenait mieux ce qui avait pu amener la Révolution française, et l'accession au pouvoir d'un petit Corse insignifiant comme Napoléon Bonaparte. On sentait chez cette femme des siècles d'arrogance calculée.

« Notre patronyme d'origine était "de La Rochelle", mais il a été abrégé au fil du temps pour devenir "Duroc".

– Et vos ancêtres étaient négociants en vins, comme de Flor ? ne put s'empêcher de demander Holliday.

– Ils étaient ducs héréditaires d'Aquitaine, répliqua Valérie Duroc avec une certaine raideur. C'est de ma famille que sont issus Édouard Bras-de-Fer et Richard Cœur de Lion.

– Des croisés...

– Absolument. Guillaume le Pieux figure également parmi mes aïeux.

– Arrivait-il à vos ancêtres croisés de louer à de Flor des navires marchands ?

– Tout à fait. À l'époque dont nous parlons, de Flor était devenu le plus important transporteur de vins en France. Il bénéficiait même d'un mandat royal pour livrer du vin en Angleterre.

– Il existe donc un lien entre lui et votre famille.

– Un lien purement commercial. En ce temps-là, il est douteux qu'on ait pu transporter quoi que ce soit sans passer d'une façon ou d'une autre par Roger de Flor. »

Valérie Duroc consulta sa montre avant d'ajouter avec un sourire :

« Presque 16 heures. C'est l'heure de ma pause-café. Accepteriez-vous de vous joindre à moi, tous les deux ? »

Traversant le campus quasi désert, puis les nouveaux lotissements autour du lac de la Sole, ils se rendirent à un bar restaurant nommé Les Sœurs Dogan, sur le port des Minimes. Ils trouvèrent une table en terrasse et s'y installèrent. Après avoir allumé une nouvelle cigarette, Valérie Duroc commanda un pastis. La pause-café avait bon dos. Holliday et Peggy prirent une bière.

Assis en plein soleil, ils laissaient leurs regards errer, par-delà la forêt de mâts de la marina, vers les môles du vieux port et le grand large. Des mouettes tournoyaient en poussant des cris perçants tandis qu'une légère brise faisait chanter les haubans des voiliers, avec, en arrière-fond sonore, la pulsation régulière des vagues qui se brisaient.

Il n'était pas difficile d'imaginer le port mille ans plus tôt, sans bateaux de plaisance, mais rempli de caravelles à voiles latines, de galères et de petits cogues solides et trapus s'apprêtant à prendre la mer, certains à destination de l'Angleterre, d'autres pour gagner Lisbonne, puis, de là, Gibraltar et la Terre sainte. L'homme à qui appartenait une telle flotte devait être très puissant. Et l'association entre un duc d'Aquitaine, lui-même templier, et un individu de cette trempe avait dû représenter une sérieuse menace pour l'Église catholique. Les pièces du puzzle commençaient à s'emboîter.

« Qu'est-il arrivé à de Flor ? demanda Holliday.

– Il a été assassiné en Anatolie, en 1305, répondit Valérie Duroc en dégustant sa boisson laiteuse couleur de banane.

– Sur l'ordre de qui ?

– Selon certains, le commanditaire était Michel IX Paléologue, le jeune empereur de Byzance. D'autres penchent pour le pape Clément V. Clément était évêque du diocèse de Poitiers, dont dépendait La Rochelle. C'est lui qui ordonna l'arrestation et l'exécution des templiers deux ans plus tard, en 1307... Un coup de pied dans la fourmilière qui eut pour effet d'annuler l'énorme dette contractée par Philippe IV, le roi de France en quasi-faillite, envers les banques des Templiers. Une façon de rétablir l'équilibre.

– J'ai l'impression que votre pape Clément ne portait pas vraiment de Flor dans son cœur, commenta Peggy.

– Les Templiers avaient accumulé trop de pouvoir et de richesse, et cela ne pouvait que mal finir pour eux. C'est le tribunal de l'Inquisition qui jugea bon de dissoudre l'ordre.

– L'Inquisition ? Comme en Espagne ? intervint Peggy. Ceux qui brûlaient les gens sur des bûchers, et ce genre de trucs ?

– Ce n'est qu'un aspect de la chose. L'Inquisition représentait bien plus que cela. En fait, elle était la CIA de l'Église catholique : elle ne se contentait pas de débusquer les hérétiques dans la population, elle les traquait au sein même de l'institution. S'il existe une chose que l'Église catholique déteste, c'est le changement.

– La CIA ? La comparaison n'est-elle pas un peu forcée ? intervint Holliday.

– Pas du tout ! Les Dominicains – *Domini canes*, les chiens du Seigneur, selon un vieux jeu de mots – envoyaient des espions infiltrer d'autres ordres. L'existence de compagnies d'assassins à la solde de la papauté est attestée dès l'époque des Borgia, et, à la Renaissance, le meurtre religieux était érigé au rang des beaux-arts. Plus récemment, une organisation vaticane connue sous le nom de Sodalitium Pianum, l'“Association Saint-Pie V”, s'était donné pour mission de rechercher à l'intérieur même de l'Église les théologiens qui auraient enseigné les doctrines dites proscrites.

« En France, pour je ne sais quelle obscure raison, cette confrérie se faisait appeler “La Sapinière”, ce qui n'est pas sans rappeler le surnom du camp d'entraînement de la CIA dans le Maryland : “La Ferme”. C'est une structure de ce type qui organisait la fuite des officiers SS par l'intermédiaire de filières romaines, et le rapatriement de fonds douteux issus de la Banque du Vatican dans les années 1970. Non, monsieur Holliday, les réseaux de renseignement du Saint-Siège sont une réalité bien vivante. »

Ce qui expliquait l'existence du prêtre meurtrier de Jérusalem, mais pas la raison de sa présence là-bas. Quel secret pouvait bien receler l'épée des Templiers pour que le Vatican s'y intéresse huit siècles après sa fabrication ? On pouvait penser qu'Axel Kellerman était à la recherche d'un butin de guerre et d'un héritage paternel, mais l'Église catholique romaine était si riche qu'elle ne savait pas quoi faire de son argent.

Pour elle, il ne pouvait pas s'agir d'argent, mais de pouvoir.

« Que pensez-vous de l'idée du Pr Bernheim à propos de la grotte de Saint-Émilion ? demanda Peggy. Cela vaudrait la peine d'aller y jeter un coup d'œil ?

– Sottise ! s'exclama Valérie Duroc, qui écrasa sa cigarette. Saint-Émilion se trouve à près de deux cents kilomètres d'ici, ce qui représentait au bas mot une semaine de voyage au Moyen Âge. D'autre part, la grotte de l'ermite est un lieu de pèlerinage depuis treize cents ans, et on entrepose du vin dans les galeries souterraines du village depuis au moins aussi longtemps. Pas vraiment l'endroit idéal pour cacher un trésor, conclut-elle en riant.

« Maurice a une imagination débordante. Il aurait fait un merveilleux avocat, mais il n'a rien d'un scientifique. Il a trop tendance à déformer les faits pour servir ses hypothèses, plutôt que l'inverse. J'ai bien peur que votre quête du trésor mythique de Roger de Flor ne s'achève ici, à La Rochelle, monsieur Holliday. »

Holliday continua à contempler le port en buvant sa bière. Valérie Duroc alluma une nouvelle cigarette et se laissa aller contre le dossier de sa chaise. Peggy faisait grise mine. Un énorme yacht passa devant eux, avançant pesamment au rythme de ses gros diesels. Deux femmes, prodigieusement belles, se prélassaient en bikini sur la plage arrière. Le nom du bateau apparut, en lettres noir et or sur le tableau arrière : *La Rocha Ponta Delgada*.

« *La Rocha*... murmura Holliday.

– Pardon ? dit Valérie Duroc.

– Le nom... *La Rocha*.

– C’est un nom portugais. Il signifie “Le Roc”. Un peu comme le mien. »

Holliday regarda le bateau franchir le passage entre les môles.

« Où est Ponta Delgada ?

– Sur l’île de São Miguel, aux Açores. C’est la principale escale pour les voiliers qui traversent l’Atlantique.

– Les templiers rescapés ne se sont-ils pas installés aux Açores, après leur dissolution ? demanda Holliday, se souvenant vaguement d’avoir lu cette information quelque part.

– Ils se sont exilés au Portugal, où ils ont pris le nom de « chevaliers du Christ ». Les navires avec lesquels Colomb a traversé l’Atlantique portaient la croix de l’ordre sur leurs voiles.

– De Flor aurait-il pu atteindre les Açores avec sa flotte ? Ou même avec un seul bateau ?

– Tout à fait, assura Valérie Duroc. Sans difficulté. »

28

Ils prirent la route du sud, longeant la courbe azurée du golfe de Gascogne. Leur cœur battait un peu plus fort chaque fois qu'une puissante Subaru bleue de la gendarmerie nationale dépassait la Mercedes, mais ils atteignirent sans encombre le Pays basque et l'impressionnant relief côtier des Pyrénées atlantiques. À Hendaye, c'est à peine s'ils remarquèrent la frontière quand ils la franchirent. Seule la couleur des panneaux de circulation, noire au lieu de bleue sur fond blanc, indiquait qu'ils avaient changé de pays.

L'époque franquiste était bien enterrée. Fini les barbelés et les matamores en bicorne fouillant les bagages pistolet-mitrailleur au poing ; place aux panneaux de bienvenue multilingues aux couleurs de l'Europe et aux offices de tourisme.

Ils traversèrent les vignobles de Navarre, puis, allant vers le sud-ouest, les plaines de la Vieille-Castille, jusqu'à Salamanque et aux anciens champs de bataille décrits par Bernard Cornwell dans ses fascinants romans de la série *Sharpe*.

Ils franchirent la frontière hispano-portugaise aussi

facilement que la franco-espagnole, puis continuèrent vers le sud, empruntant l'autoroute à péage jusqu'à Lisbonne après avoir passé Coimbra, la capitale historique. Le voyage dura deux jours complets, et à aucun moment ils n'eurent l'impression d'être suivis, par la police ou quelqu'un d'autre.

À Lisbonne, ils réservèrent deux places sur un vol Sata pour les Açores et décollèrent le lendemain de l'aéroport de Portela.

« Il y a tout de même de fortes chances que nous fassions tout ça pour rien », dit Peggy à Holliday, plongé dans la lecture du guide Bradt des Açores qu'il avait acheté à l'hôtel.

L'Airbus A310 avait atteint son altitude de croisière et ils survolaient l'Atlantique, le Vieux Continent s'éloignant derrière eux.

« Après tout, grand-père courait peut-être après une chimère, ajouta la jeune femme. Et si Valérie Duroc avait eu raison de dire que notre quête s'achevait à La Rochelle ?

– Je ne pense pas qu'Henry Granger ait jamais couru après des chimères, répondit Holliday. Ce n'était pas dans son tempérament. C'était un historien : il établissait des faits, vérifiait ses sources, formulait des hypothèses et bâtissait des théories.

– En d'autres termes, il faisait tout dans les règles.

– Exactement.

– Et pourtant il y a quelque chose d'illogique dans le fait qu'il ait caché cette épée pendant des décennies, pour prendre soudain contact avec Carr-Harris et partir en catastrophe pour l'Angleterre.

– Et pour se rendre ensuite en Allemagne.

– Où réside Kellerman. Qu'est-ce qui a bien pu lui prendre, après toutes ces années ?

– Il a pu être poussé à agir malgré lui.

– Par qui ? Broadbent ?

– L'avocat ? Non, à mon avis, ce type est un troisième couteau entré dans le jeu tardivement. Il doit être manipulé par les gens de Kellerman. Toute cette histoire à propos de son père et de l'épée ne tenait pas debout. Il essayait juste d'obtenir de nous des informations.

– Alors tu penses que c'est Kellerman qui tire les ficelles ?

– Soit lui, soit les gangsters du Vatican dont parlait Valérie Duroc. Sodalitium Pianum, ou je ne sais plus quoi.

– Tu l'as vraiment crue, quand elle parlait de ça ? demanda Peggy d'un air dubitatif. Tu n'as pas l'impression que tout ça tient de la théorie du complot extraterrestre ? »

L'hôtesse passa dans la rangée en poussant un chariot de sandwiches au fromage sous plastique et de boîtes de Fanta Orange. Ils prirent les deux. Le fromage semblait avoir séjourné dans une chaussure. Le café de La Tourelle était bien loin !

« Tu savais que le Fanta a été inventé en Allemagne nazie par un chimiste d'Atlanta, comme ersatz de Coca-Cola ? demanda Holliday. Ils faisaient ça avec de la saccharine, des déchets de pommes raclés dans les pressoirs à cidre et du caillé.

– Quel rapport avec ce qui nous intéresse ? s'enquit Peggy, regardant avec suspicion la canette aux couleurs familières qu'elle tenait dans sa main.

– Je voulais simplement te montrer par-là que la vérité peut se révéler plus bizarre que la fiction.

Les Borgia ont bel et bien existé, et certains d'entre eux étaient d'authentiques assassins. Valérie Duroc n'a rien inventé.

– Mais enfin, Doc, il faut être sérieux. Des sociétés secrètes ! Et puis quoi, encore ?

– En quoi serait-ce étonnant ? Une société secrète n'est rien d'autre qu'un réseau, comme la Mafia, la famille Bush, ou les anciens de Yale. Les circonstances aidant, Oprah Winfrey pourrait même en recommander l'usage dans son talk-show.

– Et les prêtres morts dans les rues de Jérusalem, tu crois qu'elle mettrait ça sur sa liste des choses à voir pendant les vacances d'été ?

– Il faut voir la réalité, Peggy. Des organisations comme Sodalitium Pianum, alias La Sapinière, existent, c'est un fait. Et le prêtre de Jérusalem avait été envoyé pour nous descendre, ça ne fait aucun doute. Ce type était un tueur. Il y a des sociétés secrètes partout, y compris ici, au Portugal : c'est un cercle de militaires francs-maçons, la Carbonària, qui a assassiné le roi Charles Ier dans les années 1900.

– Attention, Doc, tu es encore parti pour me donner une leçon d'histoire.

– C'est vrai, excuse-moi ! »

Holliday but une gorgée de Fanta, songea aux nazis et au lait caillé, et posa la canette sur la tablette de son siège.

« Pour tout dire, je trouve un peu léger d'aller jusqu'aux Açores à cause d'un nom que tu as aperçu à l'arrière d'un bateau, dit Peggy en regardant passer devant le hublot une flotte de nuages blancs cotonneux.

– Ce nom n'a été qu'un déclencheur. En réalité, je ne fais que suivre la démarche d'oncle Henry : adapter l'hypothèse aux faits, et non l'inverse, puis, quand on a rassemblé un nombre suffisant de faits concordants, passer de l'hypothèse à la théorie, et enfin vérifier la théorie en...

– En mettant la main sur le trésor que Roger de Flor a sorti du château Pèlerin.

– Exactement. C'est ce qui fait que nous sommes en route pour les Açores.

– Et tu disposes d'un nombre suffisant de faits pour étayer ton hypothèse ?

– D'un nombre suffisant de présomptions, au moins.

– Comme ?

– Mets-toi dans la peau d'un pirate. Où irais-tu cacher ton trésor ?

– Dans une île déserte.

– Et sûrement pas dans la grotte d'un ermite, en France, ou dans un port animé, comme La Rochelle, d'accord ?

– Mais pourquoi ne pas avoir laissé le trésor où il était, au château Pèlerin ?

– Parce que personne ne savait combien de temps encore le château, comme Jérusalem, tiendrait avant de tomber aux mains des infidèles. Si les pirates enterrent leurs trésors, c'est pour les mettre à l'abri des regards indiscrets et des doigts crochus.

– Mais tout cela n'est peut-être qu'un leurre. Qu'est-ce qui prouve que toute cette histoire de trésor des Templiers n'est pas un mythe ?

– Le mont du Temple a fait l'objet de fouilles pendant neuf ans, il doit bien y avoir une raison. On prétend que c'était pour trouver l'Arche d'alliance, mais qui sait ?

– Tout le monde creuse pour chercher des trésors. Moi-même, je l'ai fait, dans le jardin de grand-père, en espérant déterrer des objets indiens. Inutile de dire que je n'ai jamais trouvé la moindre pointe de flèche.

– On peut éventuellement douter de l'existence d'un "trésor" des Templiers, mais on ne peut pas douter de leur "fortune". Qu'ils aient été incroyablement riches est un fait avéré. Qu'ils aient liquidé leurs actifs avant d'être dissous est aussi de notoriété publique. Or ces actifs doivent bien être allés quelque part. Où ils sont toujours.

– Et tu penses que ce "quelque part" se trouve aux Açores ?

– C'est vraisemblable. Les Açores sont ce qui ressemble le plus à des îles désertes à distance raisonnable de La Rochelle. Une partie de l'archipel apparaît dans l'Atlas catalan de 1375, mais sa colonisation n'a véritablement débuté qu'une centaine d'années plus tard. Selon le guide que je viens de lire, Corvo, la plus petite des îles, n'a été découverte qu'au milieu du XVe siècle, et, même maintenant, elle ne compte pas plus de trois cents habitants.

– Bon, je t'accorde qu'il y a peut-être eu des îles désertes aux Açores.

– Ah, parce qu'on joue à "À prendre ou à laisser", maintenant ? s'exclama Holliday en riant.

– C'est un peu ça. Il me faut plus de preuves.

– Alors je vais t'en donner une supplémentaire : Kellerman.

– Quel rapport entre lui et les Açores ?

– Un bateau appelé *MS Schwabenland*. Il naviguait pour le compte de l'Ahnenerbe, sous les ordres de Himmler, et recherchait des traces de prétendus ancêtres aryens en Amérique du Sud, et surtout dans l'Antarctique. Or il était basé aux Açores avant la guerre, et même pendant, alors que le Portugal était censé être neutre. Il est possible qu'un membre de l'équipe du *Schwabenland* ait entendu parler d'un trésor des Templiers caché aux Açores et que le mythe se soit développé à partir de là.

– Tiré par les cheveux, mais pas impossible, j'imagine, concéda Peggy. Et les assassins du Vatican, dont parlait Valérie Duroc ?

– Ils pourraient avoir de vieux comptes à régler.

– Plus que tiré par les cheveux. C'est tout ce que tu as, comme explication ?

– Ces gens là cherchent peut-être à faire en sorte que certaines choses restent secrètes. N'oublions pas que le Vatican n'a pas très bonne presse depuis quelque temps, et avec un Allemand sur le trône de saint Pierre, l'Église préférerait sans doute ne pas voir ressurgir de vieux spectres liés à l'Allemagne nazie.

– Et c'est ça que tu appelles des preuves ?

– C'est peut-être un peu maigre, en effet, mais il reste l'argument principal.

– Qui est ?

– Oncle Henry.

– En quoi est-il une preuve ?

– Jamais, de toute sa vie, il n'a commencé quelque chose sans aller jusqu'au bout, dit Holliday avec emphase. Tout ce que nous avons entrepris jusqu'à présent, c'est lui qui nous a incités à l'entreprendre. Ce n'est pas sans raison qu'il a caché cette épée là où il savait que nous la trouverions. Il voulait que nous fassions ce que nous sommes en train de faire. Il l'a planifié. Il était certain que nous mettrions nos pas dans les siens, quel que soit l'endroit où cela nous mènerait... Angleterre, Allemagne, Italie, Jérusalem, France, énuméra-t-il en comptant sur ses doigts. Et maintenant les Açores, qui sont le dernier maillon de la chaîne.

– Ça ne me dit toujours pas pourquoi il a attendu plus d'un demi-siècle pour se lancer dans cette chasse aux fantômes. S'il était au courant de tout depuis le début, il y a longtemps qu'il aurait dû le trouver, ce trésor.

– C'est aussi ce que je me dis. Et je ne comprends pas plus que toi. »

Deux heures plus tard, le gros appareil ventru se posa sur l'aéroport de Ponta Delgada, sur l'île de São Miguel. Petite, peuplée de moins de cinquante mille habitants, la ville regorgeait d'églises et de beaux bâtiments des XVIIe et XVIIIe siècles témoignant du fastueux passé de l'archipel comme escale pour tous les voyageurs animés par l'espoir d'atteindre le Nouveau Monde et ses richesses. Mais aujourd'hui, c'était surtout de touristes qu'elle regorgeait.

Ils descendirent à l'Hotel do Colégio, au centre-ville, dégustèrent une goûteuse bouillabaisse composée de toutes sortes de poissons non identifiés, une manière de contrebalancer l'effet des sandwiches et du Fanta, puis ils allèrent se coucher et se retrouvèrent le lendemain matin devant le buffet du petit déjeuner. Comme la veille, il faisait un temps splendide : un soleil radieux, pas un nuage, et une légère brise rafraîchissante qui soufflait de la baie.

« Bon, quel est le programme ? demanda Peggy en entamant son deuxième petit pain à la cannelle. On dégotte des pelles et on commence à creuser la plage ?

– On cherche des grottes, répondit Holliday, qui savourait une *chávena quente* – un café noir très fort. C'est la seule chose logique à faire.

– Parce qu'il y a des grottes, aux Açores ?

– Plein ! Ce sont des îles volcaniques, elles sont truffées de tunnels de lave.

– Et on les cherche où, ces tunnels ?

– Là encore, soyons logiques. La plupart des grottes de São Miguel sont connues. Si j'en crois le guide, il a même existé une convention annuelle de spéléologie, ici.

– Donc ?

– Donc nous nous mettons à la recherche de grottes encore inexplorées, ce qui implique de nous rendre à Corvo, la plus petite des îles, et la plus éloignée. Un déplacement qui s'impose d'autant plus que Corvo est aussi appelée *Pequeno Rocha* – “la Rochette”.

– Je vois. Et comment y accède-t-on, à cette fameuse “Rochette” ?

– On peut y aller en avion, mais j'aimerais mieux la voir de la mer, comme Roger de Flor. Il nous faut un bateau. »

29

Les Açores sont un archipel de neuf îles volcaniques situées dans l'Atlantique nord, à seize cents kilomètres de Lisbonne et mille neuf cents de Saint-Jean de Terre-Neuve. À l'époque où l'on explorait le Nouveau Monde, entre les XVe et XVIIe siècles, ce chapelet d'îles offrait un lieu d'escale idéal pour les navires faisant route vers l'ouest ou l'Europe en profitant des alizés. L'archipel possède trois centres urbains principaux : Ponta Delgada, sur São Miguel, Angra do Heroísmo, sur Terceira, et Horta, sur Faial. Les volcans des Açores étaient encore actifs il y a cent ans.

L'île la plus à l'ouest du groupe est Corvo, un confetti d'à peine quinze kilomètres carrés qui compte un seul village, Vila Nova do Campo, peuplé d'environ trois cents habitants. Corvo, ou « La Rochette », n'est rien d'autre qu'un cône volcanique effondré, une caldera. L'unique activité de l'île est l'agriculture. La moitié du temps, l'endroit est enveloppé de brume et la caldera masquée par des nuages bas. La côte nord, battue par les flots opiniâtres de l'Atlantique, forme un arc de falaises déchiquetées qui s'élèvent jusqu'aux pentes abruptes du vieux volcan.

Il n'existe sur l'île qu'une seule auberge, comprenant sept chambres, un restaurant, un bar et un barbecue extérieur situé dans un petit pré enclos de murets en pierre où vaque un troupeau hétéroclite de chèvres acariâtres. Corvo se trouve à quinze milles marins de Flores, sa voisine, et à deux cent vingt kilomètres de Horta, la plus proche agglomération digne de ce nom.

Dans l'après-midi du premier jour, Holliday et Peggy prirent le petit avion qui faisait la navette entre Ponta Delgada et Faial, où ils se mirent en quête d'un bateau qui pourrait les emmener à Corvo le lendemain matin.

Horta était une bourgade de quinze mille habitants, tout en montées et en descentes, bâtie autour d'un port formé de deux petites baies séparées par un cratère volcanique – un de plus. Il y avait là un Bar des sports, quelques restaurants et boutiques d'artisanat charmants à souhait, et, blottis contre la jetée en béton de construction assez récente, trois ou quatre petits bateaux de croisière.

Le plus célèbre personnage à avoir visité Horta est Mark Twain, qui y fit brièvement étape en 1867, au début de son long périple vers Jérusalem. À peine débarqué, il fut assailli par une nuée de petits mendiants aux pieds nus qui le suivirent comme son ombre deux jours durant. Il partit et ne revint jamais.

Le bateau qu'ils trouvèrent à louer était un vieux Chris-Craft 38 Commander des années soixante qui rappelait de façon inquiétante le rafiot miteux de Humphrey Bogart dans *Le Port de l'angoisse*, le film inspiré du roman d'Ernest Hemingway *En avoir ou pas*. Le *San Pedro* – c'était son nom – sentait le poisson et la bière, et aurait eu besoin d'un sérieux coup de peinture.

Son propriétaire et patron s'appelait Manuel Rivero Tavares. Il dégageait la même odeur que son bateau, ressemblait à une boule de bowling et ne s'était pas rasé depuis deux jours, mais, de l'avis général, c'était le capitaine le plus compétent de Horta dans le domaine de la pêche-promenade.

« Pourquoi vous voulez aller à Corvo ? leur demanda Tavares. Pas restaurant, là-bas. Pas night-club Michael Jackson frotti-frotta. Pas rien du tout. Pas poisson non plus. »

D'après les buveurs du Bar des sports, le Capitano Tavares était le meilleur pêcheur d'espadon de toutes les Açores.

« Ce ne sont pas les restaurants et les night-clubs qui nous intéressent. Pas plus que Michael Jackson, répondit Holliday. Ce que nous voulons, c'est voir Corvo depuis l'océan, comme les premiers explorateurs, dans le temps.

– Les premiers explorateurs sont morts, répliqua Tavares. Tous.

– Ça ne m'avait pas échappé. Combien pour nous emmener à Corvo ?

– Si vous pas aimez frotti-frotta, si vous pas aimez la pêche, de quoi allons parler ? Corvo très loin ! Cent trente-cinq milles nautiques. Sept, huit heures à aller ; sept, huit heures à revenir. C'est long ! déclara le capitaine, manifestement réticent.

– Nous n'avons pas besoin de parler de quoi que ce soit, dit Holliday avec un soupir. Combien ? »

Le marin se rembrunit.

« Manuel Tavares aime parler !
– Combien ?
– Mille euros.
– Cinq cents.
– Sept cent cinquante.
– Sept cents.
– Vous paye le gas-oil ?
– Oui.
– Et la bière ?
– Oui.
– Sept cent vingt-cinq, et je fais bon ragoût de poissons pour vous et la petite sœur.
– Topez là ! »

Deux heures plus tard, pourvus de provisions et d'une caisse de Sagres Branca, la bière préférée de Tavares, ils sortaient du port à petite vitesse. Après avoir contourné l'extrémité de la longue digue, ils virèrent serré autour du volcan, puis longèrent vers l'ouest la côte découpée de l'île avant d'obliquer légèrement vers le nord, en direction du large et de Corvo.

Pendant que Peggy se faisait bronzer sur la plage avant tout en lisant le guide Bradt, Holliday tenait compagnie au Capitano Tavares sur le *flybridge* qui dominait le pont. Le *San Pedro* filait ses dix-huit nœuds, taillant sans difficulté son chemin à travers une légère houle. La mer, d'un bleu foncé tirant sur le noir, avait des reflets d'acier. Quelques pétrels virevoltaient et plongeaient dans le sillage du bateau, mais, leur présence exceptée, l'océan était désert.

Loin vers l'avant, Holliday distinguait une ligne de nuages sombres qui s'épaississait : ils allaient de toute évidence au-devant d'une tempête. Il lui vint à l'esprit que le temps s'était montré exceptionnellement clément depuis son départ de West Point, si l'on exceptait l'épisode brumeux à l'approche de Friedrichshafen. À en croire l'aspect du ciel, cet état de choses était sur le point de changer.

« L'orage arrive », dit-il, désignant l'horizon.

Tavares prit la bouteille de bière qu'il avait calée dans le porte-gobelet en polystyrène devant lui, en téta le goulot quelques instants, lâcha un petit rot, puis remit la bouteille en place.

« Avons le temps ! Manuel Tavares connaît bien ces choses... »

Il adressa un sourire à Holliday puis se fourra un doigt dans l'œil.

« Le capitaine Jack Sparrow a pas besoin s'inquiéter ! reprit-il, riant de sa propre plaisanterie. Johnny Depp ! Drôle de type, non ? Qu'est-ce que c'est, "Depp" ? Un produit pour les cheveux ? Depp ! Depp ! Depp ! Ha ! Ha !

– Vous connaissez Corvo ?

– Si je connais ? Bien sûr. Je suis né là. À Corvo est une seule sorte de vache. Une grosse vache marron avec mamelles comme cornemuse, oui ? Elle se couche dans l'herbe. Elle regarde la mer. Elle mange l'herbe. Elle attend pour donner le lait. Voilà Corvo. Y a peut-être une chèvre, aussi.

– On raconte des histoires de trésor, à Corvo ?

– Oui ! Oui ! Moby Dick.

– La baleine ?

– Bien sûr ! Corvo, c'est dans le livre. Le courage des hommes à Corvo. "Appelez-moi Ismaël", oui ? Y avait une statue : un homme que son doigt montre l'ouest, Boston. Un baleinier. Qui sait ? Statue et pot avec des pièces d'or. Très vieilles. De Phénicie, oui? Connaissez, Phénicie?

– Vous plaisantez, j'imagine?»

La Phénicie était le nom antique du pays de Canaan, et des pièces phéniciennes avaient été trouvées dans les fondations du château Pèlerin. La présence de pièces similaires à Corvo ne pouvait pas relever de la pure coïncidence. Si Tavares disait vrai, le mythe devenait réalité, les faits confirmaient la légende, comme quand Schliemann avait découvert Troie.

«Non! Non! C'est vérité, je jure par la Sainte Vierge. Des pièces. Un prêtre, Gao, les trouve, dans XVe siècle, je crois. À Ponta do Marco, bout du monde. Je vous ferai voir.»

Holliday adressa une bénédiction muette à oncle Henry. Son instinct ne l'avait pas trompé : l'odyssée continuait!

Le temps se dégradait au fil des heures. La ligne sombre qui marquait l'horizon s'était transformée en un mur mouvant de nuages noirs au ventre aplati comme une enclume, qui masquaient le ciel bleu ensoleillé. Peggy rentra se mettre à l'abri, bientôt suivie par Holliday, puis par le capitaine lui-même. Tous trois se réfugièrent dans le poste de pilotage couvert tandis que des rafales transformaient les vagues en un chaos moutonnant de pics et de vallées couverts d'écume. Le *San Pedro* poursuivait sa route en force, sa vieille coque en fibre de verre tapant contre les déferlantes, tenant bon gré mal gré le cap imposé par Manuel Rivero Tavares.

Il se mit à pleuvoir. La pluie tombait par paquets, fouettée par les bourrasques qui passaient l'une après l'autre au-dessus de leur tête en rugissant. Peggy finit par descendre dans le carré. Holliday resta dans le poste avec Tavares.

« Ça va durer combien de temps ? lui hurla-t-il dans l'oreille.

– Toute la nuit. Peut-être plus. Corvo, pas bon. C'est mieux aller à Flores.

– À vous de voir. C'est vous le capitaine. »

Tavares acquiesça, puis tourna la roue du gouvernail, mettant le cap un peu plus à l'ouest. Flores leur apparut une heure plus tard, et il leur en fallut une de plus pour atteindre le minuscule port de Santa Cruz das Flores, une unique jetée en béton construite sous le vent d'un tout petit village tapi au pied d'un à-pic.

Les maisons du hameau étaient faites de blocs de lave mal équarris, liés au mortier, et couvertes de tuiles, selon l'usage portugais traditionnel. Ils trouvèrent un restaurant sur la place du village, où ils dégustèrent un repas composé d'un ragoût de poulpe au vin et d'un civet de lapin, accompagné de pain encore chaud et de beurre tout frais.

Après le dîner, Tavares sortit quelques minutes, puis revint accompagné d'un vieil homme qu'il présenta comme le Dr Emilio Silva. Le Dr Silva portait d'énormes bottes de caoutchouc et un imperméable en plastique transparent sur ce qui ressemblait à un uniforme militaire d'un autre âge.

Il fumait une longue pipe en terre et ne devait pas avoir loin de cent ans, à lire la carte que dessinaient les rides de son visage, témoins d'une longue et rude existence. Il avait le regard clair, cependant, et sa voix, bien qu'aussi ténue et lézardée que sa peau, était ferme et parfaitement intelligible. D'après Tavares, le Dr Silva avait passé toute sa vie dans les îles, et il en connaissait tout ce qui était digne d'intérêt.

Silva leur conta de nouveau l'histoire de la statue et des pièces, Tavares assurant la traduction. Le découvreur des pièces s'appelait Damien de Goes, et non Gao, comme l'avait cru Tavares, et la statue représentait un homme à cheval, de type « mauresque » – sans doute noir de peau, ou basané –, tête nue, drapé dans une cape, bras droit tendu vers l'ouest. Il avait à ses pieds un chaudron contenant un magot constitué de pièces, dont cinq en bronze et deux en or provenant respectivement de Cyrène, en Afrique du Nord, et de la colonie phénicienne de Carthage, dans la Tunisie actuelle. Des détails remarquablement précis pour une légende ou un conte de bonne femme.

Pendant que le vieil homme racontait son histoire, Holliday se souvint d'avoir vu dans un musée une carte ancienne dressée par les frères Pizzigano au début du XIVe siècle, c'est-à-dire longtemps avant la découverte des Açores, et près de deux cents ans avant Christophe Colomb.

Illustrant un mythe antique, les frères Pizzigano avaient dessiné un cavalier en marge de leur carte, à l'emplacement approximatif des Açores. L'homme pointait son doigt vers l'ouest, et un cartouche à ses pieds avertissait que quiconque s'aventurerait plus loin que lui serait englouti par la « Mer des Brumes et des Ténèbres » – une description assez juste de l'Atlantique nord dans ses mauvais jours.

Chose intéressante, les termes « mer des brumes et des ténèbres » étaient ceux-là mêmes qu'avait employés un navigateur musulman d'Espagne appelé Khashkhash ibn Sa'id ibn Aswad pour décrire un voyage d'exploration maritime datant du IXe siècle, soit cinq cents ans avant celui de Colomb. Même le nom de l'endroit où avait été trouvée la statue sonnait juste : Ponta do Marco – le point limite, marqué d'une croix, qu'il ne faut pas dépasser.

« Il dit il y a un homme à Corvo, il faut le voir si avons autres questions, rapporta Tavares, qui continuait à traduire. *Como se chama este senhor ?* – Comment s'appelle-t-il ? demanda-t-il en se tournant vers le vieillard.

– Rodrigues, répondit distinctement le Dr Silva, ses dents jaunes serrées sur le tuyau de sa pipe. Helder Rodrigues. *Clerigo.*

– Un prêtre. Il dit quc l'homme est un prêtre », traduisit Tavares.

30

Le capitaine Tavares les emmena à Corvo le lendemain matin. Le temps était incertain, le ciel rempli de nuages tourmentés qui filaient bas sur l'horizon, au-dessus d'une mer agitée. Le *San Pedro* avançait comme à contrecœur, giflant le clapot qui le chahutait. Corvo devint visible dès qu'ils eurent doublé le brise-lames de Santa Cruz das Flores. L'unique cône volcanique qui la constituait se dressait au loin tel un gros muffin dont un côté se serait affaissé à la cuisson. Usé par un million d'années de tempêtes, il continuait à se frayer un passage à travers les siècles, le feu dont il était né depuis longtemps refroidi, ses pentes raides couvertes d'un épais tapis de verdure, ses falaises géantes évoquant l'étrave d'un très vieux navire.

Flores n'étant éloignée de sa petite sœur que d'une vingtaine de kilomètres, la traversée dura à peine quarante minutes. Le village de Corvo s'accrochait au relief pentu de la partie sud de l'île : une poignée de maisons aux toits de tuiles rouges serrées autour d'une jetée en béton toute droite que ne complétait aucun brise-lames.

Au lieu d'accoster, Tavares vira vers le nord et ils s'éloignèrent du village en longeant la côte escarpée.

« Où allons-nous ? demanda Peggy en regardant le bourg rapetisser dans le sillage.

– Faire tour de l'île. Quelques minutes. Je fais voir à vous Ponta do Marco. Le bout du monde. »

Plus ils avançaient vers le nord, plus la côte devenait abrupte, se transformant en un mur vertigineux de basalte noir au pied duquel d'énormes vagues venaient se fracasser. Les falaises plongeaient directement dans la mer, sans même l'intermédiaire d'une plage de galets : c'était la rencontre front contre front d'une force irrésistible et d'une masse inébranlable, la première s'efforçant d'user la seconde dans une bataille sans fin qui durait depuis des millions d'années.

Holliday songea à l'épée et à l'homme qui l'avait peut-être portée. Corvo avait-il été sa destination finale ? Cette île solitaire au milieu d'un océan encore plus solitaire était-elle le dernier refuge d'un fabuleux trésor qui était resté caché depuis l'époque du Christ sous le temple de Salomon, dans la ville sainte de Jérusalem ? Ou tout cela n'était-il qu'un fantasme, une belle légende, comme celle du roi Arthur et de son épée Excalibur ?

Mais, après tout, était-il si grave que ces questions demeurent sans réponse ? se demanda Holliday, tout en essayant de conserver son équilibre malgré les mouvements du bateau. Par leur existence même, l'épée et son histoire avaient influé sur des événements et des vies pendant des siècles, cela devait bien signifier quelque chose. Arthur et Excalibur n'étaient peut-être que les éléments d'un mythe puéril, mais ce mythe avait mis en mouvement des millions de gens, et changé leur vie.

« Voilà que ça te reprend. Tu as l'air à des années-lumière d'ici, remarqua Peggy avec tendresse. Tu es reparti à voyager à travers les siècles ?

– En quelque sorte... »

Tavares vira de nouveau, et le *San Pedro* contourna un promontoire rocheux en gîtant légèrement.

« Là ! dit le capitaine, pointant son doigt. Ponta do Marco ! Le bout du monde ! »

Ils se trouvaient à l'extrémité la plus septentrionale de l'île. Ici, telle une muraille verte à l'arête déchiquetée, la caldera de l'ancien volcan se dressait au-dessus de l'océan bouillonnant, dans lequel elle tombait par une succession de ressauts étroits se chevauchant l'un l'autre. Des lambeaux de brume et de nuages gris enveloppaient les hauteurs du cratère.

En avant de ce mur surgissaient par ordre de taille décroissant trois dalles de roche verticales aux pointes aiguës et barbelées comme des lames d'obsidienne. Ces trois formes semblaient jaillir séparément des flots tels les doigts effilés d'un squelette de pierre pour griffer la falaise. Leur base se perdait dans une ombre épaisse et des nappes d'écume, mais, l'espace d'une seconde, Holliday crut discerner à leur pied une tache sombre qui aurait pu être l'entrée étroite d'une grotte.

« La statue était sur le pilier noir ! » cria Tavares, désignant un point au-dessus d'eux.

Holliday scruta les rochers. La houle en effervescence percutait les trois doigts, faisant fuser d'énormes gerbes d'embruns dans un bruit de tonnerre. Tavares avait raison : cela ressemblait bien au bout du monde.

Au-delà, on ne voyait d'ailleurs que l'étendue vide de l'océan. Le capitaine mit au point mort.

Le rugissement des moteurs se mua en gémissement et le *San Pedro* se mit à danser pitoyablement, ballotté par les lames courtes qui filaient sous sa coque pour aller s'écraser sur les grands rochers noirs, à quelques dizaines de mètres. Le teint de Peggy commençait à verdir.

« Je crois avoir vu l'entrée d'une grotte ! hurla Holliday.

– Possible, répondit Tavares. Mais personne débarque ici, jamais. Pas de plage, seulement les falaises ! Dangereux ! Ici habite Adamastor, le géant des tempêtes ! »

Cela faisait des années que Holliday n'avait pas entendu prononcer ce nom. Une fois, quand il était petit, Henry lui avait raconté de mémoire à l'heure du coucher une histoire qui lui avait fait dresser les cheveux sur la tête. Il entendait encore la voix enveloppante de son oncle, sortant de la pénombre de sa chambre comme une houle venue du large.

Alors que je parlais surgit dans l'air nocturne
Une figure monstrueuse,
Grotesque et colossale,
Aux fortes joues mangées par une barbe hirsute,
Aux petits yeux méchants dans une orbite creuse,
Au teint terreux et pâle,
Aux cheveux gris poissés de glaise,
Aux dents jaunes gâtées dans une bouche noire de jais...
Adamastor !

Tout à fait le genre de thème qui aurait pu inspirer Edgar Poe. Bien plus tard, Holliday avait appris que la fable d'oncle Henry était extraite du grand poème épique portugais *Les Lusiades*, où figure la célèbre apostrophe : « Ne me défiez pas, car je suis le promontoire immense et ténébreux que vous autres Portugais nommez cap des Tempêtes ! »

Il continuait à fixer du regard les trois pointes noires et les vagues écumantes, s'efforçant d'évoquer l'image d'un navire de templiers avec sa précieuse cargaison. De Flor était-il parvenu à mettre pied à terre dans un tel site ? Si oui, il était facile d'imaginer que personne ne l'avait imité depuis huit cents ans, et que le mystérieux trésor n'avait pas eu grand-chose à craindre, sous la protection de ces monstres de pierre lugubres que pilonnait l'océan.

« *Bastante !* dit Tavares. Assez ! »

Il remit en prise les deux gros diesels, puis poussa les manettes des gaz tout en tournant la barre, éloignant le bateau du bec rocheux. Il ne leur fallut que quelques minutes pour passer sous le vent de l'île et commencer à longer la côte sur une mer soudain beaucoup plus calme. De ce côté-ci, les falaises étaient moins impressionnantes et les pentes de la caldera tapissées de trèfle.

Plus ils avançaient vers le sud, plus le relief s'apaisait, et Holliday aperçut les premières vaches marron dont avait parlé Tavares. Bien grasses, pattes repliées sous le corps, elles contemplaient d'un œil vide l'agitation de l'océan depuis leurs petits enclos. À peine une demi-heure plus tard, ils doublèrent le cap sud et le village leur apparut de nouveau. De gros nuages noirs recommençaient à s'accumuler quand Tavares dirigea le *San Pedro* vers la jetée.

« J'appelé par radio, hier soir, déclara le capitaine. Mon cousin Sebastian loue à vous sa moto. Seulement vingt euros plus l'essence. Lui attend sur le quai. Il indique à vous où se trouve le prêtre, Rodrigues.

– Vous nous attendrez, pour nous ramener à Horta ?

– J'attends jusqu'à une heure avant coucher de soleil. Après je retourne à Flores pour la nuit... Temps pas bon, dit Tavares en montrant les nuages.

– D'accord », acquiesça Holliday.

Sebastian Brigada, le cousin du capitaine, était un grand brun d'une trentaine d'années aux sourcils et à la moustache fournis. Il fumait la pipe et portait une casquette de tweed fatiguée ainsi que de grosses bottes de caoutchouc. Comme promis, il les attendait sur le quai avec sa moto, une vieille Casal délabrée pourvue d'un réservoir carré, d'un tableau de bord réduit à sa plus simple expression, et d'un side-car maison en forme d'obus, équipé d'un pare brise et monté sur deux maigres roues de vélo fixées sur un axe d'aspect plutôt fragile.

« Pas question que je monte là-dedans ! avertit Peggy en regardant l'engin.

– Nous n'avons guère le choix, remarqua Holliday. Ce n'est pas comme s'il y avait pléthore de transports par ici. »

Il sortit un billet de vingt euros de son portefeuille et le tendit à Sebastian Brigada, qui le remercia et lui remit la moto. Les indications du cousin pour se rendre chez Rodrigues furent des plus succinctes, puisqu'il n'existait qu'une seule route, avec une unique bifurcation, dont une branche menait à la crête, et l'autre au fond du cratère.

Holliday remercia de nouveau, puis enfourcha la machine tandis que Peggy prenait précautionneusement place dans le side-car. Brigada montra à Holliday comment mettre le contact et, quelques minutes plus tard, ils roulaient en cahotant sur l'unique route pavée de l'île, entre des prés grands comme des mouchoirs de poche, délimités par des murets en pierre qui devaient être là depuis la nuit des temps. Devant eux, la pente du volcan s'élevait en un vaste mouvement pour se perdre dans les brumes maussades. Quelques puffins fantomatiques chevauchaient les courants thermiques, et les vaches marron chères à Tavares se prélassaient çà et là dans la bruyère, mais, cela mis à part, le paysage était désert et silencieux. Aucun être humain, aucune maison en vue, aucune circulation sur la route à voie unique, vierge de toute signalisation au sol.

« C'est sinistre, ici, cria Peggy pour couvrir le vacarme de la vieille moto. On va bientôt voir arriver le chien des Baskerville ! »

Elle avait raison, songea Holliday. Il devait régner sur la lande de Dartmoor la même atmosphère angoissante que sur cette île archaïque. L'homme n'avait pas sa place dans un lieu comme celui-ci – un lieu peuplé de cauchemars et de dames blanches. Il frissonna malgré lui à l'évocation de ces contes à dormir debout. Quelqu'un était-il en train de marcher sur sa tombe ?

Après avoir suivi sur un peu moins de deux kilomètres la route qui montait en pente douce, ils arrivèrent à l'embranchement dont avait parlé Brigada et s'arrêtèrent. Un panneau indicateur rustique pointé vers la gauche annonçait simplement : CALDEIRÃO – le cratère.

« Qu'est-ce qui peut bien pousser un prêtre à vivre dans un endroit pareil, au milieu de nulle part ? demanda Peggy.

– Il n'y a qu'une façon de le savoir », répondit Holliday. Il embraya, desserra le frein, tourna la poignée des gaz et ils s'engagèrent dans la descente qui menait au cratère. Au bout de cinq minutes, Holliday ralentit et stoppa de nouveau alors qu'ils atteignaient le sommet d'une colline. Là, trois cents mètres en contrebas, s'étendait le fond de la caldera, un gigantesque amphithéâtre formant une cuvette d'au moins trois kilomètres de diamètre dont les parois vertes s'élevaient à pic sur les trois quarts du pourtour. Au point le plus bas étaient nichés deux petits lacs entre lesquels, au milieu d'une pâture, ils virent une maisonnette entourée d'un muret de pierres. Le logis du prêtre.

Soudain, provenant des haillons de brume et de nuages, un son incongru se fit entendre : le bourdonnement régulier d'un moteur d'avion. Holliday et Peggy ne tardèrent pas à repérer la source du bruit : un gros Cessna Caravan survolait la caldera à basse altitude. L'appareil amorça un virage vers le sud presque au-dessus de leur tête.

Il était peint en vert et rouge, et non en bleu et blanc, les couleurs de la compagnie Sata. Il ne s'agissait donc pas d'un vol régulier, mais d'un charter. Holliday se sentit gagné par un vague malaise en regardant l'avion s'éloigner. Mais qu'y avait-il à craindre ? Le Cessna avait probablement été affrété par un groupe de touristes venus passer la journée dans l'île. Il embraya de nouveau et la moto démarra avec un grand clac et une secousse à déboîter les os. Puis ils descendirent vers le plancher du cratère au son crachotant et cliquetant du moteur.

La maison, petite, était de style portugais typique, avec ses murs en blocs de lave jointoyés et blanchis à la chaux, son toit de tuiles en pente douce et ses fenêtres à volets encadrant une porte en planches décolorée par le soleil. Un homme les regardait approcher depuis le seuil, une main en visière au-dessus de ses yeux.

Légèrement voûté, il mesurait près de deux mètres. Avec ça, des épaules de débardeur, un torse massif, des bras puissants, et d'énormes mains de tailleur de pierre. Il avait un visage carré, des yeux cernés, profondément enfoncés, et ses joues s'ombraient d'une repousse de barbe grisonnante. Ses cheveux épais étaient d'un blanc de neige. Il portait un pantalon de serge défraîchi, une chemise de coton écru délavé, et des sandales. Âgé d'une soixantaine d'années, il était visiblement en pleine forme.

Holliday freina et la moto s'immobilisa en grinçant sur le terre-plein de gravillons noirs devant la maison. Il mit pied à terre tandis que Peggy s'extirpait du sidecar. L'homme vint à eux en souriant, main tendue.

« Monsieur Holliday, mademoiselle Blackstock ! Je vous attendais, déclara-t-il. Bienvenue chez moi. Je m'appelle Helder Rodrigues. »

31

« Vous savez qui nous sommes ? demanda Peggy, interloquée.

– Bien sûr ! répondit le géant. Il se passe peu de choses à Corvo dont je ne sois pas informé.

– Vous avez bien dit que vous nous attendiez ? demanda à son tour Holliday.

– Oui, depuis quelque temps déjà », confirma Rodrigues.

Il parlait l'anglais sans accent, avec les intonations d'un homme de culture. S'il vivait actuellement loin de tout, il était clair qu'il avait en son temps parcouru le vaste monde.

« Mais entrez donc ! dit-il en s'écartant pour les laisser passer. Je nous ai préparé du café. »

Ils entrèrent. La maisonnette ne comprenait qu'une pièce sobrement meublée. Le mur du fond était occupé par une cheminée, le mur opposé par une alcôve contenant un lit gigogne vieillot. Un fusil de chasse à deux canons juxtaposés d'un modèle très ancien était posé sur des chevilles au-dessus de l'âtre. Devant la cheminée s'étalait un grand tapis ovale en lirette dont les couleurs, sans doute vives à l'origine, avaient viré au pastel. Une table en bois toute simple, entourée de quatre chaises, remplissait le centre de la pièce. Sous une des fenêtres se trouvait un plan de travail sur lequel étaient rangés des ustensiles de cuisine ; sous l'autre, un petit bureau et une étagère chargée de livres.

Il y avait quelques appareils électriques, mais l'éclairage semblait être assuré pour l'essentiel par des lampes à pétrole à cheminée de verre ou des lampes-tempête. Holliday n'avait pas vu de ligne électrique le long de la route, ce qui signifiait que la maison devait être alimentée par un générateur. Aucun poste de télévision, aucun téléphone n'étaient visibles. Seul un poste de radio antédiluvien en bakélite marron trônait sur le rebord d'une des fenêtres.

Rodrigues leur fit signe de s'asseoir, puis il alla chercher des tasses et les emplit de café tenu au chaud dans une vieille cafetière émaillée suspendue au-dessus des braises de la cheminée.

« Alors, comme ça, vous nous attendiez depuis quelque temps ? dit Holliday. Pouvez-vous nous expliquer cela, mon père ?

– Pas "mon père", monsieur Holliday. Je ne porte plus la soutane depuis longtemps. Appelez-moi simplement Helder.

– Pourquoi portez-vous un nom hollandais comme Helder ? s'enquit Peggy.

– Que voulez-vous que je vous dise ? Les Hollandais et les Portugais étaient deux grands peuples de marins au cours des siècles passés. Des navires hollandais dans les ports portugais, des navires portugais dans les ports hollandais. Qui sait le genre de mélange que cela peut produire ? répondit Rodrigues en riant.

Je connais un petit bourg du nord de la Hollande qui s'appelle Den Helder. Je crois que le nom vient du mot *Helledore*, qui signifie "Portes de l'enfer".

– Intéressant, commenta Holliday. Mais cela ne nous dit pas comment il se fait que vous attendiez notre visite. J'ignorais jusqu'à l'existence de Corvo il y a encore quelques jours.

– Il n'est pas nécessaire de savoir où l'on va pour y arriver, observa Rodrigues, sibyllin, avec un fin sourire. J'étais certain que vous finiriez par venir jusqu'ici parce que je sais quel genre d'homme vous êtes.

– Et comment pouvez-vous savoir quel homme je suis ?

– Parce que je savais quel homme était votre oncle.

– Vous connaissiez grand-père ? intervint Peggy.

– Très bien, oui. Je lisais ses ouvrages pendant mes études d'archéologie classique, à Cambridge, et j'ai fait sa connaissance plus tard, à Madrid. Nous sommes devenus amis. Nos chemins se croisaient régulièrement – au Caire, à Athènes, Berlin, ou même Washington. »

Washington ? Donc le prêtre avait lui aussi été un espion, songea Holliday. Mais pour le compte de qui ?

« Mais pourquoi vous attendiez-vous à nous voir, nous précisément ?

– Parce que j'ai appris le décès d'Henry. Après cela, il était évident que vous viendriez tôt ou tard.

– Je ne vois pas la logique, dit Peggy.

– C'est tout simple : je savais que l'épée vous mènerait jusqu'à moi, répondit Rodrigues en les regardant par-dessus le bord de sa tasse, un pétillement malicieux dans ses yeux sombres.

– Parce que vous connaissiez son existence ? demanda Holliday, stupéfait.

– *Leur* existence, corrigea Rodrigues. Elles sont quatre, en réalité : *Aos*, *Hesperios*, *Boreas*, et *Anatos*. Les fameuses *Xiphêphoros Peritios Anemos*.

– *Est*, *Ouest*, *Nord* et *Sud ; Les Épées des Quatre Vents*, en grec ancien, traduisit Holliday.

– Tout à fait, acquiesça le prêtre avec un sourire. Je vois que vous avez bénéficié d'une solide formation classique. Eh oui, "Les Épées des Quatre Vents" ! Celle que votre oncle avait en sa possession était *Hesperios*, l'"Épée de l'Ouest". Elle était portée par un certain chevalier Guillaume de Gisors – à ne pas confondre avec son homonyme, plus connu sous la dénomination de "prieur de Sion". Ce Gisors était un simple chevalier au service d'Henri II de Jérusalem. Jérusalem était bien sûr tombé depuis longtemps, mais, à l'époque dont nous parlons, le trésor de Saladin qui en avait été sorti se trouvait déjà à Chypre, après avoir transité par le château Pèlerin.

– Le trésor de Saladin ? répéta Holliday. Le Saladin de Richard Cœur de Lion ?

– Oui. Son nom complet était Salah al-Din Yusuf ibn Ayyub. C'était un guerrier natif de la région qui est maintenant l'Irak. De Tikrit, pour être précis.

– Mais pourquoi parlez-vous du trésor comme étant le sien ? Les Templiers ne l'auraient donc pas déterré dans le temple de Salomon ?

– Les Templiers n'ont jamais rien déterré à Jérusalem. Saladin n'était pas un sot. Il savait pertinemment qu'il ne pourrait pas tenir Jérusalem jusqu'à la fin des temps. La ville finirait par retomber entre d'autres mains et, étant donné les passions qu'elle suscitait, elle serait vraisemblablement pillée et mise à sac par ses prochains conquérants.

« Saladin jugeait un massacre inévitable, mais il savait que le plus important était de sauver le trésor. À ce stade, les Templiers constituaient la plus grande force organisée avec laquelle il était en rapport. Après avoir obtenu d'eux la promesse de ne jamais en révéler l'origine, et de ne jamais le disperser, il autorisa donc secrètement les Templiers à sortir le trésor de Jérusalem. Si ces tractations avaient été mises au jour, il est probable que Saladin et les responsables des Templiers auraient été exécutés pour haute trahison.

Mais c'est totalement absurde ! s'exclama Holliday. Vous êtes en train de nous raconter que le pourfendeur des croisés, l'ennemi juré de la chrétienté, a donné son trésor aux chevaliers du Temple ?

– Il a *sauvé* son trésor, qui aurait presque certainement été détruit, sans son initiative. Il a agi avec noblesse, en homme d'honneur. »

Rodrigues eut un sourire triste.

« Malheureusement, poursuivit-il, son acte ne lui a pas assuré la reconnaissance du pape Clément et du roi Philippe de France, qui voulaient le trésor pour eux-mêmes.

– Mais il n'est nulle part question de cette histoire. Aucun document, aucune chronique n'en parle, objecta Holliday.

– Comme vous le savez, professeur, les chroniques sont écrites bien longtemps après les faits. L'Histoire est toujours rétrospective. Il est notoire que les Templiers faisaient des affaires avec leurs ennemis. Le commerce entre ennemis est monnaie courante, même de nos jours. La Standard Oil remplissait les réservoirs des sous-marins allemands qui coulaient les navires britanniques pendant la Seconde Guerre mondiale. IBM facilitait le travail d'archivage d'Adolf Eichmann pour Dachau et Auschwitz-Birkenau. Les plages de Varadero, à Cuba, sont bordées d'hôtels appartenant à des Américains. Il n'en allait pas différemment au temps des croisades. Richard Cœur de Lion lui-même n'utilisait-il pas une épée forgée à Damas ?

– Et que sont devenues les quatre épées ? demanda Peggy.

– Elles ont toutes été envoyées avec le même message aux autorités templières, à Clairvaux, mais séparément, dans l'espoir qu'une au moins parviendrait à destination. Aucune n'est jamais arrivée à Clairvaux. Roger de Flor a pris la mer avec le trésor de Saladin et s'est perdu dans les brumes de l'Histoire sans avoir révélé l'endroit où il l'avait caché.

– Il l'aurait d'abord transporté à La Rochelle, puis ici ?

– C'est ce que d'aucuns prétendent, murmura le prêtre.

– Quel rôle joue oncle Henry, dans tout ça ?

– Selon certaines rumeurs anciennes, quelques navires de Roger de Flor auraient réussi à transporter *Boreas*, l'"Épée du Nord", jusqu'en Écosse. Le messager qui en avait la charge aurait été l'illustre Sir Henry St Clair, ce qui explique probablement la naissance des fameuses rumeurs. Votre oncle s'est intéressé à cette histoire à l'époque où il enseignait à Oxford, et c'est bien sûr à cette occasion que nous sommes entrés en contact. C'est Henry qui a découvert le lien entre Mussolini et l'épée *Hesperios*, dont il a suivi la trace jusqu'au repaire de Hitler, à Berchtesgaden.

– Et dont il a caché l'existence jusqu'à la fin de ses jours, ajouta Holliday, qui n'en revenait toujours pas d'être là à discuter de ces choses dans le ventre d'un volcan éteint au beau milieu de l'Atlantique.

– Bien sûr qu'il en a caché l'existence ! La révéler aurait eu des conséquences désastreuses. Nous étions à la fin de la guerre. Le Moyen-Orient était en effervescence. Israël n'était encore qu'un rêve – et des plus fragiles. L'Église catholique n'était pas non plus en très bonne posture. Et la situation n'a fait qu'empirer au fil du temps.

– Et La Sapinière – Sodalitium Pianum, ou quel que soit le nom –, que vient-elle faire là-dedans ?

– Pourquoi me posez-vous cette question ?

– Parce qu'un de ses membres a tenté de nous tuer, à Jérusalem. Un prêtre, comme vous.

– Je vous l'ai déjà dit, je ne suis plus prêtre.

– Peu importe. Pourquoi le Saint-Siège s'intéresse-t-il à cette affaire ?

– Pour la même raison qu'il y a huit cents ans : le pouvoir – ou plutôt l'absence de pouvoir. Si le trésor de Saladin réapparaissait, l'Église catholique perdrait instantanément toute raison d'être. Toute la machinerie politique qui est à l'œuvre au Vatican depuis plus de mille ans s'effondrerait comme un château de cartes.

– Je ne comprends pas, intervint Peggy. Le Vatican est si riche qu'il ne sait pas quoi faire de son argent. Vous êtes en train de nous expliquer que ces gens-là sont prêts à payer des tueurs pour remplir encore plus leur bas de laine ?

– Vous seriez étonnée si je vous disais de quoi

l'Église est capable, répondit Rodrigues. Mais en l'occurrence ce n'est pas d'argent qu'il s'agit.

– Qu'est-ce qu'un trésor, sinon de l'argent ? demanda Peggy.

– Quand peut-on dire qu'un trésor n'en est pas un ? rétorqua Rodrigues.

– Qu'entendez-vous par là, au juste ? insista Peggy, que les réponses énigmatiques de l'ex-prêtre commençaient à exaspérer.

– Je crois comprendre, dit lentement Holliday.

– Eh bien, tu as de la chance ! »

À cet instant, un crissement de pneus se fit entendre sur le gravier de l'allée – plus d'un véhicule, à en juger par le bruit. Des portières claquèrent, puis ils entendirent des voix d'hommes.

Se levant, Rodrigues s'approcha d'une des fenêtres. Après avoir observé un instant ce qui se passait dehors, il traversa la pièce jusqu'à la cheminée pour aller décrocher le vieux fusil, qu'il revint poser sur le bureau. Il sortit ensuite d'un tiroir une poignée de cartouches, bascula le double canon et chargea l'arme avant de la refermer avec un claquement sec.

« Nous avons des visiteurs, dit-il en se tournant vers Holliday et Peggy. Importuns, si je ne me trompe. »

32

Par la fenêtre, Holliday vit deux voitures garées devant la maison : une vieille 2 CV Citroën et une berline Mercedes encore plus vieille. Six hommes se tenaient là, grands, blonds, visage fermé. Penché sur le coffre ouvert de la Mercedes, l'un d'eux distribuait des armes aux autres. Des carabines et des petits pistolets-mitrailleurs à l'air bien féroce : des Uzi et des MAC-10. Holliday aperçut un tatouage sur le poignet de l'un des types.

« Les gros bras de Kellerman, dit-il.

– Ordo Novi Templi, acquiesça Rodrigues. L'ordre du Nouveau Temple.

– Vous savez qui est Kellerman ? s'exclama Peggy, surprise.

– Il existe des templiers blancs et des templiers noirs depuis l'origine. Ordo Novi Templi n'est que l'incarnation la plus récente des templiers noirs. Mais l'heure n'est pas aux explications. Il faut que nous sortions d'ici immédiatement.

– Sortir ? Mais comment ? demanda Holliday. Vous croyez que les gars de dehors vont nous délivrer un laissez-passer ?

– *Vis consili expers mole ruit sua*, répondit Rodrigues tout en bourrant de cartouches les poches de son pantalon.

– Horace, dit Holliday. “La force sans l'intelligence s'effondre sous son propre poids.” Vous n'auriez pas une autre arme, par hasard ? »

Rodrigues passa la main sous le bureau. Il y eut un bruit de Velcro qu'on arrache, puis l'ex-prêtre tendit à Holliday un semi-automatique tchèque CZ 75 parfaitement huilé dans un étui.

« Il est chargé avec du dix millimètres Smith et Wesson “tueur de flics” chemisé au téflon, indiqua-t-il.

– Vous faites un drôle de prêtre ! lança Holliday en glissant le holster dans la ceinture de son pantalon.

– Nous vivons une drôle d'époque ! Suivez-moi. »

Sans perdre une seconde de plus, Rodrigues retourna devant la cheminée et replia le tapis, découvrant une trappe carrée munie d'un anneau de fer.

« Oh, non ! Ça ne va pas recommencer ! » gémit Peggy.

Empoignant l'anneau, Rodrigues souleva l'abattant : en dessous, un étroit escalier de pierre s'enfonçait dans le sol.

« Descendez là-dedans ! dit-il en désignant l'ouverture. Je vous rejoindrai après.

– Mais c'est tout noir ! protesta Peggy.

– Il y a un interrupteur à la cinquième marche, sur la droite.

– Vas-y ! » ordonna Holliday.

Elle posa prudemment les pieds sur la première marche puis commença à descendre, s'appuyant d'une main à la paroi. Quelques secondes plus tard, Holliday vit le trou noir s'éclairer en même temps que montait des profondeurs le grognement lointain d'un générateur.

« À vous, maintenant, dit Rodrigues.

– Ils vont nous suivre, vous savez, remarqua Holliday.

– J'ai de quoi calmer leurs ardeurs, assura le prêtre avec un sourire. Allez-y ! »

Holliday descendit à la suite de Peggy, qu'il apercevait, plus bas, dans l'escalier très raide taillé dans une sorte de pierre ponce poreuse. Un câble épais et plat d'un modèle ancien, fixé à la voûte par des crampons, courait le long du boyau, et, tous les trois mètres, une ampoule suspendue dispensait une lumière dont l'intensité variait à chaque cycle du générateur.

Après un brusque virage, l'escalier aboutissait soudain perpendiculairement dans un large tunnel bas de plafond qui semblait creusé par l'homme, mais ne l'était pas. Peggy attendait à la jonction. Vers la gauche, la galerie était plongée dans le noir ; vers la droite, elle était éclairée par des ampoules identiques à celles de l'escalier. Holliday effleura des doigts les stries parallèles qui ridaient la pierre froide.

« Un tunnel de lave », dit-il.

De la pierre en fusion, incandescente, avait un jour coulé dans ce corridor souterrain avant d'achever sa course dans la mer. Quelque part en avant résonnait l'écho incongru du générateur qui alimentait les ampoules.

« Qu'est-ce qu'on fait, maintenant ? demanda Peggy.

– On attend Rodrigues. »

Holliday sortit le pistolet, l'arma puis se posta au pied de l'escalier. L'ex-prêtre apparut un instant plus tard, le visage tendu.

« Cela faisait plusieurs années que je m'attendais à quelque chose de ce genre, dit-il en débouchant dans le tunnel, son fusil dans les bras. Les secrets ne restent jamais secrets pour l'éternité. Comme l'écrit Shakespeare : "À la fin, la vérité se découvre." »

Tout à coup, venu d'en haut, le bruit d'une explosion leur parvint.

« Cela devrait rétablir un certain équilibre, déclara Rodrigues d'un air grave. Par ici ! »

Il s'engagea dans le tunnel qui descendait nettement sur deux ou trois cents mètres en serpentant autour d'extrusions de lave pétrifiée, puis se rétrécissait au point de n'être plus qu'une fente à peine praticable dans la roche noire rainurée.

Peggy sentit l'oppression la gagner. Sans la présence des ampoules qui éclairaient le passage, large à présent d'à peine soixante centimètres, elle aurait sûrement cédé à une crise d'hystérie incontrôlable. Les goulets de ce genre ne lui réussissaient pas plus que les ascenseurs en panne. Et le fait de se savoir poursuivie par une bande d'affreux en armes n'était pas de nature à calmer ses angoisses.

« Euh... Je... Je commence à me sentir un peu à l'étroit, là », balbutia-t-elle d'une voix haut perchée à l'adresse de Holliday, qui se tenait juste derrière elle.

Ils se déplaçaient de biais, maintenant, le visage à quelques centimètres de la paroi.

« C'est bientôt terminé », assura Rodrigues, qui ouvrait la marche.

Peggy trouva l'expression inquiétante.

Soudain, Rodrigues disparut, mais elle continuait d'entendre sa voix.

« Attention à la marche ! » prévint-il.

Peggy sortit avec peine de la fissure et resta clouée sur place.

« Nom de... murmura-t-elle.

– Seigneur ! » s'exclama à mi-voix Holliday en la rejoignant sur la petite plateforme de pierre où elle se tenait.

Un spectacle aussi grandiose qu'hallucinant s'offrait à eux.

Ils se trouvaient sur le seuil d'une caverne presque aussi vaste que le hall de la gare de Grand Central à New York, aussi large qu'un terrain de football, et deux fois plus longue. Le plafond, qui culminait à trente mètres au-dessus d'eux, semblait littéralement vivant, animé qu'il était de couleurs et de formes dansantes surgies des brumes d'un lointain passé. Ce n'étaient que gnous et girafes déambulant dans une savane sans fin, bouquetins, par dizaines, fuyant, pattes fléchies, cornes rejetées en arrière, devant des silhouettes noires filiformes qui les pourchassaient dans la steppe africaine.

Des ours, disparus des Açores depuis l'aube de la dernière glaciation, se promenaient dans des forêts plusieurs fois séculaires. Des trières phéniciennes grandeur nature, toutes voiles déployées au-dessus de leurs coques jumelles, fendaient les flots agités entre les colonnes d'Hercule, cap sur les vastes étendues marines inconnues. Des navires de croisés les suivaient, arborant fièrement la croix des Templiers, blanche sur le fond rouge de leurs voiles. Des défilés immuables de soldats en armure et cotte de mailles sortaient de Jérusalem par toutes ses portes. Rouges, verts, noirs, jaunes, ocre, bleu d'azur ou d'outre-mer, bruns, argentés, gracieusement musclés, finement charpentés, hommes, bêtes, créatures appartenant aux deux catégories, ou à aucune, dansaient, naviguaient, chevauchaient en un flot continu par centaines, par milliers, par armées entières, parcourant les âges et la voûte de pierre de la grotte en une étrange et fantastique sarabande.

Jamais Holliday et Peggy n'avaient été à ce point éblouis par une œuvre d'art : le magnifique plafond de la chapelle Sixtine lui-même faisait pâle figure en comparaison de ce qu'ils voyaient là. Et il était évident que le chapelet d'ampoules courant le long de la paroi n'éclairait qu'une partie du décor, l'autre restant en permanence noyée dans l'ombre. Dieu seul savait comment les artistes s'y étaient pris pour créer des images à cette échelle. Une telle splendeur passait l'entendement.

Quelques marches taillées dans la roche menaient au large creuset constituant le plancher de la caverne, dont les parois en courbe étaient noyées à leur base sous des gradins de lave solidifiée en vagues successives. Çà et là, autour de la partie basse de la grotte, des taches sombres signalaient les entrées d'autres tunnels qui s'enfonçaient dans le socle de la caldera.

Sur l'un des gradins les plus proches de Holliday et Peggy s'alignait une collection de coffres de fer d'allure très ancienne, près desquels – cela semblait à peine croyable – étaient entassés des objets qui ne pouvaient être que des fers de lance, leur douille encore visible. Parmi ce fatras trônait une longue table au plateau revêtu de zinc sur laquelle était rangé tout un assortiment d'outils électriques. Cela faisait penser, en plus rustique, au laboratoire de Raffi Wanounou, à Jérusalem.

Au milieu des outils, sous une lampe-loupe et soutenue par deux supports capitonnés, était installée une épée exactement identique à celle d'oncle Henry. Sur une seconde table, perpendiculaire à la première, un châssis supportait une de ces grosses amphores au galbe élégant d'un mètre cinquante environ qui servaient au transport du vin jusqu'au Moyen Âge tardif.

Loin sur la gauche, dans la zone la plus sombre de la caverne aux proportions de cathédrale, se distinguait une forme évoquant la carcasse noircie de quelque monstrueuse créature marine, pince dressée, épine dorsale brisée, cage thoracique béante. Elle était à demi couchée sur le flanc, calée contre une coulée stalagmitique qui se perdait dans l'obscurité. Il fallut à Holliday quelques secondes pour comprendre qu'il avait devant les yeux l'épave d'un navire de trente mètres de long sur neuf de large dont seules les membrures subsistaient, les planches du bordé étant depuis longtemps tombées en pourriture.

« Tout ce qui reste du navire amiral de Roger de Flor, le *Wanderfalke* – le *Faucon Pèlerin*, dit Rodrigues en désignant l'épave. C'est à son bord qu'a été chargé le trésor du temple de Salomon, le cadeau de Saladin aux Templiers et au reste du monde, avant d'être transporté jusqu'ici par un chevalier castillan nommé Fernan Ruiz de Castro. L'épée que vous voyez sur la table était la sienne. C'est *Aos*, l'Épée de l'Est.

– De Flor savait que cet endroit existait ? demanda Holliday, s'approchant de la table pour examiner l'arme.

– Selon mon estimation, cette grotte connaît l'occupation humaine depuis au moins dix mille ans. Sur certaines peintures, tout au fond, on voit clairement le lion des cavernes européen, qui vivait au pléistocène supérieur, probablement à l'époque de la dernière glaciation. Les représentations de bateaux phéniciens datent d'un millier d'années avant Jésus-Christ. Il est donc certain que les Phéniciens connaissaient cet endroit, de même, peut-être, que les Vikings. L'un des capitaines de De Flor a découvert cette île par hasard, quand son bateau a été dérouté par le vent. La grotte communiquait avec la mer par une grande ouverture, en ce temps-là, et l'approche était beaucoup plus facile. Il semble que des événements sismiques se soient produits au XVIIe siècle, causant l'effondrement d'une grande partie de l'entrée et la rendant presque invisible. On ne peut pas rêver meilleure cachette pour un trésor.

– Vous parlez sans arrêt de trésor, mais je n'en vois pas la trace, remarqua Peggy. »

Rodrigues alla jusqu'à la seconde table et posa une main sur l'amphore, qui était scellée avec une substance résineuse de couleur sombre.

« Le voilà, votre trésor ! déclara-t-il à mi-voix.

– Quoi ? Du vin ? s'exclama Peggy en riant. Nous aurions sillonné la moitié de la planète et mis nos vies en danger pour une grosse bouteille de vin ?

– Non, répondit doucement Rodrigues. Ce n'est pas pour du vin que vous avez effectué votre dangereux périple, mais pour ceci... »

Il prit sur l'établi un petit maillet en caoutchouc et en asséna un grand coup contre le flanc de la jarre, qui éclata, répandant des fragments de terre cuite sur le zinc de la table, et libérant une demi-douzaine de cylindres d'or pur d'une belle couleur jaune luisante, longs d'environ trente centimètres pour un diamètre de dix. À l'instar de l'amphore, chaque cylindre était scellé avec de la résine à une extrémité. Rodrigues en prit un dans sa main.

« Un rouleau de l'antique bibliothèque royale d'Alexandrie, sauvé par le général Amr ibn al-'As, qui aurait dû le détruire après avoir conquis l'Égypte, au VIIe siècle. Un épisode que Saladin s'est empressé de passer sous silence, sachant qu'Amr ibn al-'As était contemporain de Mahomet, et que, conformément au dogme musulman, il n'aurait jamais dû préserver ces manuscrits, dont beaucoup contrevenaient aux préceptes coraniques. »

L'ex-prêtre passa le cylindre d'une main dans l'autre avec une mimique fataliste.

« Que contient celui-ci ? reprit-il. Une œuvre inconnue d'Homère ? Une tragédie d'Euripide ? Un écrit mathématique d'Archimède ? Une carte indiquant l'emplacement de la légendaire tombe d'Imhotep, ou celui des mines du roi Salomon ? Un traité de médecine d'Esculape ? »

Rodrigues s'interrompit de nouveau, puis :

« Et il y a ici tout ce qui peut donner des sueurs froides à la sainte Église : j'ai vu de mes yeux les évangiles perdus des Apôtres, par exemple – ceux qu'ils ont prêchés de leur bouche, en araméen, pas ceux que nous ont légués des siècles de traductions et de gloses. Il se pourrait même que soit caché ici le plus sacré et le plus dangereux de tous les évangiles : celui du Christ lui-même ! Pas étonnant, dans ces conditions, que le Vatican et Sodalitium Pianum cherchent à nous tuer, vous et moi... Si l'existence de ce lieu venait à être connue, la basilique Saint-Pierre tremblerait sur ses bases. »

Rodrigues haussa ses larges épaules avant de poursuivre :

« Qui sait quels autres secrets recèle cette caverne ? J'ai beau inventorier ces trésors depuis plus de cinquante ans, c'est à peine si j'ai effleuré le sujet. Et je ne suis pas le premier à travailler dessus. C'est que les ouvrages de la bibliothèque d'Alexandrie ne sont pas les seuls à être arrivés jusqu'ici. Il y a aussi ceux de la bibliothèque d'Hadrien, de celle de Pergame, les textes de la Villa des Papyrus, à Herculanum, qu'on a longtemps cru détruits par l'éruption du Vésuve. Tout cela est ici, et davantage encore. C'est la sagesse du monde qui est rassemblée dans tous ces petits étuis en or, rien de moins.

– Davantage encore ? Vous voulez dire qu'il y a d'autres rouleaux ? d'autres amphores ? demanda Holliday, transporté.

– Des milliers ! Assez pour remplir les cales du *Wanderfalke* et de son navire jumeau, le *Tempel Rose* – la *Rose du Temple*. Dix mille, peut-être plus. Je ne me suis jamais donné la peine de compter. De Flor était un négociant en vins bien connu qui opérait entre La Rochelle et le Levant. Quelle meilleure méthode aurait-on pu imaginer pour faire voyager ce trésor que de le dissimuler dans des jarres ? À l'époque des croisades, on savait déjà que l'or était un matériau inerte idéal pour protéger les documents pendant le transport, c'est pourquoi une fonderie avait été installée au château Pèlerin. Et, de fait, les rouleaux sont restés intacts pendant près d'un millénaire. Ceux qui restent à étudier attendent dans les tunnels de lave que vous voyez autour de la grotte. Les autres ont été confiés à des amis de l'ordre, qui veillent sur eux.

– Quel ordre ? Les Templiers ? demanda Holliday.

– Bien sûr. Comme je vous l'ai expliqué, il a existé dès le début des templiers blancs et des templiers noirs. Il n'était pas question de laisser ces trésors d'intelligence tomber entre de mauvaises mains. C'est pourquoi votre oncle s'est joint à nous.

– Grand-père était un templier ? s'exclama Peggy. Il était au courant de toute cette histoire ?

– Oui. Et s'il a caché l'épée, c'était pour sauvegarder le secret et vous le transmettre, à vous deux, si vous vous montriez à la hauteur de la tâche. »

Soudain, les faibles ampoules qui éclairaient l'immense caverne se mirent à clignoter. D'un geste instinctif, Holliday posa une main sur la vieille épée et l'ôta de son piédestal. De son autre main, il tira le pistolet tchèque de son étui et en fit sauter le cran de sûreté avec son pouce. La lumière clignota encore une fois, puis s'éteignit tout à fait, plongeant la grotte dans le noir absolu.

33

Les ampoules se rallumèrent presque aussitôt. « Qu'est-ce qui se passe ? demanda Peggy.

– C'est un système d'alarme primitif, répondit Rodrigues en soupesant son fusil. Apparemment, mon petit feu d'artifice n'a pas mis hors de combat la totalité de nos visiteurs. Ils ne sont plus loin, maintenant. Il faut partir. Tout de suite.

– Nous pourrions les attendre et nous battre, suggéra la jeune femme.

– Non, M. Rodrigues a raison, dit Holliday. Ils ont des pistolets-mitrailleurs ; nous, un fusil et un automatique. Il est temps de décamper.

– Suivez-moi ! » ordonna Rodrigues.

Il se baissa pour prendre une lanterne de camping sous la table où se trouvaient les débris de l'amphore, puis traversa la grotte en direction d'un des tunnels. Comme ils gravissaient les strates de lave pétrifiée, Holliday perçut un mouvement du coin de l'œil. Il fit volte-face.

« Avancez ! Vite ! » cria-t-il.

De l'autre côté de la caverne, l'un des nervis de Kellerman venait d'apparaître, une arme à la main, des lunettes légères de vision nocturne ATN sur le front. Un rayon rouge jaillit de l'arme, traversant la grotte : un dispositif de visée laser. Holliday n'attendit pas de voir quelle cible l'homme avait choisie. Sans prendre le temps de viser lui-même – ce qui aurait été inutile à une telle distance –, il braqua son pistolet dans la direction de l'ennemi et pressa la détente, expédiant en une rafale les douze balles du chargeur. La précision importait peu : le but était de gagner du temps. Les détonations se répercutèrent longuement sous la voûte de pierre. Le type tira une fois puis s'esquiva. Holliday entendit derrière lui un grognement de douleur et de surprise. Il se retourna. Rodrigues avait été touché. Une tache de sang rougissait sa chemise à la hauteur de l'abdomen, du côté droit. Une blessure superficielle, avec un peu de chance. L'ex-prêtre s'affaissa contre la paroi lisse, près de l'entrée du tunnel. Peggy lui retira la lanterne et le fusil des mains, puis passa un bras sous le sien pour le soutenir.

« Vite ! Dans le tunnel, gémit-il. Ne perdez pas de temps ! »

Holliday jeta le pistolet vide, transféra l'épée dans sa main droite et, après avoir escaladé en courant les derniers gradins de lave, prit l'autre bras du blessé. À eux deux, Peggy et lui parvinrent à le traîner jusqu'à l'abri relatif du tunnel. Des coups de feu retentirent derrière eux. Il y avait plusieurs tireurs. Les gens de Kellerman arrivaient en force.

« Dans le tunnel... À vingt pas... Le générateur... geignit Rodrigues. Faites attention ! »

Holliday et Peggy l'aidèrent à avancer comme ils pouvaient dans le passage aussi étroit que bas de plafond. Ils entendaient devant eux le vrombissement du générateur diesel, dont les émanations âcres commençaient à se faire sentir. Holliday perçut aussi un léger souffle sur son visage. De l'air frais.

Au bout de vingt pas, la galerie avait été artificiellement élargie, et un renfoncement carré, assez profond, s'ouvrait sur la gauche. À l'intérieur de ce réduit, un générateur Yamaha jaune canari de six mille watts tournait tranquillement, alimenté par un réservoir de quatre cents litres de carburant. Un tuyau en PVC joignait l'échappement à une anfractuosité du plafond, par où s'évacuait l'essentiel des émanations.

« L'interrupteur... » balbutia Rodrigues.

Holliday trouva l'interrupteur sur le côté de la machine et l'actionna. Le bruit du générateur s'interrompit net. La lumière s'éteignit. L'obscurité ralentirait peut-être leurs poursuivants, mais s'ils étaient équipés de lunettes infrarouges, elle ne suffirait pas à les arrêter. Peggy alluma la lanterne. Un cône de lumière jaillit, éclairant le chemin à prendre.

« Encore dix pas... » marmonna l'ex-prêtre.

Il se mit à tousser et un flot de sang noir, grumeleux, coula de ses lèvres sur son menton. Hémorragie interne, diagnostiqua Holliday. La blessure n'était pas superficielle. Rodrigues avait besoin de soins médicaux. Et vite !

« Qu'y a-t-il plus loin ? » lui demanda Holliday tout en l'aidant à avancer.

Il calcula qu'ils ne pouvaient pas avoir plus d'une ou deux minutes d'avance sur ceux qui étaient à leurs trousses.

« Un piège avec un fil... Fil de pêche... »

Rodrigues toussa de nouveau, pliant son corps en deux. Ils ralentirent prudemment l'allure, Peggy devant, éclairant le sol, Holliday sur ses talons, soutenant le blessé. Deux mètres plus loin, un long fil noir tendu en travers du tunnel apparut dans le faisceau de la lanterne ; à hauteur de tibia, il était parfaitement indétectable si on ne le cherchait pas.

« Où est l'engin ? s'enquit Holliday.

– Plafond... »

Peggy braqua le rayon lumineux vers le haut. Le fil de pêche montait le long de la paroi, passé dans des pitons noircis, et rejoignait une petite niche d'une vingtaine de centimètres de large pratiquée dans le plafond. La niche contenait deux objets métalliques vert olive d'à peu près dix centimètres de diamètre que Holliday reconnut au premier coup d'œil : des mines antipersonnel OZM-72, l'équivalent russe de la M16 américaine, dite « Betty la Sauteuse », qu'il avait utilisée au Vietnam, et de la PROM-1 yougoslave, qu'il avait vue en Bosnie. Déclenchée au sol, ce genre de mine bondissait à hauteur de ceinture avant d'éclater. La déflagration de ces deux exemplaires-ci serait orientée vers le bas. Chaque OZM contenait une charge d'un peu plus d'une livre d'explosif à fort pouvoir détonant. L'effet produit dans le tunnel serait épouvantable : tout ce qui se trouvait jusqu'à trente mètres de part et d'autre de l'explosion serait réduit en chair à pâté.

« Aide-le à lever les jambes au-dessus du fil ! » dit Holliday.

Conjuguant leurs efforts, ils parvinrent à faire franchir l'obstacle mortel à Rodrigues, de plus en plus faible, puis ils poursuivirent leur chemin sans tarder, soucieux de mettre rapidement la plus grande distance possible entre eux et le dispositif diabolique. Une douzaine de mètres après le piège, le boyau faisait brutalement un coude vers la droite et commençait à monter en pente raide. Ici, ce n'était plus un souffle vague que Holliday sentait sur son visage, mais un véritable courant d'air, et il lui sembla entendre un roulement de tonnerre au loin. Quelque part au-dessus d'eux, l'orage se formait de nouveau.

Le tunnel se rétrécissait à mesure qu'ils approchaient de la surface, et son aspect se modifiait, le sol lisse se couvrant d'une boue glissante, les parois d'une couche compacte de sécrétions bactériennes visqueuses. Rodrigues avait de plus en plus de difficulté à mettre un pied devant l'autre. Sa toux s'accentuait à chaque pas, il peinait à bouger les jambes, tremblait de façon incontrôlable. Les signes ne trompaient pas : il était au premier stade de l'état de choc et n'en avait plus pour longtemps.

« Poche... murmura-t-il. Carnet... Prenez-le.

– Plus tard. Nous aurons le temps plus tard, répondit Holliday, cherchant à le rassurer.

– *Maintenant !* » ordonna Rodrigues avec autorité.

Tout en continuant d'avancer, Holliday fouilla dans les poches du mourant et trouva dans l'une d'elles un vieux calepin relié en cuir d'un bon centimètre d'épaisseur. Il le fourra dans la poche de sa veste sans arrêter de marcher. La pente se fit plus forte. Exténué, Holliday commençait à sentir ses genoux se dérober. Rodrigues se laissait pratiquement porter à présent.

Soudain, alors que Holliday croyait distinguer devant lui un rai de lumière, un formidable choc les souleva de terre avant de les jeter tous les trois sur le sol. Une fraction de seconde plus tard, il y eut une explosion assourdissante, immédiatement suivie d'un second choc, puis d'un souffle brûlant qui passa sur eux en rugissant.

Holliday, qui n'avait pas lâché l'épée, se releva. La lanterne ne fonctionnait plus, mais une lumière suffisante filtrait désormais dans le tunnel pour éclairer leur chemin. Peggy abandonna la lanterne et, tenant le fusil d'une main, aida Holliday à remettre Rodrigues debout. Ils repartirent en trébuchant vers la clarté du jour. Holliday reçut quelques gouttes de pluie sur le visage, tandis qu'un nouveau coup de tonnerre se faisait entendre. Un instant plus tard, ils atteignirent l'issue aux bords déchiquetés du tunnel et débouchèrent à l'air libre, prenant pied sur la surface raboteuse du cratère, dans le vent glacial d'une tempête en plein essor. Un éclair zébra les nuages noirs qui circulaient au-dessus de leur tête.

« Ah ! Voici que les blaireaux sortent de leur terrier, fit une voix. Et pas en très bonne forme, semble-t-il. »

Axel Kellerman.

Vêtu d'un costume de tweed trois-pièces, de chaussures de marche et d'un feutre qui lui donnait l'allure du parfait gentleman-farmer anglais, il était assis sur une dalle de pierre, à quelques mètres de l'entrée du tunnel. À l'arrière-plan, à sept ou huit cents mètres, Holliday vit la maisonnette isolée de Rodrigues, entre les deux lacs volcaniques. De grosses gouttes de pluie commencèrent à tomber, le vent se renforça, s'engouffrant dans les vêtements, le tonnerre gronda. L'orage éclatait pour de bon.

En regardant Kellerman, posé là dans ce costume et ce décor invraisemblables, Holliday prit soudain conscience du degré de folie de ce fils d'officier SS, en train de mettre en scène des rêves d'aristocrate romantique tout droit sortis de Goethe et du *Sturm und Drang*.

L'Allemand n'était pas seul. Une de ses brutes aryennes se tenait près de lui, armée d'un pistolet-mitrailleur qu'il pointait sur la nuque de Manuel Rivero Tavares, le capitaine du *San Pedro*.

Entre Peggy et Holliday, Rodrigues s'effondra sur le sol.

« Posez ce fusil, mademoiselle Blackstock ! ordonna Kellerman avec un sourire. Vous pouvez garder l'épée pour l'instant, monsieur Holliday. Elle vous va à ravir. »

Prudente, Peggy s'exécuta. Holliday gardait les yeux rivés sur Kellerman.

« Je suis désolé, *Doutor*, dit Tavares, implorant. Je pas pu faire autrement.

– Une simple menace a suffi, expliqua Kellerman. Apparemment, notre bon ami le capitaine a des petits-enfants. Des petites-filles... »

Son regard se détourna vers la sortie du tunnel de lave et il fit une grimace.

« Si j'en crois le bruit que j'ai entendu il y a un moment, certains de mes employés ont été victimes de quelque attentat à la bombe artisanale, reprit-il. Leurs vies s'ajoutent à celles que vous me devez déjà, monsieur Holliday. Mais ces hommes ont bien joué leur rôle. Grâce à eux, je sais au moins où est caché mon héritage, désormais. Il ne me reste plus qu'à le récupérer.

– Cet héritage n'est pas davantage le vôtre qu'il n'était celui de votre père, répliqua Holliday, le poing serré sur la poignée de l'épée. Il n'appartient à aucun homme individuellement.

– Il appartient à quiconque s'en empare, cracha Kellerman, qui se leva et s'approcha. Le monde est ainsi fait : la victoire pour les forts, la défaite pour les faibles, ajouta-t-il, avec un regard méprisant pour la silhouette prostrée de Rodrigues.

– Tout le monde connaît vos rengaines : *Arbeit macht frei*, *Kraft durch Freude*, *Drang nach Osten*... À quoi vous ont-elles menés ? À l'échec complet, dit Holliday, qui secoua la tête. Vous n'êtes rien de plus qu'une blague obscène qui a mal tourné, Kellerman, comme votre père avant vous. »

Le regard étincelant de haine, le nazi nouveau modèle s'avança, l'écume à la bouche, cherchant quelque chose d'une main tremblante sous sa veste trop serrée. Il y eut un éclair aveuglant, puis un formidable coup de tonnerre. Les vannes du ciel s'ouvrirent.

Tout se passa très vite.

« *Vai-te foder !* » hurla Tavares.

Il écrasa sauvagement du talon le cou-de-pied du voyou blond avant de se jeter de côté avec l'énergie du désespoir. Réagissant en un quart de seconde, Peggy plongea sur le sol, saisit le fusil, pressa les deux queues de détente. Le recul lui fit sauter l'arme des mains et lui laboura l'épaule. Le nervi tomba instantanément assis par terre avec un grognement, puis se mit à contempler d'un œil hébété sous la pluie torrentielle le trou sanglant de la taille d'une assiette qu'il avait au milieu du ventre.

Kellerman, qui avait sorti de sous sa veste un petit Walter PPK tout plat, continuait d'approcher à grands pas tout en levant le canon de son arme.

Holliday ne prit pas le temps de réfléchir. Pointant l'épée, il avança un pied et se cala fermement sur ses deux jambes, genoux légèrement fléchis, coude bloqué. Emporté par son élan, Kellerman vint s'empaler sur l'estoc, qu'aucun sang n'avait souillé depuis plus de sept cents ans. La large lame d'acier damasquiné transperça le tweed épais de son gilet, sa chemise, puis pénétra dans la chair juste en dessous du processus xiphoïde, à la hauteur du diaphragme, pour s'enfoncer plus profondément, perçant le ventricule droit et l'atrium gauche du cœur, et buter enfin contre la colonne vertébrale. L'étincelle de fureur s'éteignit dans le regard du forcené. Kellerman était mort. Embroché.

Holliday recula, retirant l'épée du corps en la faisant légèrement pivoter pour éviter l'effet de ventouse. Il y eut un horrible bruit de succion quand la lame sortit de la poitrine de l'Allemand. Le corps s'affaissa tel un pantin désarticulé. Holliday laissa tomber l'épée, puis se détourna en essuyant l'eau de pluie qui lui brouillait la vue.

Peggy, à genoux, une main massant doucement son épaule endolorie, regardait fixement le cadavre du blond, dont le sang dilué par la pluie formait à présent une mare rose qui s'élargissait sur le sol rocailleux.

« Ça va aller ? demanda Holliday en se penchant sur elle.

– Oui, oui, assura-t elle, son regard vide toujours posé sur l'homme qu'elle venait d'expédier *ad patres*. Impeccable. »

Assis par terre, Tavares tenait sur ses genoux la tête de Rodrigues, sous le déluge qui les trempait tous les deux. Holliday s'agenouilla près d'eux.

« C'est mon ami, dit Tavares, d'une voix entrecoupée de sanglots, tout en caressant doucement le front de l'ex-prêtre. Un ami cher, si cher, depuis si longtemps... Je peux pas le laisser mourir. »

Rodrigues ouvrit les yeux et cligna des paupières pour chasser les gouttes de pluie.

« Nous devons tous mourir un jour, Emmanuel », murmura-t-il.

Il parvint à lever une main qu'il posa avec un soupir sur l'épais poignet velu de Tavares, puis il tourna un peu la tête, de façon à voir Holliday.

« Veillez sur Manuel ! reprit-il. Son âme et la mienne sont sœurs, et il est au courant de tout. Il est mes yeux et mes oreilles depuis que je me suis isolé du monde des hommes, il y a bien longtemps.

– Comptez sur moi, promit Holliday, s'efforçant de croire que c'était la pluie qui embuait ses yeux.

– Kellerman est mort ?

– On ne peut plus mort.

– C'est bien. C'est bien... Le flambeau est transmis, désormais. *Alea jacta est. Vale, amici.* »

Rodrigues souleva sa tête des genoux de Tavares et tourna vers le ciel noir des yeux qui ne voyaient déjà plus.

« Trop de secrets, souffla-t-il. Trop de secrets. »

Sur ces mots, il émit un dernier petit bruit de gorge, ferma les yeux, et mourut.

Tout autour d'eux, la pluie tombait avec fracas dans le cratère, en longs rideaux de larmes.

Peggy se leva, tournant le dos aux cadavres des deux nazillons, puis posa la main sur l'épaule de Holliday.

« Nous n'avons pas eu le temps de faire vraiment connaissance avec lui, dit-elle en regardant Rodrigues.

– Et nous ne l'aurons jamais plus.

– Qu'est-ce qu'il a dit, avant de... ?

– *Alea jacta est.* Ce sont les paroles qu'a prononcées César en franchissant le Rubicon pour défier le sénat romain et déclencher la guerre civile.

– Que signifient-elles ?

– "Le sort en est jeté." Rodrigues a voulu dire que nous ne pouvons plus échapper à notre destin, maintenant, toi et moi.

– Et *Vale, amici* ?

– "Adieu, mes amis" », dit Holliday à mi-voix.

Deux heures plus tard, bien au chaud dans des couvertures, Peggy et Holliday étaient assis autour de la table dans le carré du *San Pedro*. La bouilloire se mit à siffler sur le réchaud à gaz et Peggy se leva pour préparer du thé. Pendant qu'ils attendaient sur le bateau qui se balançait mollement sur son ancre dans le minuscule port de Corvo, Tavares se chargeait de faire disparaître les corps qui encombraient la maison de Rodrigues. La pluie tombait toujours à seaux, martelant le toit du carré, ce qui devait faciliter la tâche ingrate du capitaine, du moins l'avait-il affirmé. Il était convenu qu'ils passeraient la nuit à bord du *San Pedro*, et que Tavares les ramènerait le lendemain matin à Flores, d'où ils rejoindraient en avion la civilisation.

Holliday feuilletait l'épais calepin que Rodrigues lui avait ordonné de prendre dans sa poche. *Aos*, l'Épée de l'Est, nettoyée et séchée, était posée devant lui sur une serviette pliée. Peggy mit sur la table deux tasses de thé sucré brûlant avant de se glisser près de Holliday sur la banquette revêtue de tissu. Dos aux hublots striés de gouttes, elle s'installa confortablement, serra la couverture autour d'elle en frissonnant, et but une première gorgée de thé.

« Qu'y a-t-il dans ce carnet ?

– Des noms et des adresses. Par centaines. Des gens du monde entier. Une certaine "Fondation du Phénix", avec une sorte d'indicatif chiffré qui ne correspond à rien que je connaisse. Des numéros et des codes alphabétiques qui ressemblent à des références de comptes bancaires.

– Raffi figure-t-il dans la liste ?

– Je n'ai pas encore vu son nom, répondit Holliday avec un sourire.

– Mais tu as vérifié ? N'est-ce pas, Doc ? »

Le sourire de Holliday s'élargit.

« Bien sûr.

– Tu te méfies encore de lui ?

– Je me méfie toujours.

– J'ai l'intention d'aller lui rendre visite à l'hôpital quand nous partirons d'ici, dit-elle, un peu sur la défensive. Voir comment il se porte, s'il a besoin d'aide.

– Lui apporter des bonbons ?

– Peut-être même des fleurs, répondit-elle en souriant à son tour. Les hommes n'ont jamais droit aux fleurs.

– Transmets-lui mes amitiés. Je suis sincère.

– Je n'y manquerai pas. Merci. »

Ils se turent pendant un long moment, dégustant leur thé tout en écoutant le crépitement de la pluie sur le toit. Chacun faisait de son côté le point sur la situation et s'efforçait de deviner quelle tournure elle allait prendre. Ce fut Peggy qui rompit le silence.

« Nous n'en avons pas encore fini avec cette histoire, n'est-ce pas, Doc ? »

Holliday regarda l'épée d'acier étincelant, forgée jadis à Damas, sous le soleil du désert, et qui venait d'atteindre son ennemi par-delà le gouffre des siècles.

« Non, répondit-il tout en faisant défiler sous son pouce les pages du carnet. Je pense même qu'elle est très loin d'être terminée, pour nous, cette histoire... »

Septembre touchait à sa fin. Le temps s'était rafraîchi et Holliday avait allumé un fagot dans la petite cheminée carrelée de son salon. Les flammes montaient dans l'âtre en dansant, formant des ombres mouvantes sur les murs tapissés de livres. Il n'avait plus qu'à ajouter quelques bûches à son feu et à se détendre après une longue journée de cours.

La boîte FedEx en carton renforcé que venait de lui envoyer de Québec José de Braga était posée contre le bras du fauteuil, près de la cheminée. Un verre de pur malt Ardberg Lord of the Isles attendait sur la desserte. Mais Holliday n'était pas tout à fait prêt à ouvrir la boîte, ni à déguster son whisky.

Il alla jusqu'à la fenêtre et regarda dehors. Dans la nuit tombante, il apercevait encore en contrebas, à travers les arbres, la silhouette de brique massive du moderne Eisenhower Hall. Au-delà, il distinguait les méandres sombres de l'Hudson, qui faisait son chemin vers Manhattan et l'océan.

Quinze cents kilomètres plus loin se trouvaient les Açores, où Rodrigues et Kellerman avaient tous deux perdu la vie, où sa vie et celle de Peggy avaient basculé de façon définitive. À présent, la jeune femme était à Jérusalem, près de Raffi, et lui-même était de retour chez lui, à West Point.

Les choses semblaient avoir retrouvé leur cours normal. Les bizuths de l'année précédente étaient de nouveau là, sérieux, radieux et triomphants après leurs six semaines de classes éreintantes, et impatients d'étudier – même l'Histoire. Ces petits branleurs étaient de retour, toujours aussi sûrs d'eux et de leur science, alors qu'ils ignoraient tout de ce qui les attendait dans la vraie vie. Et lui-même, le lieutenant-colonel Peter Doc Holliday, était encore là, fidèle au poste, lui qui commençait à se demander s'il n'avait pas livré la bataille de trop et vu mourir un peu trop de gens de bien pour de mauvaises raisons. C'était seulement dans les films d'Hollywood qu'on criait « Hourrah ! » et « En avant ! » mais il faudrait longtemps à tous ces gamins pour en prendre conscience. Trop longtemps, pour certains. Et certains parmi eux n'auraient jamais le temps d'en prendre conscience.

Il soupira longuement puis se détourna de la fenêtre. Retournant à son fauteuil, il ouvrit le lourd colis du célèbre forgeron canadien et en sortit l'épée restaurée, qu'il examina à la lueur vacillante des flammes.

De Braga avait fait un travail magnifique : le filigrane d'or au message codé avait été à nouveau enroulé avec une précision millimétrique autour de la soie, et la moire irisée de la lame, polie à la perfection, avait retrouvé un lustre quasi magique. *Hesperios*, l'Épée de l'Ouest. Quelque part, à six mille kilomètres et près de mille années de lui, un chevalier mort devait sourire dans sa tombe.

Tenant soigneusement l'arme à deux mains, Holliday alla la poser sur les chevilles entaillées d'encoches prêtes à la recevoir au-dessus du manteau de la cheminée. Il recula d'un pas. L'Épée de l'Ouest semblait avoir trouvé là la place qui était la sienne. Mais combien de temps y demeurerait-elle ?

« L'épée des Templiers », murmura-t-il.

Qu'avait dit Rodrigues ? « Trop de secrets » ? Holliday avait affirmé à Peggy que l'histoire n'était pas finie pour eux. Et en cet instant, il était encore plus sûr que jamais de ne pas s'être trompé. Une menace planait dans l'ombre, imminente, il le sentait. Brusquement, cette arme d'une pure perfection qu'il regardait briller ne fut plus à ses yeux qu'un simple morceau d'acier malfaisant.

« Et maintenant ? » dit-il.

Sa question résonna dans le silence de la pièce.

Note de l'auteur

Les faits historiques relatés dans *L'Épée des Templiers* sont authentiques. Il est prouvé, par exemple, que Saladin tenta de négocier une transaction avec Richard Cœur de Lion avant la prise de Jérusalem ; ses propositions furent rejetées, et il en résulta un grand massacre.

Il est également avéré qu'un trésor en pièces phéniciennes fut découvert par les croisés lors de la construction du château Pèlerin, en l'an 1213, et que le même type de pièces fut mis au jour sur l'île perdue de Corvo, dans les Açores portugaises, au milieu du XIXe siècle, soit six cents ans plus tard.

Quant à Roger de Flor, ou Rutger von Blum, il appareilla effectivement de La Rochelle à la tête de la flotte des Templiers, et ses deux navires, *Le Faucon Pèlerin* et *La Rose du Temple*, ont réellement existé.

L'Ordo Novi Templi, l'« ordre des Nouveaux Templiers », de même que Sodalitium Pianum, le réseau de renseignement du Vatican, ont eux aussi existé, et la description qui en est faite dans le roman est strictement conforme à la réalité.

Enfin, dernier détail, et non des moindres, il est parfaitement exact qu'un officier SS nommé Kellerman ordonna d'incendier les archives officielles de Naples, entreposées dans la Villa Montesano, près de San Paolo Bel Sito, à une trentaine de kilomètres de la ville, le 30 septembre 1943. Les vestiges de la villa subsistent encore, non loin du monastère local. Si le lecteur ne me croit pas, qu'il aille vérifier par lui-même...

Remerciements

Je tiens à témoigner ma reconnaissance à Brent Howard et Claire Zion, de la New American Library, qui m'ont donné l'idée de ce livre, ainsi qu'à la séduisante et très distinguée Leora, la meilleure infirmière que ce monde ait connue, et à son fiancé, le vrai Raffi Wanounou, qui m'a autorisé à emprunter son merveilleux patronyme. *Mazel Tov* à vous deux.

POCKET N° 15966

Sur les traces de Jean de Saint-Clair, Templier de la septième croisade...

Paul CHRISTOPHER
LA LÉGENDE DES TEMPLIERS - LE TRÔNE

Depuis qu'il a hérité d'une mystérieuse épée retrouvée dans le nid d'aigle d'Hitler, Peter Holliday suit sans relâche la piste des Templiers, qui le conduit cette fois à l'abbaye de Tiron réputée pour ses liens avec la franc-maçonnerie. Il y découvre les archives de la famille du Templier Jean de Saint-Clair, dont le tombeau, dans la chapelle du Mont-Saint-Michel, porte cette étrange inscription : *Et in Arcadia ego.*
Commence alors, de Prague à Venise, un voyage aux multiples dangers...

Retrouvez toute l'actualité de Pocket :
www.pocket.fr

Composé par GRAPHIC HAINAUT

Imprimé en Espagne par CPI
en novembre 2016

POCKET - 12, avenue d'Italie - 75627 Paris Cedex 13

Dépôt légal : juin 2015
S25092/04